议论文写作
关键能力

欧阳华 著

理密·情真·文畅

上海远东出版社

图书在版编目(CIP)数据

理密·情真·文畅:议论文写作关键能力/欧阳华

著.—上海:上海远东出版社,2024 — ISBN 978-7

-5476-2038-0

Ⅰ. H152.2

中国国家版本馆 CIP 数据核字第 2024RD8408 号

责任编辑 唐　鋆

封面设计 李　廉

封面题签 欧阳仁朋

理密·情真·文畅:议论文写作关键能力

欧阳华　著

出　　版　**上海远东出版社**

　　　　　(201101　上海市闵行区号景路 159 弄 C 座)

发　　行　上海人民出版社发行中心

印　　刷　上海颛辉印刷厂有限公司

开　　本　710×1000　1/16

印　　张　19

插　　页　1

字　　数　264,000

版　　次　2025 年 1 月第 1 版

印　　次　2025 年 1 月第 1 次印刷

ISBN 978-7-5476-2038-0/H·128

定　　价　88.00 元

目录

前言

向前再进一步

作为语言表达的一种方式,作文是语文教学的重点。广大高中语文教师为落实课程标准的要求,在议论文教学上作出了许多有益的探索,取得了大量承前启后的研究成果。在师生的协同努力下,学生大多能用三年的时间实现议论文写作水平的跃升。然而在教学实践和教学观察中,我们也能明显感觉到这种跃升对大部分人而言只能说是差强人意,而这个过程又是非常吃力的。我们都想在作文的教与学上向前再走一步,即学生想把自己的作文水平再提升一步,教师想把作文教学的思路和方法再往前推进一步,可再走一步的方向在哪里? 走这一步的方法是什么?

从教师教学的角度,我们需要将自己用于指导作文教学的理论工具再升级一步。如关于论点性质的中心论点、分论点理论,关于结构的提出问题、分析问题、解决问题理论,关于论证方法的举例论证、引用论证、类比论证等理论。这些理论在现今的议论文教学中依然有指导作用,但可能随着作文题的迭代而变得不再有广普的适用性,也可能随着理论的发展而暴露出一些不足。从这个角度来说,我们的作文教学指导理论必须升级。

在教学实践中,我们作文教学的起点需要再走一步,即从"好的作文要怎样"迈向"如何做到这样"。很多建议类作文评语都是以"要有文采""要有定义""要联系现实"等形式呈现,这样的评语对明确学生的努力方向是有价值的,尤其当学生具备相当的自学能力时,这样的建议或许就足够了。但对大部分学生来说,他们急切地想知道"到底怎样才能获得文采""用什么方法才可以下定义"。同样,很多指瑕类评语以"这段偏题""逻辑不清"等形式呈现,但学生的困惑在于"如何写才不偏题""我怎么能获得清晰的逻辑思维能力"。这无不呼唤着教师作文教学的向前推进,需要我们从面向文体的研究向前走到面向学生如何获得写作能力的研究,从以作文题为起点的教学转向以学生能力为起点的教学。

首先,作文教学的路径需要再进一步。教师在教学中容易发现,一定的哲学思想积累和素材积累对写作是有益的,于是自然地就以素材积累为重要形式来提高学生的作文分数。这固然是极有价值的,前人的思想成果可以辅助、启发、指引我们思考现实问题,现成的事实素材可以印证已有的思想认识。但不致力于思维训练的思想积累难逃照搬后的食而不化,不致力于思维训练的素材积累也难免出现堆砌、牵强的弊病。我们想让学生达到的状态是能够合理分析新鲜的、新见的、独特的问题,在古人、前人的思想解决不了当下问题或个人问题时,思维能力的重要性就会凸显出来。因此,我们的作文教学路径需要从知识积累走向思维培养。

其次,学生作文成品的样态也需要再进一步。随着作文题对"思辨"能力的关注度提升,我们看到越来越多学生写作文像是回答一道简答题或者论述题,"文"的意味越来越少,有机整体性、文学性、意脉流动性缺失的情况较为普遍。理性分析的重要性得到强调,但感性力量的价值却被忽视。

再次,要解决这个问题,恐怕我们作文教学的目的也需要再进一步。作文教学的目的不只是培养学生的思维能力、表达能力,作文也不只是展现学生思维能力的一个测量工具。我们还应关注并落实作文教学的育人价值。作文教学是现实应用性极强的教学,而且这种应用不是单纯的工具的运用,而是在"德性""情怀"指引下,以模拟的方式参与现实生活。因此,我们不仅要培养思维工具的熟练使用者,更要培养有爱、有温度的社会生活参与者。

　　基于以上考虑,本书分十二个章节探讨作文教学,以期作文教学向前再走一步。

　　第一章试图厘清偏题思维的本质和学生偏题背后的多种思维偏差,以便找到改进学生思维的方法。如果说第一章的目的是让学生明白什么路是歧途的话,那第二章就是想指引学生通过正确地把握、提取论题的方法来走上审题的正路。

　　第三章至第五章则紧承论题的特征分析,介绍三类不同论题的论证方法。在这三章中,我们扬弃了"把握关键词"的思维方法,而将主流的论题提炼为事实判断、因果判断、性质判断三类论题。其中第三章提出从动机、前提、后果、效果、表现五个角度把握事实判断类论题,将行为的分析和评判加以区分,并指出二者有机融合的方法。第四章围绕构建因果链的方法展开,这一章将因果关系限定在双动词因果关系内,以区分于推理性因果关系。在此基础上,提出以追问法、定义法构建一链多环和多链多环的因果链。第五章围绕性质判断的释证展开,主张以两种不同的定义形式阐释、论证性质判断。

　　第六章专门讨论定义方法。定义方法是教师教学中经常提到的,但定义由什么要素构成? 如何定义? 这些都是教学中迫切需要回答的问题。本章按名词、动词、形容词的语言学特征分析定义的构成要素,在此基础上指明了学生所习惯的同义解释类定义的局限,并详细解释了不同词类的定义过程。

　　第七章试图纠正学生对辩证的狭隘理解,又试图转变学生对辩证的模糊、散乱认知,将辩证的方法凝练为"一分为二""二中见一"两种大类和"多变反同联转"六种小类。本章设专门小节阐述"分类讨论"的要求和方法,试图让分类讨论思维得到明确具体的落实。本章还专门讨论了对作文论题本身的否定、补充与修正,这也是培养洞察性思维能力的一种重要抓手。

　　第八章介绍了四种结构模型,这些结构模型不是写作套路,而是基于说理逻辑的思路示例。强调结构的安排由观点间的内在逻辑和说理的目的决定。起承转合结构重在引发对事理的多面思考，双论题起承转合结构重在发现两个论题的交接点与会合点，主客问答结构重在构建"虚拟辩友"，而劝说类说理结构则是建立在对影响说服力的因素的全面考量基础之上，让说理过程更贴近生活实践。

第九章呈现的是从审题到列制提纲的思维全过程，试图通过提取论题、修补论题、确定论题类型与论证方法、辩证检验、发现论题的现实指向、厘清观点间的关系等环节，获得思维的广度、深度和准确度，最后确定结构，并形成有"意脉"的提纲，就此完成审题立意构思的全过程，可以正式进入下笔成文阶段。

第十章和第十一章主要从表达角度论述行文细节中的关注点。其中第十章审视了段落表达的常见问题，对学生常用的举例说理进行了合理性与合逻辑性的辨析，并试图在举例、对比、引用等传统说理方式之外，开拓以段落核心观点为指向的多种论证方法。第十一章所述的形象化表达并不是涂脂抹粉的装扮，而是出于"言之无文，行之不远"的考虑，以形象化表达增强文章的传播力量。

第十二章因应学生作文中理性尚不健全、感性又已缺失的现状，主张以情驭文。这里的情不是"为赋新词强说愁"的装腔作势，而是建立在健全人格基础之上、植根于良善道德观的情感，是对人文温度的呼唤。我们所主张的情感性表达，不是说让学生在理性写作中添加情感表达，而是说我们应致力于培养有人文情怀的青年，让他们以情为根，从美丽的心灵深处孕育出饱含深情的作文之花。

理密·情真·文畅

第一章

议题与偏题

第一节　议题设置者与偏离议题

传播学中有一个重要概念"议题设置",是指大众传播媒介在某一特定时间内对某个议题进行反复报道,引导大众向这个议题聚焦,将大众的注意力集中在这个议题上,以此引导大众舆论。比如在西方大选期间,当某一政党候选人爆出负面新闻以至于影响其民众支持率时,支持或亲近该政党的媒体可能会立即将早已掌握的某一明星的负面新闻曝光,引导"吃瓜群众"前来"围观",从而转移注意力。甚至不惜在国外制造事端,以国际矛盾代替国内矛盾,占据民众的关注点,从而达到控制舆论的目的。

一、议题设置者的权力和权利

"议题设置"关系到议题设置者的权力和权利。媒体可以利用自己的影响力获得设置议题的权力,同时又享用着议题设置带给自己的权利(如提高自己所属政治派别的支持率)。而某艺术工作者在宣传自己的新影片、新专辑期间,当然特别希望各大娱乐媒体抢先报道自己的作品,而祈祷不要出现什么其他热搜抢夺了媒体的版面和粉丝们的关注点。这说明,议题的聚焦与偏离是会给相关方带来收益或损失的。

同样,在日常工作生活中,也常会有"议题设置者"。领导组织开会,让与会者讨论实行 996 工作制的可行性。这时,与会者可以谈论 996 工作制可行与不可行,但不宜在这个会议上讨论带薪年假的天数问题。如果公司领导又组织一次 996 工作制的实施细则,那与会者便不宜讨论 996 工作制的可行性。为此,会议组织者会利用手中的权力(如批评)来"捍卫"自己的权利——让讨论聚焦于自己设定的议题。

即使议题设置者手中没有什么权力,不能对偏离议题者实施什么惩戒,他手中还有一个对对方的发言听或不听的权力。如果有第三方在场的话,第三方心中会有清晰的是非对错标准来判定这种偏离行为是不合适的。请看如下对话。

老师:你是不是抄作业了?

学生:张三也抄作业了。

老师:我现在说的是你的问题。

老师:所有抄作业的同学都要受到惩罚,你抄作业了,所以也要受到惩罚。

学生:张三也抄作业了。

老师:好,那把张三叫来,你们俩一起受罚。

学生:隔壁班的李四也抄作业了。

老师:那我管不了。

假设你恰好在现场见证了这段对话,我想你能很明显地感受到这位"学生"一直没有正面回答"老师"设定的议题,一直试图偏离议题。

这种偏离议题的情形在同学、朋友交往时也常有发生。某同学在宿舍照镜子"顾影自怜",问舍友"你看我是不是很帅?"你可以回答是或者否,甚至也可以说"我才是帅哥",但你不能说"我昨天才知道大家都把我当帅哥"。因为"我才是帅哥"中包含了"你不帅"这个否定含义,而"我昨天才知道大家都把我当帅哥"这个回答没有对"你看我是不是很帅"作出回应。你也不能说:"走,吃饭去!"然后开门而出。除非你是用这种"王顾左右而言他"的方式表示对他的帅的否定,否则他会放下梳子,追上来抓住你的肩膀,把你掰过来继续问"你看我到底帅不帅",因为他想把你拉回到他设置的议题中来。当然,除了生气和祈求等手段外,他手中没有太多的权力(力量)来保卫自己的话题得以聚焦的权利(诉求)。

通过以上事例笔者想说的是:要求所有对话参与者围绕、聚焦议题开展对话,是议题设置者所享有的权利,如果偏移议题,会侵害议题设置者的权利。议题设置者或者第三方会对这种行为进行批评、谴责,甚至对其禁言、删帖、踢出群……

只是在学校时,教师为了鼓励学生积极发言,锻炼学生的表达能力,有时候刻意保留了议题设置者的权力。教师对学生偏离议题的表达并不加以指责,或者索性尽可能地扩大议题范围(如"任选角度""畅所欲言""言之成理即可")。教师为了鼓励学生的发散性、差异性和批判性思维,甚至会对偏离议题的发言予以肯定、赞扬。

来看这样一道作文题和学生习作。

风可以吹走一张纸片,却吹不走一只会飞的蝴蝶。对此,你有何感想,请写一篇不少于 800 字的议论文。

学生习作:纸张照飘,蝴蝶常飞

起风了,风几乎卷起一切轻便之物,街头上往往能看见贴着路面飞行的纸张。而蝴蝶在花丛中,迎着风,翩翩起舞。由此我们可以看出,"风"是一种考验、一种境况,而我们要有主见,要有能力,才能不被风席卷,迷失其中。

可克格伦岛上的蝴蝶们并不这样想。在大风天气里,翅膀但凡大点的都会被吹到海上,于是达尔文看到的就只有残翅或者无翅的昆虫。飞翔需要翅膀,在肆虐的狂风中,单只虫子再怎么会飞也无以翩翩起舞,只能蛰伏在狭小的空洞里,否则就是在茫茫的大海上随风飘荡。因此作文题目中表述的不仅似是而非,甚至有事实谬误,那么其结论的正确性就需要打上问号。

既然作文题这么说,那就不妨认为这正确吧。但"我"分析的却略有不同。纸张没有自主意识,没有能力,没有分量,在风中只能飘摇不定。而蝴蝶却有这样的能力,能在风中保持自己。造成这一"现象"的根本原因是一个为纸片,一个为蝴蝶,纸片无论怎样"努力"也成不了蝴蝶。因此"我"从这个现象中分析到的,是悲哀。只有少数人生而为蝶,而大多数人只能是纸片,究其一生都无法达到蝴蝶的能力和高度。这是刻在"基因"里的,"富贵有命""血统至上",纸片只能是纸片,蝴蝶永远是蝴蝶。多么可悲的一种哲学和生活状态!

我丝毫不认同前段"我"给出的论证,但这个论证的严谨性,甚至要比开头大多数人的那种思考方式要高。究其所以,便是太多的"文人墨客"看到现象就自以为是地展开"哲思",殊不知这不仅毫无严谨性、逻辑性可言,甚至往往会引向谬误,却仍自以为"鸟儿会因自己有双翅会飞而自信","蝴蝶能抵抗大风,自立于世",甚至连太阳也要聊聊,普照大地显得厚德载物……这些都背离了真正的从现象推结论。

面对纸张随风飘散的现象,怎样的分析才是客观的?分析各个方向上风对它的作用力,求解微分方程,建立空气动力学模型,绘制它的飘散路径。看到蝴蝶在风中飞舞,怎样的分析才是客观的?分析它的生物学构造,分析它的动力学机理,建立它翅膀的工程结构模型……只有这样,才是真正的分析,才能造出风洞、飞机……给人们带来实在的益处。而那种停留在表面的、形而上的所谓"分析",只能妄自哀叹。

纸张照飘,蝴蝶常飞。我们要认识到客观的自然规律是不随人的意志而改变的,只有把这些唯心主义的糟粕剔除,建立唯物主义的分析方式,才能真正得到为国为民、大有裨益的东西。

读完本文,易见这位同学有着不俗甚至令人肃然起敬的思维能力。他能读懂作文题的文学性表达背后的"比喻义";还能对"(风)却吹不走一只会飞的蝴蝶"作出合理的反驳,指出其表述的不严谨;更能从不同寻常的视角看到"纸片无法变成蝴蝶"的悲哀和无奈。这样的思维品质是应该肯定和鼓励的。

不过如果从拥有"话语权"的议题设置者的角度来思考这个问题,情况就会更复杂一些。这则材料的议题设置者首先是说出"风可以吹走一张纸片,却吹不走一只会飞的蝴蝶"这句话的人,他(她)是一位富有感性思维的人,他(她)大体是相信"人要有主见、有能力"这一判断的。第二个加入这个议题讨论的是命题老师。很明显,命题老师(语文老师)的感性思维能力不会薄弱,他(她)对"人要有主见、有能力"这一论断也不会持有反对立场。实际上,在现阶段的人类共同价值观下,这一论断应该是主流,很难作出彻底的反驳。

现在,话语原创者和命题老师已经开始围绕"人要有主见、有能力"进行对话(哪怕后者是附和式对话),他们邀请你加入讨论。你对"风也可以吹走会飞的蝴蝶"有什么不同见解的话,或许可以让他们修正此前的表述,他们(议题设置者)会表示感谢和信服;你的"纸张无法变成蝴蝶"这一见解,他们可能会表示有限的认可,但已经有一点不悦了,毕竟在"可以从没有主见、没有能力改变为有一定主见、有能力"这一点上,还是具有较大可能性的。但如果你说"不要从'风可以吹走纸张但吹不走蝴蝶'这件事情上作感性的、比喻性的理解,而应该进行科学性的分析",那就是完全脱离并且还彻底否定了他(她)们设定的议题——"人应有主见、有能力"。注意,这里否定的是议题本身的合理性,而不只是对议题作出否定性论证。这相当于,组织者邀请你参会,你在会场上否定了组织者指定的议题,并要求另设一个你认为正确的议题。这时候,组织者会利用手中的"权力"对你进行反制,比如打断你的发言,不把你的发言收录进会议纪要,并对你作出负面的评价。这就是我们常说的偏题。

二、偏题的含义

偏题的"题"是指议题设置者提出的话题或者议题。考试时的写作、应邀回答问题、应邀参加讨论,这些行为与日常中的独自思考最大的区别是:前者是由他人设定议题,后者是自定议题。因此,所谓的"偏题"就是指偏离了议题设定者所设定的议题。

假设你是顾问、智囊团成员或者某公司的员工,当你的客户、领导请你就某一议题发表看法时,不管你的言论是由什么具体内容组成,都必须与议题高度贴合。比如一位葡萄种植商的仓库里积压了几吨葡萄干,在两年内不卖出就会因变质或过高的仓储成本而带来巨大损失。这时他问你:"如何销售葡萄干?"你不了解这一背景,于是回答说:"不要把目光聚焦在葡萄干上,销售葡萄鲜果才最有利可图。我这里有很好的葡萄鲜果销售策略,我来介绍给你。"很显然,你的葡萄鲜果销售方法是很有价值的,但并不是对方所关切或急需的,那么你的回答就是偏题的。扩大、缩小、转移议题后所作的发言,即使有创见、有道理,但不符合议题设置者的需求与关切,这就是偏题。

"偏题"这一判断,仅仅指的是谈话内容与议题设置者的需求之间的关系不够密切,并非对谈话内容的绝对价值予以否定。换句话说,你所说的内容即使很独到、富有创新性,而且准确无误,但对于暂时不想了解,或者急于了解他所关切的其他内容的人来说,你的言论是"偏题"的。

如果用图例来表示,灰圆表示"给定议题",白圆表示"言论内容",则偏题包含以下几种类型。

 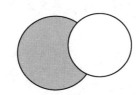 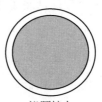

| 议题缩小 | 议题偏移 | 议题扩大 |

在作文考察中,设有"是否偏题"这一评价要素,首先是因为不管是"命题作文"还是"命意作文",其中的"命"就是"指定""设定"的意思。作文中对题目或议题的指定,能有效地避免押题、套题等影响考试公平的行为。另外,写作表达在很大程度上应是面向公共的行为,当然需要考虑公众的关注,而非孤芳自赏。

第二节 偏题的思维特征与类型

很多学生都觉得偏不偏题全靠运气,对自己为何偏题感到迷茫,对如何防止下一次偏题毫无对策。其实,偏题背后折射的是某些思维习惯在不合适的场景下的运用,其中是有规律可循的。

一、偏题的思维特征

（1）

甲对乙说:"我看了天气预报,明天要下大雨。"

丙问乙:"刚才甲对你说了什么?"

乙说:"没什么,就是提醒我明天要记得带伞。"

丙说:"伞我一直都放在包里的,可以遮阳,可以挡雨。明天排练节目也要用它作道具。"

（2）

甲对乙说:"我看了天气预报,明天要下大雨。"

丙问乙:"刚才甲对你说了什么?"

乙说:"他说天气预报里讲'明天要下大雨'。"

丙说:"不太可能吧? 现在天气预报也不一定准。"

在上述(1)(2)两则对话中,丙所说的内容完全不一样。在(1)里,丙说的是"雨伞的作用";在(2)里,丙说的是"明天下大雨"的可能性。很显然,丙在(2)里所说的内容更切合甲所谈论的主题,或者说,丙在(1)里所说的内容已经偏离了甲所谈论的话题。(1)(2)中丙所说的内容差异,很大程度上源自对话中乙的转述差异。在(1)中,乙根据甲的话作出了一个推断,把话题从"下雨"引向了"带伞";在(2)中,乙只是复述了甲的话,仍然围绕着"下雨"。从这两个案例中可以看出,对别人的话作出推论,然后针对推论来展开讨论,会大大增加偏离话题的可能性。在作文中,如果说甲是命题人,乙和丙就是审题的学生,并且我们同时扮演着乙和丙的角色,当我们看到作文题时,按照(1)中乙的思维方式来思考问题,就会偏题。

(3)

孩子对父母说:"我们班有个同学这次考试带了个电子词典,监考老师没有发现。"

父母对孩子说:"你没有带吧?你可不要做这样的事哦。"

孩子生气地说:"哎呀,烦死了。我跟你们讲同学的事,你们怎么说起我来了?早知道就不跟你们说了。"

在这个案例中,孩子为什么会生气?孩子对"有个同学考试带电子词典未被老师发现"这件事感兴趣,所以说给父母听。但父母对别人家孩子考试涉嫌违纪并不关心,他们关心的是自己的孩子是否在考试中违纪的问题,所以他们话不投机。在这里,父母偏离了话题发出者——孩子——的关切,而针对他们自己的关切进行讨论,虽然这两个关切在"违纪"这一点上有关联,但在孩子眼里,父母的讨论早已"偏题"了。这是人们常有的思维特点:围绕自己的关切而不是议题设置者的关切展开讨论。这种思维特点隐藏着偏题的风险。

(4)

甲:我们周末去吃火锅怎么样?

乙:你不要老想着这些事,你还是想想怎么把成绩搞上去吧。

(5)

甲:我们周末去吃火锅怎么样?

乙:天气这么热,吃火锅那岂不是满头大汗?再说这周末只放一天假,作业都完不成,哪有时间去吃火锅?

甲:天气热不是有空调吗?作业我会在平时加快速度的。

在(4)、(5)两则对话结束后,甲都是不高兴的。但是甲在(4)中的不悦应该甚于(5)。虽然在两次对话中,乙都对甲的诉求表示了否定。但在(4)中,否认的是甲所提出的话题本身的可讨论性,并新开一个话题;而在(5)中,乙否认的是"吃火锅"这个诉求的可行性。那么在"命题人"甲看来,乙在(4)中的回答自然是偏题的。就某个话题提出否定意见,和否定话题的可讨论性,这是完全不一样的。前者是"证伪",不是偏题;后者是拒绝讨论原话题而发出新话题,是偏题。

(6)

甲:最近有个 ChatGPT 很火,你知道吗?

乙:不就是机器人聊天吗?好多银行的电话客服早就用上机器人聊天了。在我看来,那不过是人工智障而已。

甲:那是一回事吗?

在这则对话里,乙的回答是很难让甲满意的。乙把 ChatGPT 完全等同于早先的机器人客服,将对"机器人客服"的评价运用到 ChatGPT 上,实际上甲已经知道这二者不是一回事。对乙来说,ChatGPT 是其未充分了解的领域,于是他采用"以旧知附会新知"的形式来讨论新事物,进而产生了误解。这种思维方式也是很常见的,它看起来是批驳 ChatGPT,实际是将 ChatGPT 与早期的机器人聊天混为一谈,真正的批驳对象不是 ChatGPT,因而偏离了"对 ChatGPT 展开讨论"这一议题。这是思维上的违反同一律。

(7)

小朋友指着一个保温杯问家长:"这个是干什么用的?"

家长回答:"这个是保温杯,是装水用的,把热水装在这里可以保温。"

几天后,幼儿园老师对小朋友们说:"明天记得带一只保温杯来幼儿园哦,我们要一起分享'我和保温杯'的故事。"

小朋友回家对家长说:"老师让我们明天带一个'宝贝'(小朋友把'保温杯'听成、说成了'宝贝')去幼儿园。"

家长问:"是什么宝贝呀?"

小朋友答:"就是保温的、装水的东西。"

于是,家长让孩子把暖水瓶带到了幼儿园。

在这则对话里,小朋友并没有用一个事物去附会另一个事物,只是家长在向其介绍"保温杯"的特征时,只介绍了"保温"和"装水"这两个功能,却没有介绍"杯"和"瓶"的区别,最后产生了误会,行为偏离了原意。当人们对事物认识不足,不能把握其全部特征时,往往会张冠李戴,导致偏题。

(8)

甲:我这学期有好多次缺课、缺作业,老师可能要把我这门课作零分处理,怎么办?

乙:你这就是典型的量变引起质变,我们真的要学学辩证法。

甲:哎呀我知道,我知道错了,你说我现在该怎么办嘛?

甲遇到问题,向乙求助,寻找应对策略。乙也作了分析,给了办法。但甲为什么不满意这个回答?因为乙对甲的问题进行了高度的概括和提炼,然后针对提炼后的话题提出解决方案,这样的方案必然缺少具体可操作性,简直可以用"答非所问"来形容,是不能让话题提出者满意的。这是越级概括导致的偏题。

(9)

甲:你怎么看待年轻人穿"汉服"的现象?

乙：这不过是一种攀龙附凤、迷恋贵族的畸形心理罢了，你看他们穿的"汉服"哪一件不是贵族服装？有没有穿古代农民服、太监服的？

甲：这里面就没有积极的一面吗？

乙：完全没有！

乙的回答可谓角度新颖、观点犀利，是对甲所提出话题的直接回应，但为什么还是被归为"偏题"类型呢？这是因为"年轻人穿'汉服'"这一行为兼具积极和消极的两面性，乙只看到消极的一面而丝毫没有看到积极的一面，在这个问题的应有回答中，乙严重地偏执一端。他把自己的思维局限在一个角落、一个侧面，这种偏执的思维难以使人信服，也是一种偏题。

二、偏题的类型

（一）本体还原错误

在比喻、类比性的材料作文题中，常有一些象征性的场景和比喻性的词语。

人们对自己心灵中闪过的微光，往往会将它舍弃，只因为这是自己的东西。而从天才的作品中，人们却认出了曾被自己舍弃的微光。

这道作文题里，"心灵中的微光"是比喻中的喻体，它的本体是什么？有考生把"微光"定义为"善念"，如"公交车司机突发疾病时拼死刹车挽救全车乘客的善念"，这样的解读是否准确呢？我们不妨把它放回原题中进行检验。我们可以看到，上述所给材料对"微光"作了如下限定：①它在普通人这里一闪而过；②它被普通人舍弃；③它被舍弃是因为属于普通人；④它同样被天才拥有；⑤它出现在天才的作品里。

这么说来，把微光定义为"善念"只符合第①条的限定。如果司机是个"普通人"，那么这个善念并没有"一闪而过"。如果司机是个"天才",那么这个救人的善念并不是出现在作品里,也并不是被普通人舍弃的,更不是因为属于普通人而被自己舍弃。可见,这个解释是不准确的。

又如"锤子的打击造就了宝剑的锋芒,而溪水的欢歌却使鹅卵石臻于完美",这里由"锤子""打击""宝剑""锋芒""溪水""欢歌""鹅卵石"等词语构成一个有象征意义的喻体群,任何一个词语解释错误,都会导致题意的偏离。

避免本体还原时出现偏差,需要把自己对它的解释放回材料中去,进行逐句的检验。当然,如果脑海中没有类似"灵感之光"这类常见的比喻词库,那上述的原文检验法就不能奏效了。避免偏题首先和思维方法有关,其次也和知识积累相关。

(二)用近义词代替议题中的关键词

我们需要牢记一条"铁律":在丰富的汉语词库里,不存在含义完全一样的两个词语。任何用近义词代替原题中的关键词的做法,都蕴含着较大的偏题风险。

例如,"母亲"和"妈妈"的指称对象虽然相同,但它们有语体的差别;"狡猾"和"聪明"在"富有策略"方面可能有一致性,但它们有感情色彩的差别。更容易导致偏题的,是近义词含义间的细微差别。比如"骄傲"和"自豪",虽然两个词语都带有"肯定自我价值"这一含义,但"自豪"一词没有"骄傲"所包含的"可能导致消极行为和负面结果"的义项。将关于"骄傲"的作文写成对"自豪"的分析和评价,自然会偏离题意。再看下面一则作文题。

在澳大利亚有关交通法规的书上,第一条就是交通部长给初学驾驶的人的忠告:"学习交通规则的本质是懂得和别人分享道路。"在生活中,你是否也对"分享"进行过思考?有没有关于"分享"的经历、感受?

这则作文题的关键词是"分享",意思是"与他人分着享受、使用"。具体到这篇作文里的"分享道路",是指"和他人交替或共同使用有限的道路资源"。它不同于"合作"(一起为了共同目的而互助、互补,从事某项活动),如果以"三个臭皮匠赛过诸葛亮"为例来论述"分享",就会显得举例不当,偏离题意。"分享"也不同于"捐献"(永久性地将使用权、所有权献出),如果以"某某签署器官捐献协议"为例论述"分享",那也是与题意不符的。

又如"分工"不能等于"轮流","宽容"不能等于"宽松"。这些词义的辨析,可以成为日常教学的常规内容,长期演练。

(三)以推导出的原因、结论或办法代替原议题

某年的上海高考作文题讨论的是"人是自由的,又是不自由的"。人不自由的原因有很多,我们可以推导出如下原因——"资源有限使人消费不自由""法律限制使人行为不自由""见识有限使人思维不自由",等等。如果全文都在讨论"资源有限使人消费不自由的表现""放弃对资源的无限度自由索取""提高资源利用效率来增进消费自由"等话题,实际上就是以推导出的某一个原因代替了"人是自由的,又是不自由的"这个总的话题,使得话题讨论的范围大大缩小,这是一种常见的偏题表现。

仍以上面一则作文题为例,假如我们承认"人是自由的,又是不自由的"这一判断,那么我们该怎么办呢?我们应正视人不自由这一现实,同时发挥自己的主观能动性,勇敢去闯。这样一个推论是不错的。但在整个"自由与不自由"的原因分析、对策分析中,这个推论只是整个话题的一个小的组成部分。有的学生在开头段推导出这一对策,然后使之成为全文的中心论点,用大量的篇幅论述"正视现实,发挥主观能动性勇敢去闯"这一话题,这就大大缩小了原话题讨论的范围,而偏向了整个话题的一个小角落。

以下几道作文题,有着较为确定的不必存疑的事实,或者不必反驳的论点,这样的作文题特别容易推导出结论,若以此推论行文,就特别容易形成"缺漏点",导致偏题。

序号	作文题	特征	推论	遗漏点
1	一个人年轻的时候,想成为任何人,唯独忘了他自己。	确定的事实	年轻人应多想成为自己	年轻人为何想成为任何人,年轻人为何忘了他自己
2	作家余华说:"我很幸运,虽犯过许多的错误,但在关键处,好像没什么错误。"	确定的事实	在关键处不能犯错	平时可犯错
3	"云来山更佳,云去山如画,山因云晦明,云共山高下。"这引发我们对自己与其他人、事、物关系的思考。	确定的观点(比喻性)	应正确认识、对待、处理与外物的关系	自己与其他人、事、物有什么样的关系
4	倾听了不同国家的音乐,接触了不同风格的异域音调,我由此对音乐的"中国味"有了更深刻的感受,从而更有意识地去寻找"中国味"。这段话可以启发人们正确认识事物。	确定的事实	应广泛接受不同信息	广泛接受信息何以会导致深刻的认识和有意识的寻找
5	有人认为:多余的东西并不是无用的,你怎么看?	确定的观点	重视多余的东西,肯定多余的自己	多余的东西为何不是无用的

(四)否定作文议题,另设议题

有的同学片面追求立意的新颖性和所谓的批判性,从而否定作文题所描述事实的存在,否定作文题对某一事实的价值判断,或者否定作文题提及的观点,甚至否定作文题所设议题的价值。并在此基础上另起炉灶,展开论述,这也容易导致偏题。看下面这则作文题。

对"中国学生缺乏创新精神"这一问题,不同人给出了不同原因分析和对策分析,你怎么看这一问题?

这则作文题以非常确定的口吻指出一个"事实"——中国学生缺乏创新精神,要求考生对这一问题的原因和对策作出分析。可是有位同学却说:在当下中国,最紧要的问题不是创新精神的缺乏,而是对传统的继承不够。全文列举了缺乏传统继承的种种情形,论述了继承传统的必要性。很显然,这样的写法否定了作文题中所讨论问题的价值,认为"中国学生对传统继承不够"这一话题比"中国学生缺乏创新精神"这一话题更有紧迫性和讨论价值,偏离作文题所圈定的讨论范围。

那么,作文题所列举的"事实"或观点能不能否定呢? 这要根据事实与观点的性质来判定。如果作文题给出的观点是完全正确的,如"人应当保持善良",这是不容否定的。如果是"人们对历史发展的进程无能为力"这样部分成立的观点,自然是需要在合适的范围内对其加以否定。无论如何,我们不能否认议题本身而另起炉灶。通俗地说,对于给定的议题,我们可以肯定它,也可以否定它,但不能不理会它。

(五) 从批判某一对象转移到肯定其对立面

有的作文题所展现的是一些负面现象,需要我们对其进行原因分析和危害分析,并指出如何解决这一问题。如一个学生跟你诉苦:"我最近老是生病。"你自然应该帮他分析生病的原因、影响和对策,肯定不会大谈"保持健康"的重要性。然而,实际写作时,这种把话题从批判某一对象转移到肯定其对立面的情形并不鲜见。例如下面一则作文题。

> 我们这个时代,"复制"无处不在:点击一下鼠标,可以复制一篇文稿;接受一次美容,可以复制一个偶像;建造一条流水线,可以复制一批产品;圈划一块土地,可以复制一座城市;传唱一首歌,可以复制一样情感;阅读一本书,可以复制一种思想……上述现象引发了你怎样的思考?

且不说这里的"复制"是有很多可取之处的(如大规模复制产品提高了生产效率),假定我们的论题就只谈"复制"会导致文艺缺乏创新性、人格缺乏个性、情感缺乏真实性和思想缺乏独特性,这种"复制"是应该批判的。那么我应该就这种"不正当复制"产生的原因、带来的危害进行深入讨论。如果对此避而不谈,将话题从批判"复制"转移到提倡"个性和创新",用绝大部分篇幅论述个性和创新的好处及方法,那就属于从批判某一对象转移到肯定其对立面,话题偏离了。(我们对"绝大部分篇幅"加上着重号,意在指明可以提及"复制"的对立面——个性与创新,但篇幅不宜过多,毕竟这里不是它的"主场"。)

(六) 忽略(遗漏)信息导致偏题

有的作文题是一个词语,有的是一句话、一段话或者一个故事。所给材料篇幅越长,偏题的概率就越高。在一句话和一段故事的作文题中,常见的偏题情形是忽略或者遗漏所给材料中的一些信息。

每一段材料,都会有最吸引我们目光、最符合我们思考兴奋点的关键词,我们称之为核心关键词。但与此同时,一个关键词是不能组成句子的,还需要别的词语来作修饰、限定和关联,那就是辅助信息,忽略或遗漏这些信息,会导致立意不准确甚至偏离题意。

有一道作文题要求围绕"向前看才懂生活,向后看才能生活"展开论述。很显然,这则材料的核心关键词是"向前看"和"向后看"。在实际写作时,同学们常犯的错误如下。

(1) 写"既要向前看,也要向后看"。这样写是抓准了主要关键词的,但是在写"要向前看"或者"要向后看"的原因时,不是着眼于"懂生活"和"能生活"。试比较以下四种写法。

① 向前看苦难能使人懂得当下的幸福。

② 向前看初心能使人懂得生活的意义。

③ 向前看经验能使人懂得生活的方法。

④ 向前看屈辱的历史能使民族自强不息。

以上四个观点,哪一项是偏离题意的呢?很显然,①②③项没什么问题,④项就已经脱离"懂生活"写"向前看"了,"民族自强不息"不属于"懂生活"的范畴。这就是忽略了关键词外的辅助性词语信息导致的偏题。

(2) 另外,还有一种写法就是写"怎么向前看,怎么向后看"。有的学生会在作文结尾部分写,有的同学会利用整个篇幅讨论这个"怎么向前(后)看"的问题。这样写本身没有问题,因为议论文就是要写"为什么"和(或)"怎么办"。

可是,在写"怎么办"的时候,学生常常死盯关键词"向前看"或"向后看",而忽略(遗漏)了"懂生活"和"能生活"。试比较下面两个句子。

①"要这样向前看才懂生活""要这样向后看才能生活"。

②"要这样向前看""要这样向后看"。

围绕①来写,才是完整地抓取了信息;按照②来写,就只截取了关键词"向前看""向后看",丢掉了后半截"懂生活""能生活"。这就是偏题了。至于有的学生全文只写"要向前看",把"懂生活"以及"向后看才能生活"全遗漏了,那就偏得更严重了。

再如另一看似简单的作文题——"细节决定成败"。面对此题,有学生写:我们要注重细节,以及为何要注重细节;或者注重这样那样的细节,以及如何注重细节。这样写的偏题风险在于,脱离"成败"谈注重细节。这个题目的核心关键词是"细节",辅助信息是"成败"。抓取"细节"而脱离"成败",就是忽略(遗漏)辅助信息造成的偏题。

其实,我们在作文审题时,要摆脱关键词思维。抓了关键词,就必将遗漏其他词语。如果说"细节"和"成败"是"细节决定成败"的关键词,那么很容易忽视另一个要素——这个作文题是要论述"'细节'对'成败'的决定性作用"。

又比如有作文题为"吹尽狂沙始到金",关键词"尽"含有"全部完成""不可半途而废"的意思,"狂沙"含有"任务艰难"的意思,"金"含有"成就,达成目标"等意思,"始到"含有"能到"的意思。但是,在这个句子中,还有一个特别容易忽视的句子关系,即"始到"不仅仅是"能到",还包括"才到"的意思,也就是"吹尽狂沙"是"到金"的必要条件。亦即"吹尽狂沙终能到金"和"只有吹尽狂沙才能到金"。这样,这篇作文就有了两个可证明的观点,当然也有两个可以通过反驳得出的观点"吹尽狂沙也到不了金""不必吹尽狂沙亦可到金"。

所以说,写作并不是只围绕关键词,还要关注语句,或者说写作是围绕"以语句的形式来表达的论题"进行的,不同的语句(论题)有不同的论证方式(详见第二章)。

(七) 情节概括疏漏而偏题

面对粗糙、丰富的信息,我们需要进行选取和整合,因此概括能力是人们处理信息的重要能力。在作文题中,有一类是以叙事的形式或多则材料组合的形式呈现的,这就需要我们对其进行概括和提炼,在此基础上才可能进行立意和行文。然而,概括材料是偏题风险很高的行为,错误的概括必然导致偏题离题,不完善的概括也会导致错过最佳视角和立意。这是信息遗漏的一种变体。我们以下面这则作文题为例,展示几种常见的由概括错误而导致的偏题离题。

当草地向牧民完全开放时,每一个牧民对自己有利的选择是多养一头牛。如果所有的牧民都这样做,那么草地将因过度放牧而枯竭,他们的牛都将被饿死。

这首先是一篇故事性(情节性)的作文材料,面对这样的材料,我们不可能截取其中几句话行文,必须要对这个故事情节进行整体把握,也就是说需要先把这个故事概括成一句话(单句)。在概括时,可能犯如下错误。

(1) 主语不当。

一个单句常常包含主谓宾定状补等成分,其中主谓宾是核心。主语的确定在概括时很重要。本段材料的主语是什么? 草地、牧民、牛、草原管理者? 我们来比较不同的主语导致的立意差异。

① "牛"为主语:不同的牛在完全开放的草地上加入吃草的队伍,最终因草原枯竭而饿死。

② "草"为主语:草在完全开放的草地上被过多的牛伤害,最终以自毁的形式"报复"牛群。

以上两个例子看似极端,却符合我们日常倾听与阅读时的角色代入心理,只是被我们忽略了而已。那么如何判定最佳主语呢?方法就是揣测说话人的说话对象和说话意图,也就是说话人想把这话说给谁听,想表达什么主旨。就这段材料而言,它不是寓言,自然不能说给牛和草听,把主语定为牛和草就很不妥当。因为这则材料的意图是与"牧民"讨论"草地无限开放"的问题,那么主语为"牧民"就更为恰当。

(2)概括时,漏掉情节(环节/要素)导致立意偏题。

仍以草地完全开放的作文题为例,有的学生将这则材料概括为:每个牧民多养一头牛,使草地枯竭,最终所有牛被饿死。以这个概括为前提,如果展开论述的话,难免提出这样的论点:我们不应过多地向"草地(自然)"索取。但是,这样的概括遗漏了"当草地完全开放时"这个重要环节。有了"当草地完全开放时"这个环节,作文题要求讨论的是"社会公共资源开放但产权不清导致的'公地悲剧'"问题。遗漏这一环节,可能就只是讨论人性的贪婪和限制等问题。很显然,这是完全不同的两个话题。

这则材料中还有一些非关键性的信息可能被忽视,虽不导致偏题,但有害于立意的准确度。比如这样概括:管理者完全开放草地,迎合了(所有)牧民多养(一头)牛的心愿,导致草地枯竭,牛群饿死。在这个概括中,"所有"这个词遗漏,会使场景失真,毕竟一个牧民坏不了草原,公地悲剧是许多人合力造成的结果。遗漏"一头"这个信息,就会疏忽这样一层含义:给草地带来伤害的并不是无限的过分的欲望,而只是一点点小欲望。

(3)遗漏情节(环节/要素)导致举例或类比时偏题。

遗漏相关信息不仅会使写作立意偏题,还可能导致举例偏题。举例一般会在类比推理和举例论证时使用。

类比推理要求同类相比,二者相同点越多,类比越有价值。针对上面"草地完全开放"的作文题,如果围绕"每个人面对开放而有限的社会资源时,要有克制地使用,否则会导致资源枯竭,反而损害大家的利益"展开。来看以下两个类比事例是否准确。

① 类比事例甲:面对开放而有限的市区高架道路资源时,每个人自

驾进城要克制,否则会导致道路堵塞,大家都走不了。

② 类比事例乙:青少年在玩游戏的问题上,也要克制自己,否则影响了成绩,就追悔莫及了。

类比甲乙两例与作文题情境匹配情况表

序号	作文题情境	情境的象征义	类比事例甲	类比事例乙
类比项 A	草地	有限的社会资源	市区高架道路	
类比项 B	牧民	每个人	自驾驾驶员	青少年
类比项 C	草原枯竭	资源枯竭	道路堵塞	
类比项 D	牛群饿死	损害大家的利益	大家都走不了	影响成绩

从上表可以看出,事例甲的各个类比项很好地匹配了作文情境,而事例乙则不能匹配。因为"过度玩游戏"和"过度攫取有限公共资源"并不匹配,玩游戏"影响成绩"也不是"资源枯竭"导致的,二者的共同点只有"过度"。如果只谈"过度"与"克制"的话,自然就偏离"公地悲剧"这个话题。本文不是泛谈克制,而是谈"对有限公共资源的克制性索取"。

上面提到的是类比推理中忽视某些类比项导致的偏题,下面另有一则举例论证偏题的实例,是因忽略论点中的某些信息导致举例偏题。

论点:君子在规矩中施展才能。

例证甲:工程师严格遵守操作规程,制造出精密仪器。

例证乙:列宁遵守秩序,理发时不插队。

甲乙两例与论点匹配情况表

序号	论点	例证甲	例证乙
匹配点 A	君子	工程师	列宁
匹配点 B	在规矩中	遵守操作规程	遵守秩序
匹配点 C	施展出才能	制造出精密仪器	

从上表可见,例证甲能很好地匹配论点的各个信息要素,而例证乙仅仅聚焦"君子"和"守规矩"这两个信息,疏忽了"施展才能"这一信息,导致所举事例偏离论点。

(八) 话题的越级与降级偏题

一个话题除了有讨论范围外,还有它所属的层级,就像生物学里有界门纲目科属种的层级分类一样。一旦讨论的话题跨越了层级,不管是升级还是降级,都会导致话题的扩大和缩小,以至于偏题。

(1) 话题的越(升)级偏题。

针对上一则"草地无限开放"的作文题,有的同学是这么分析的:每个牧民只是想多养一头牛,最终因为人人都这么想,大家都放牛,最终导致草原资源枯竭。可见,一件件小事累积起来,会产生大效应,这就是——量变引起质变。

"公地悲剧"确实属于"量变引起质变"的典型事件,那是不是作文就可以围绕"量变引起质变"来展开呢? 当然不行。因为"量的质变效应"除表现在"公地悲剧"这个公共资源管理的话题中以外,还可以表现在自然领域、感情领域、历史领域等,如果以"量的质变效应"为全文的话题,就超越了"公地悲剧"的话题范围,导致偏题。

这种话题越级的偏题情形在学生作文中多见,诸如把"要谦虚"上升到"人要有良好的心态",把"珍惜同学情"上升到"要懂得珍惜",把"人是自由的,也是不自由的"上升到"对立统一的辩证法",这些都是越级偏题的思维。话题的升级,会使话题范围扩大,从上级话题中总结出的道理,对下级话题往往缺乏具体、可操作性的指导意义,因此会被诟病为"大而空""大而无当"。

(2) 话题的降级偏题。

与话题的越级相对应的,还有话题的降级,也就是只讨论给定话题的下一级概念。比如这样一道作文题:关于教育,从古至今,总有说不完的话题。请以"这才是我想要的教育"或"这不是我想要的教育"为题,写一篇文章。

这篇作文的话题是"教育",在这个大的话题下,有"教育公平""教育内容""教育方法"等小话题;在"教育内容"的话题下,又可以细分为"科目设置""教学难度设置""教学素材"等更小的话题;再往下,还可以具体到"高中语文要不要训练记叙文""高中数学要不要增加微积分内容"等更具体的问题。如果在"这才是我想要的教育"或"这不是我想要的教育"的话题限定下,却用全文去讨论"地理等级考难度设置不利于优秀学生体现能力,这不是我想要的考试方式""我想要的数学课是有微积分的数学课"等,显然就大大降低了话题的层级,虽然没有离题,但已属于偏题。

(九) 详略安排不当导致的结构性偏题

在上述八种偏题类型中,本体还原错误、用近义词代替议题中的关键词、忽略(遗漏)信息、情节概括疏漏等行为是必须全力避免的。而不能否定作文议题不是说不能对议题所列举的现象的存在进行否定,也不是说不能对议题所关涉的观点进行否定,而是指不能对议题的讨论价值进行否定。

至于从议题中推导出原因、结论或办法,从批判某一对象转移到肯定其对立面,话题的越级(升级)这三种情况,则需要注意两点。

(1) 在写作中是允许甚至说有必要结合议题进行适当的原因推导、结论得出和办法提出,可以在批判议题中所涉及的对象的基础上提出对其对立面的肯定,也可以对议题所涉及的问题进行适当的提炼以"升华主旨"。需要注意的是,这些只是辅助性的做法,决不能以此替换作文给定的议题。

(2) 上述内容在行文的篇幅安排上,应该是一笔带过或者简略处理。从经验上看,这些内容的篇幅一旦超过一个段落,就会形成结构上的偏题(即作文整体未偏题,只是相关段落属于偏题段落)。即使控制在一个段落内,也不宜在段内展开详细论述。在这方面常见的错误是对一个不涉及"提出解决方案"的议题,拿出多个甚至占作文一半篇幅的段落来讨论"怎么办"或提出解决办法,即传统作文理论中所谓的"解决问题"。"解决问题"可以出现,但其地位不可与"分析问题"同日而语(除非作文题指向的是"如何解决问题")。

偏题的实质是注意偏差,包括因为一些固化的思维习惯导致有意注意的范围变得狭窄,因为近期获取的信息、熟悉或感兴趣的信息占据注意的通道形成前摄抑制,使得自己的注意力聚焦于局部,从而导致对其他信息视而不见。具体表现为对某些未赋予意义的词语不敏感,用熟悉的与之有关联但不等同的信息来理解、解释不熟练的词汇,对相关词汇赋予过多的超越议题范围的联想。偏题的核心是认知偏差,亦即对事物的认知受限,无法通观全局,只能窥其一端。因此,从长远看,思维的偏狭需要宽广的知识体系来挽救,丰富自己对事物的认知才是务本之道。在人生的某个阶段,偏题仿佛顽疾般挥之不去,这是因为思维习惯有延续性,认知积累有长期性。受偏题困扰者可以参照上述偏题类型的描述,分析自己偏题的情况,以诊断出自己特定的思维偏差,从而进行有针对性的矫正训练。

更为重要的是,偏题的同学往往有这样的感受:我知道自己偏题了,但是除了这样写之外,我不知道这个作文题还可以怎样写。或者说:我知道我不应该写这些,但我也不知道该写些什么。所以,懂得上述偏题的特征,只是更确切地知道了不该写什么,而防止偏题的最好方式,是知道该写些什么。接下来,我们正式进入该怎么写的论述。

理密・情真・文畅

第二章

从议题到论题

议题与论题不是一个概念。议题是指讨论范围的限定区域,论题是指需要分析的事实现象或者需要阐释、论证的观点。议题是大于等于论题的概念,议题之下可以是一个论题,也可能是多个论题。论题可以是一个事件、一类现象、多个事件与现象,也可以是一个独立的观点,还可以是多个观点,以及多个观点支撑的高位观点。

假设有这样一道作文题:有人说'骄傲使人落后',对此你怎么看?这道作文题的"议题"是要讨论"骄傲使人落后",不能谈及"懒惰也使人落后""骄傲使人愉悦",这是议题之外的内容。在我们进行讨论时,可以主张"骄傲使人落后",也可以主张"骄傲不一定使人落后"(因为议题设置者是以征求意见的口吻来呈现议题的。如果议题设置者要求"请阐明'骄傲使人落后'的正确性",那么就不能主张"骄傲不一定使人落后")。或者同时持有这两个主张。也就是说,在"讨论'骄傲使人落后'"这一议题下,可以有"骄傲使人落后"和"骄傲不一定使人落后"这两个大的论题。为了对"骄傲使人落后"这一论题进行论证,可能还需要"骄傲后所产生的自足心理使人放弃继续能力,从而导致相对别人的落后""骄傲后产生的自足心理使人放弃继续努力,从而导致能力退化而落后"等观点的支持,此时,"骄傲使人落后"这一论题就是由多个观点所支撑的高位观点。

再看另一道作文题。

人们常说,可怜之人必有可恨之处,谈谈你对这句话的看法。

在这个作文题中,"可怜之人必有可恨之处"这一议题实际是由三个论题构成的。

议题:可怜之人必有可恨之处。

论题1:可怜的人也是有可恨之处的(需列举相关事实,或反对这一表述)。

论题2:可恨的特征会使人陷入可怜的处境(需论证可恨与可怜是否

有因果关系）。

论题3：只有可恨的特征会让人陷入可怜的处境（需论证可恨是否为可怜的必要条件）。

之所以是这三个论题，是因为"必有"二字包含"一定具有""因为有"和"一定是因为"这三层含义。

还有一些议题是以特殊疑问句的形式呈现的，这样的议题里面不含明确的、指定的论题，这就需要首先对这个特殊疑问句作出回答，我们的回答内容就成了该议题下的论题。如：为什么做人要谦虚低调？

这个问题的答案有很多。

① 因为做人谦虚低调更容易获得尊重和认同。

② 因为做人骄傲高调会给人带来不悦。

③ 因为做人骄傲高调会导致自我认知偏差。

（注：②和③从"骄傲高调"的副作用来论证"谦虚低调"的必要性，需建立在"骄傲高调"和"谦虚低调"是对立关系这一基础之上，否则论证不成立。）

"为什么做人要谦虚低调？"这是一个议题，尚不是论题，而以上三个回答就是论题，三个因果判断类论题。对这三个回答的论证就需要我们构建因果链。

谦虚低调的人，会在别人表达意见时予以耐心倾听，会在自己取得成就时不给人"己不如人"的压迫感，这在人际交往中可以让人如沐春风，从而获得别人的尊重和认同。

骄傲高调的人，常会流露出高高在上的优越感，这自然会给人带来压迫感和挫败感，不能照顾到别人自我认同、自我尊重的心理需要，从而给人带来不悦。

骄傲高调的人，会聚焦甚至放大自己的优点，从而在自我评估中得出高出自己真实水平的评价，形成自我认知的偏差。

又如"人为什么要'慎独'"这一议题是指"人在独处时为什么要谨

慎?"在日常生活中需要我们以"谨慎"态度来对待的事,往往具有危险性、重要性(机会少而重要,事关重大利益得失而重要)等,而独处就是一件有危险性的事情。因此,我们可以这样来回答"人为什么要'慎独'"这一问题:因为独处的时候人更容易做出有违公德或私德的事。此时论题就产生了。"独处的时候人更容易做出有违公德或私德的事"也是一个因果判断类论题。

除了这里提到的因果判断类论题,论题的类型还有性质判断、事实判断、假言判断等。弄清楚甚至熟知论题的种类,有助于我们快速地从议题中提炼出论题来。

第一节　论证方式视角下的四类论题

　　高考作文题类型繁多,即使同一考区的模拟题也是同中有异,甚至异大于同,这就常使人有无法知一会二、举一反三的挫败感。有时从这些表面的"同"中总结出了"规律",又只能算是应对的套路,而非分析与论证的思路。如果思路在前,这些套路固然可以锦上添花,可如果论证思路阙如,这些套路就会演变成生搬硬套。因此,如何顺着乱花迷眼的表象拨开纷繁的迷雾,找出议论文的真正"关节",抓住分析议论的本质特征,并据此扬弃套路形成思路,就成了议论文审题立意、谋篇缀文的核心任务。

　　对于不同的作文题,有人从"命题作文""材料作文""新材料作文"等角度进行分析,有人从"命题作文""命意作文"等角度进行分析。本书则主要从论题的性质,以及不同性质论题的阐释论证方式来进行分类。请看以下虚拟的作文题。

　　① 有人说,海瑞是明朝人,对此你怎么看?

　　② 海瑞关押顶头上司胡宗宪的儿子,对此你怎么看?

　　③ 有人说,海瑞的偏执导致了他的孤独,对此你怎么看?

　　④ 严世蕃说海瑞死谏是沽名钓誉,对此你怎么看?

　　上述四个虚拟作文题所涉及的话题有一定关联性,但对它们进行阐释或论证的方式是完全不同的。它们总体上分别属于以下三类论题。

　　（一）性质判断类论题

　　对于①"海瑞是明朝人"这样一个观点判断(人们眼中的"事实"通常是一个毫无争议的观点),如果需要否定的话,可以从海瑞的生卒年月与明朝的存亡时间不匹配,或从海瑞的生活场域与明朝的统治地域不相符来否定。

如果需要肯定这个观点,则可以从"明朝人"的定义出发。我们姑且把"明朝人"定义为"生命存续的大部分时间是 1368 年至 1644 年间,主要活动于明王朝统治版图并接受明王朝统治的人"。基于此,我们根据海瑞于 1514 年在海南出生、1587 年在南京病逝(匹配"生命存续的大部分时间是 1368 年至 1644 年间"),先后担任南平教谕、淳安知县、户部主事等官职,获赠太子太保,谥号忠介等信息(匹配"活动于明王朝统治版图并接受明王朝统治的人"),可以判定海瑞符合"明朝人"的特征,由此确证他是明朝人。也就是说,对于这个由"是"联结的判断句,我们主要运用的是对"是"字前后词语进行定义这一方法进行论证的。

当然,这类论题经常会以判断动词"是"来联结,但在生活语言中不限于以"是"联结,如"金属具有导电性"这句话也是一个性质判断类论题,它就不是以"是"联结,而是以"具有"联结的。不过,对于性质判断类论题,即使它在语言表达上不以"是"联结,我们也可以将其改写成以"是"联结,如"金属具有导电性"可改写成"金属是导体"。但如果句子中的"有"不是表示"性质判断",而是表示"存现",则这个"有"不能改成"是"。如"我有一支笔"就很难改成表示性质判断的"是"字句。因为"我有一支笔"不属于性质判断类论题,而属于事实存现类论题,它们的论证方法是不同的。

性质判断类论题的论证方法也不限于定义联结法,还可以用三段论演绎推理及归纳推理来论证。如"海瑞是明朝人"这个观点可以用三段论推理来证明:所有在明朝政府任职的人都是明朝人,海瑞是在明朝政府任职的,所以海瑞是明朝人。不过,"所有在明朝政府任职的人都是明朝人"这个大前提还是得借助定义联结法才能给出合理的论证。

而类似"海瑞、胡宗宪和严世蕃都是明朝人"这样的性质判断类论题,则可以用简单枚举归纳法来展开,即:海瑞是明朝人,胡宗宪是明朝人,严世蕃是明朝人,所以说,他们三位都是明朝人。不过,这样的论证不深入,最终还是要借助定义联结法来论证"某某某是明朝人"这一判断。因此可以说,定义联结法才是性质判断类论题的根本性论证方法。

又如"我们都是瞎子"这一论题,如果用简单枚举归纳法来论述的话,可以这样说:吝啬的人是瞎子,他只看见金子看不见财富;挥霍的人是瞎子,他只看见开端看不见结局;有学问的人是瞎子,他看不见自己的无知;诚实的人是瞎子,他看不见坏蛋。坏蛋是瞎子,他看不见上帝。……我也是瞎子,我只知道说啊说啊,没有看到你们全都是聋子。(刘江《逻辑学推理和论证》)如果以定义法来论证,则可以说:世界以不完整的姿态呈现在我们面前,我们看世界的时候具有主动选择性,我们看世界的能力有局限性,所以我们总是会看不见或忽视一些东西。这也是对"我们"的特点进行定义,然后才推导出"我们都是瞎子"这一结论的。

需要指出的是,并非含有"是"字的论题就一定是性质判断类论题,或者说有些含有"是"字的论题并不便于以定义联结的形式进行论证,这时候需要我们对句子进行合理的改装。如"'少数服从多数'是广受认同的原则"这句话,如果改写成"人们广泛认同'少数服从多数'这一原则",那么这个论题就成了一个明显的行为动作现象类论题。

(二)行为动作评析类论题(事实判断)

前例中的②陈述的是一个事实,让我们谈看法就是让我们对这个事实(亦即海瑞关押顶头上司的公子这一行为)作出评析,所谓"评"就是作出真伪评判、得失评判、善恶评判,这些评判需要建立在对海瑞"关押"行为的行为动机(兼有善恶评判)、行为前提(兼有责任评判、偶必评判)、行为结果(兼有得失评判)、行为方式(兼有善恶与责任评判)等作出分析的基础上。也就是说,我们需要通过其行为看这个表述的真伪,通过其动机(公报私仇还是惩治纨绔)、前提(胡宗宪儿子为非作歹还是坚持正义得罪海瑞)、方式(严刑拷打还是限制自由)和结果(肃清官场风气还是招致打击报复)看此行为的善恶、得失等。

在对行为动作的原因分析和结果分析中,暗含着善恶、得失、责任、必然性和偶然性评判,在由单纯的行为动作构成的现象类作文中,以上要素都应兼具,但行为动作评析类论题还存在几种变式。对这些变式的论述,可以在行为动作评析的框架下,择取其中一个或多个要素进行论述。

(1)变式一:建议祈使类论题。

建议祈使类论题一般含有"应该""要""必须"等情态动词,在情态动词之后紧接的是行为动词。如"必须跨过这道坎",就可以选取"跨过这道坎"的前提已经具备(必然性分析),"跨过这道坎"的效果(价值——"得"的分析)值得期待等进行分析。如果情态动词是否定类,如"不能再走那条路",则选取"走那条路"的动机不够良善,"走那条路"的外界推动力本可抵御,以及"走那条路"的后果足以让人生畏等进行分析。

(2)变式二:策略提出类论题。

策略提出类论题与建议祈使类论题在本质上是一致的。差别在于:建议祈使类论题中所建议或祈使的行为动作是给定或确定的,而策略提出类论题需要自己提出策略,当策略提出以后,它就变成了若干个建议祈使类论题。如"人的心中总有一些坚硬的东西,也有一些柔软的东西。如何对待它们,将关系到能否造就和谐的自我"。这个作文题要求回答"如何对待坚硬和柔软的东西",这是一个策略提出类论题。如果我们就这个论题作出策略选择——事关原则,应持刚硬;情关达人,应持柔软。策略既定,则论题转化为建议祈使类论题。

(3)变式三:给定分析指向类论题。

还有一种行为动作类论题,并不要求作全面的前因后果分析和善恶、得失、责任评判,而是明确指出了分析评论的方向,也就是只要求从上述的多个分析和评判角度选取部分即可。如"人们乐于探索陌生世界,仅仅是因为好奇心吗"这一作文题在肯定了"好奇心促使人们乐于探索陌生世界"这一论题之外,还要求对"人们乐于探索陌生世界"的其他原因作出分析。也就是说,对于"人们乐于探索陌生世界"这一行为动作,只需分析其原因即可(由"仅仅是因为……吗"所限定)。而且在原因分析时,还主要侧重于动机性原因的分析(由"乐于"所限定),外在的催逼性原因,如果不能和"乐于"这种心态产生必然联系的话,则不必分析。这是一则典型的将行为动作类分析限定在动机性原因分析范围内的作文题。

（4）变式四：事实的存现类论题。

所谓的"事实存现"是存在（或不存在）一种现象、存在（或不存在）某种事实。如"我有一块巧克力""他是一个素食主义者""今年没有下雪"等。严格来讲，行为动作类论题也是说存在某一种行为或现象，也属于事实存现类论题。对于此类论题，都可以就事实存现的原因和结果进行分析。

但如果把重点放在"事实是否存现"，即对事实的存现进行确证或者否认，这类论题的特殊性就呈现出来了。这类论题提及的是存在某种事实或事物，那么我们可以对是否存在进行阐述。对事实的存在进行阐述的方法是举例。即，如果要确证"我有一块巧克力"，那么把巧克力拿出来即可，如果对方对你拿出来的是否真为巧克力表示质疑，那么就还要证明"拿出来的这块物质是巧克力"，这就是另一种论题（判断式论题）了。如果要对"现代人常常流露出较多的疲惫感"进行确证，当然首先需要对现代人流露出的疲惫感进行列举。这种列举，也是论证的一部分，即对事物存现的确证。

（三）双动词因果关系类论题（因果判断）

前例中的③也是一个观点，但从内在结构上来说，这个观点和①的观点完全不一样。①是由判断词"是"联结两个名词（海瑞、明朝人）组成的一个句子，而④是由"偏执的行为"和"孤独的状态"这两个具有因果关系的动词联结而成的句子。这句话的阐释与论证，至少需要做两件事：其一是判定"偏执"和"孤独"之间有没有内在的因果关系，如有，那么需要分析"偏执"和"孤独"是怎样构成因果关系的，它们之间的因果链是怎样的。此外还需判定"偏执"和"孤独"之间有没有必然的因果联系，如果"偏执"并不是"孤独"的必然条件，则需指出"偏执导致孤独"的限制要素，如"偏执于一己之见"会导致"孤独"，而"偏执于众人齐呼的正义"则并不一定导致"孤独"，当然也可以指出"孤独"是指"众人在行为上疏远他"还是"众人在思想情感上不认同他"。如果两个动词之间没有因果关系，则需要分析它们的因果链是如何被截断的。

（四）以上三种论题类型的杂糅

作文题④"严世蕃说海瑞死谏是沽名钓誉"远比前三个复杂，它是由一个行为（"严世蕃说"）和一个判断（"海瑞死谏是沽名钓誉"）嵌套起来的杂糅结构。首先可以对"海瑞死谏是沽名钓誉"进行肯定或否定，比如得出"海瑞死谏不是沽名钓誉"。接下来应定义"沽名钓誉"，即"故意矫情做作，用手段猎取名声或赞誉"，然后分析海瑞的死谏行为是"矫情做作"还是本性使然，他死谏的动机是不是为了猎取名声（包括对猎取名声的动机与获得名声的结果的辨别）。对"海瑞死谏不是沽名钓誉"论述完成后，还要分析"严世蕃说"中"说"这一行为的动机、前提等。这种对行为的分析和前面对一个判断的分析是完全不一样的，是包含对行为进行评判和对判断进行证明与证伪的杂糅式作文题。

（五）假言判断类论题

在逻辑学视野里，有联言判断、选言判断、假言判断等多种判断形式，但出现在作文论题中的判断，则以假言判断为主。如"在当今社会，'少数服从多数'是广受认同的原则，但见识超群的人总是少数"这一作文题中，就包含这样一种隐含的观点：

既然见识超群的人是少数，那么"少数服从多数"的原则就是有问题的。

这是一个充分条件假言判断。充分条件假言判断的真假，取决于两点：①条件句（前件）是否为真；②前件是不是后件的充分条件，即是不是前件成立，后件就无条件成立。或者说，后件的成立是不是只需要前件所提及的一个条件即可，还是除前件所提到的条件之外，还需要其他条件。

为了分析上述判断是否成立，我们可以把这个判断说得更细致、具体一点。

见识超群的人是少数,见识不超群的人是多数,见识超群的人不应服从见识不超群的人(让见识超群的少数服从见识不超群的多数,会产生问题)。

此时我们会发现,这个复合判断中的"让见识超群的少数服从见识不超群的多数,会产生问题"也是个充分条件假言判断,"让见识超群的少数服从见识不超群的多数"会不会"产生问题"呢?答案是"可能会产生问题",但并不"必然产生问题"。比如当这种服从是关于"有限条件下个人喜好的取舍"(一个厨师为一群人做一道大锅菜要不要放辣椒)时,让见识超群的少数服从见识不超群的多数能有效降低公权力对个人喜好自由的践踏。当这种服从是关于"依赖见识才能做出更好的决定"(一群迷路的人决定统一的行进方向)时,让见识超群的少数服从见识不超群的多数会使群体陷入灾难的可能性大大增加。因此,"让见识超群的少数服从见识不超群的多数"并不必然"产生问题",前者不是后者的充分条件。

除充分条件假言判断外,还有一种必要条件假言判断,这类判断是否成立,取决于:①条件句(前件)是否为真;②前件是不是后件的必要条件,即是不是后件的成立需以前件的存在为基础。

将以上几种论题以列表的形式总结如下。

序号	常见的论题类型	常见形式
1	性质判断	……是……
2	事实判断 (行为评析)	行为动作全向评析
		行为动作定向评析
		建议祈使
		事实存现
3	因果判断	两个或多个动词,构成因果关系
4	假言判断	只有……才……,只要……就……,如果……那么……

第二节 论题提取的三种方法

无论是什么作文题型，最终都要从中提取出论题，这种提取是阐释与论述的前提。提取的正确与否直接关系到写作的切题程度，论题的虚化、飘忽、错判、遗漏都会成为写作的致命伤。论题提取的方式主要有以下三种。

（一）根据作文提示语提取论题

试比较以下两个表述相近的作文题，它们的论题有何差别？

① 小时候人们喜欢发问，长大后往往看重结论。对此，有人感到担忧，有人觉得正常，你有怎样的思考？

② 小时候人们喜欢发问，长大后往往看重结论。有人感到担忧，有人觉得正常，对此，你有怎样的思考？

以上两种表述中的"对此"二字位置不同，"此"所指代的对象就不同。①中的"此"指代的是"小时候喜欢发问"和"长大后看重结论"，②中的"此"可以在指代"喜欢发问"和"看重结论"的同时，也兼指"感到担忧"和"觉得正常"。在①中，命题者意在引导我们加入对这个现象的讨论中，你可以认为这种现象正常，也可以认为这种现象值得担忧，还可以是其他态度，当然更合理的是兼而有之。而②表述中的议题是谈谈你对"有人认为'小时候喜欢发问，长大后看重结论'是正常的或是值得担忧的"这一情况的认识。此时的论题就有：小时候喜欢发问和长大后看重结论的原因和结果，某些人认为这很正常或值得担忧的原因，以及某些人存有这种"认为"会带来什么结果。

园林是自然山水的浓缩,缩写读物是原著的浓缩,博物馆是历史文化的浓缩……人们倾向于认为"浓缩的就是精华",对这一观点你怎么看?请写一篇文章,谈谈你的认识和思考。

虽然多数学生都能认识到该作文的论题是"浓缩的就是精华",即讨论这一观点的正确性。但也有学生认为该作文的论题是"人们倾向于认为'浓缩的就是精华'"。如果论题是后者,则需要分析人们产生这一认识的原因和结果,论述的重点就是分析"人们倾向于认为"这一"行为动作"。可作文原题的表述是"对这一观点你怎么看",很明显,"人们倾向于认为……"是一个行为事实,而不是一个观点,"浓缩的就是精华"才是观点。

通过上述分析,我们可以得出:正确把握论题,需关注作文题引导语的指向。

(二) 根据日常语言的谈论焦点确定论题

在作文题不具备上文所列的明确指向时,就需要我们根据语言运用的经验来判定谈论的焦点。

① 有人说,他这次的成绩是通过考前突击获取的,你怎么看?

② 他这次的成绩是通过考前突击获取的,他父亲很得意,他母亲很担忧,你怎么看?

在①中,论题是"讨论'他这次的成绩是通过考前突击获取的'这件事的真实性""评析这件事的合理性、正当性"。而②中,这件事的真实性已经不必考虑,只需要评析其合理性、正当性。

实际上,日常谈论的焦点随谈论话题的差异而不同,大体规律如下。

对于事实判断,谈论的焦点有:①判断的真伪;②当判断为真时,评析这个事实。

对于因果判断,谈论的焦点有:①因或果是否存在;②因与果是如何形成关系的;③因与果的关系的必然性与或然性。

对于假言判断,谈论的焦点有:①前件或后件的真实性;②前件与后件的逻辑关系是否成立。

对于性质判断,谈论的角度有:①判断的正误;②判断的解释。

(三)比对论题的种类以提取论题

我们还可以从给定的话题、题目、材料中,比对本章第二节所述的论题种类来提取论题。即看材料中是否有需要评析因果的行为动作现象(含是否需要直接提出建议),是否有呈因果关系的双动词,是否有性质判断类论题,是否有假言判断类论题等。

示例(一)

作　文　题	论题种类	具体论题
《红楼梦》写到"大观园试才题对额"时有一个情节,为元妃(贾元春)省亲修建的大观园竣工后,众人给园中桥上亭子的匾额题名。有人主张从欧阳修《醉翁亭记》"有亭翼然"一句中,取"翼然"二字;贾政认为"此亭压水而成",题名"还须偏于水",主张从"泻出于两峰之间"中拈出一个"泻"字,有人即附和题为"泻玉";贾宝玉则觉得用"沁芳"更为新雅,贾政点头默许。"沁芳"二字,点出了花木映水的佳境,不落俗套;也契合元妃省亲之事,蕴藉含蓄,思虑周全。	行为动作现象	直接移用、借鉴化用、据情境独创产生了不同艺术效果
	因果关系动词	移用→化用→独创
以上材料中,众人给匾额题名,或直接移用,或借鉴化用,或根据情境独创,产生了不同的艺术效果。这个现象也能在更广泛的领域给人以启示,引发深入思考。请你结合自己的学习和生活经验,写一篇文章。	性质判断	无
	假言判断	无

上述作文题的文字很多,但材料中的第一段只是情境解释,是辅助学生理解的,第二段明确了写作的指向:"众人给匾额题名,或直接移用,或借鉴化用,或根据情境独创,产生了不同的艺术效果。这个现象也能在更广泛的领域给人以启示,引发深入思考。"在这个引导语中,命题者指明要求对"这个现象"进行分析。"这个现象"即"直接移用、借鉴化用、根据情境独创,都能产生不同的艺术效果"。由于"直接移用、借鉴化用、根据情境独创"是三个并列的动词,它们之间可能各自单独存现互不影响,也可能在一定条件下有着某种转换关系。那么,这个作文题的分析重点或者说主干论

题是"直接移用、借鉴化用、根据情境独创"这三个动作各自会产生什么艺术效果。附带论题可以是：①三种做法各有其适用场景；②移用会转化为化用，进而转化为独创。即它们三者之间在一定条件下会有因果关系。

示例（二）

作　文　题	论题种类	具体论题
请以"时间"为主题，开展联想，写下你对时间的认识、了解和感受，题目自拟。	行为动作现象	当代人的空闲时间越来越少
	因果关系动词	……
	性质判断	时间是最宝贵的财富
	假言判断	只有学会利用时间，才能活出精彩人生

这是一则话题作文，所给定的是一个有宽泛讨论空间的议题，必须将其转化成一个个具体的论题才有展开写作的可能。在对"时间"这一主题的联想中，我们可以得出如表中所述的不同论题。"当代人的空闲时间越来越少"是一种行为现象类论题，写作时可侧重于对这种现象产生的前提性原因和由此产生的效果、后果进行分析和评价。"时间是最宝贵的财富"是一个性质判断类论题，写作时可侧重于对"时间"和"财富"下定义，以阐释其含义。"只有学会利用时间，才能活出精彩人生"是一个必要条件假言判断，需要论述"活出精彩人生"的前提是"学会利用时间"。

示例（三）

作　文　题	论题种类	具体论题
有人叹息：当代人怎么这么"卷"？对此，你怎么看？	行为动作现象	当代人以"卷"的方式生活、学习、工作着
	因果关系动词	无
	性质判断	"卷"的生活方式是有问题的
	假言判断	无

在这个作文题中，叹息者的话语中暗含一个事实判断，即默认存在一种现象：当代人以"卷"的方式生活、学习、工作着。既然是事实判断，那么这些现象是否真实存在是可以讨论的，对"卷"是否为"当代人"所特有的

状态,也是可以辨析的。同时它存在的原因(前提与动机)和影响(后果与效果)是值得分析和评价的。在叹息者的口气里,也带有明显的价值判断(一种特殊的性质判断):"卷"的生活方式是有问题的。这需要对"卷"进行定义,并对"问题"进行列举,以阐明这一性质判断的合理性或不合理处。

类似提取论题的示例还有这些。

示例(四)

作 文 题	论题种类	具体论题
有人说,我们这个时代从不缺聪明人,缺的恰恰是"笨人"。对此你有怎样的认识,请写一篇文章,谈谈你的认识。	行为动作现象	这个时代不缺聪明人 这个时代缺少"笨人"
	因果关系动词	时代变革造就了很多聪明人 时代变革减少了笨人
	性质判断	无
	假言判断	无

示例(五)

作 文 题	论题种类	具体论题
一个人乐意去探索陌生世界,仅仅是因为好奇心吗? 请写一篇文章,谈谈你对这个问题的认识和思考。	行为动作现象	人们乐意探索陌生世界(动机分析)
	因果关系动词	拥有好奇心让人乐意探索陌生世界
	性质判断	无
	假言判断	无

示例(六)

作 文 题	论题种类	具体论题
在某景点,有人说:"我们出来观赏自然山水,就只是为了拍照发朋友圈吗?" 请写一篇文章,谈谈你对此人所说话语的认识和思考。	行为动作现象	人们观赏自然山水以拍照发朋友圈为唯一目的
	因果关系动词	无
	性质判断	观赏自然山水的效用不只是拍照发朋友圈
	假言判断	无

第三节 文章结构视角下的两类论题

议论文写作的终极任务是阐释或论证一个或多个论题。有的作文题明示了论题,有的作文题需要提炼论题。无论是明示的还是提炼的论题,最后我们需要阐释与论证的论题大体会表现为前述几种类型。

从论题在文章中的位置看,我们将论题分为主干论题和分支论题。所谓主干论题就是直接由作文材料、作文引导语,或者命题作文的作文题目所引发的论题。它在作文中起到主干作用,对主干论题的阐释与论证构成了文章的核心框架。而分支论题是为阐释或论述主干论题服务的,直接关涉段落的展开。

主干论题类型例析

【作文题一】

春秋时期,齐国的公子纠与公子小白争夺君位,管仲和鲍叔分别辅佐他们。管仲带兵阻击小白,用箭射中他的衣带钩,小白装死逃脱。后来小白即位为君,史称齐桓公。鲍叔对桓公说,要想成就霸王之业,非管仲不可。于是桓公重用管仲,鲍叔甘居其下,终成一代霸业。后人称颂齐桓公九合诸侯、一匡天下,为"春秋五霸"之首。孔子说:"桓公九合诸侯,不以兵车,管仲之力也。"司马迁说:"天下不多(称赞)管仲之贤而多鲍叔能知人也。"

班级计划举行读书会,围绕上述材料展开讨论。齐桓公、管仲和鲍叔三人,你对谁感触最深?请结合你的感受和思考写一篇发言稿。

【主干论题】这是以一则故事为材料的作文题,其论题并未指定,需要自己提炼。我们可以从中提炼出"应以贤为标准任用人"这一主干论题。

【主干论题的类型】"应以贤为标准任用人"是一个"建议祈使类"论题,属于"行为动作评析类"的变种。

【主干论题阐述方式】行为动作评析类论题,需要先分析相关行为动作产生的动机、前提、效果和后果,再对这些要素进行善恶、得失、是非评价。而作为"行为动作评析"的变异形式的建议祈使类论题,在这里只需要摘取其中的效果与后果部分,即分析"任人以贤"的效果(收益)、"任人不以贤"的后果。

【作文题二】

墨子说:"视人之国,若视其国;视人之家,若视其家;视人之身,若视其身。"英国诗人约翰·多恩说:"没有人是自成一体、与世隔绝的孤岛,每一个人都是广袤大陆的一部分。"

"青山一道同云雨,明月何曾是两乡。""同气连枝,共盼春来。"……2020年的春天,这些寄言印在国际社会援助中国的物资上,表达了世界人民对中国的支持。

"山和山不相遇,人和人要相逢。""消失吧,黑夜! 黎明时我们将获胜!"……这些话语印在中国援助其他国家的物资上,寄托着中国人民对世界的祝福。

"世界青年与社会发展论坛"邀请你作为中国青年代表参会,发表以"携手同一世界,青年共创未来"为主题的中文演讲。请完成一篇演讲稿。

【主干论题】这个作文题由三则材料和一段引导语组成,引导语对三则材料有收束作用,即将三则材料收束在"携手同一世界,青年共创未来"这一主题下。针对这一主题,可以"青年应在同一世界携手共创未来"为主干论题。

【主干论题的类型】"青年应在同一世界携手共创未来"这一论题中,核心部分是"应携手""应共创",是一个"建议祈使类"论题,属于"行为动作评析类"论题的变种。

【主干论题阐述方式】对"青年应在同一世界携手共创未来"这一主干论题,可以从"携手共创的前提条件已经具备""携手共创的动机人皆具有""携手共创的效果值得期待""不携手共创的后果可堪忧惧"等角度来展开,以表明"应该"(必要性与可行性)。

【作文题三】

人们用眼睛看他人、看世界,却无法直接看到完整的自己。所以,在人生的旅程中,我们需要寻找各种"镜子",不断绘制"自画像"来审视自我,尝试回答"我是怎样的人""我想过怎样的生活""我能做些什么""如何生活得更有意义"等重要的问题。

毕业前,学校请你给即将入学的高一新生写一封信,主题是"如何为自己画好像",与他们分享自己的感悟与思考。

【主干论题】这个作文题的材料部分解释了"为自己画好像"的含义,即通过各种方式(如参照他人、审视自己)来确定自己的特点、目标等。作文题的引导语部分确定了我们要回答的问题:如何为自己画像,即"如何通过各种方式确定自己的特点、目标"等。

【主干论题的类型】"如何通过各种方式确定自己的特点、目标"是一个"提出策略类论题",属于"行为动作评析类"的变种。

【主干论题阐述方式】试比较"应该为自己画像"与"如何为自己画像"的差异。前者是"建议祈使类",侧重于分析"为自己画像"的意义和价值。后者是"提出策略类",固然可以分析"为自己画像"的意义,但应略写,而需着重提及的则是诸如"以参照贤达来确定自己的目标""以比对我与他人来认清自己的特征"等具体的"为自己画像"的策略。

【作文题四】

读万卷书,行万里路。无论读书还是行路,我们都会与地名不期而遇。有些地名很容易让你联想到这个地方的自然特征、风土民情、历史文化、著名人物等;有些地名会唤起你的某种记忆与情感,或许是一段难忘的故事,又或者它对你有着特殊的意义。

电视台邀请你客串《中华地名》主持人。请以"带你走近_____"为题(补充一个地名,使题目完整),写一篇主持词。

【主干论题】"带你走近某地"也就是向对方介绍某地的特点,而且从材料看,主要是介绍宣传某地的优点。因此,这则作文题的论题可以是"某地具有某些优点"。

【主干论题的类型】"某地具有某些优点"属于"事理存现类"论题。

【主干论题阐述方式】这类论题的阐述方式主要就是将其具有的特点具体化,并以描写叙述为主要表达方式,将这些具体的特点呈现出来。比如"某地有悠久的历史和灿烂的文化",就需要将其历史和文化以描写叙述的方式呈现。

【作文题五】

近日,北斗系统的最后一颗卫星成功发射,标志着我国自主建设、独立运行的北斗卫星导航系统完成全球组网部署。整个系统由55颗卫星构成,每一颗都有自己的功用,它们共同织成一张"天网",可服务全球。

材料中"每一颗都有自己的功用",引发了你怎样的联想和思考?

【主干论题】这则作文题明示了主干论题——"每一颗都有自己的功用",它有一定的比喻性质,即"每一个人(物)都有自己的功用"。或许读者可以从这句话推断出"要自珍自重""要尊重卑微者"等含义,但其主干论题是"每一个人(物)都有自己的功用",这是需要着重论述的。

【主干论题的类型】"每一个人(物)都有自己的功用"属于"事理存现类"论题。

【主干论题阐述方式】对于"每一个人(物)都有自己的功用"这一论题,固然可以分析"为何每个人(物)都有自己的功用",也可以分析"每一个人(物)都有自己的功用"给世界带来的正面影响,但其主干的阐述点是将不同个体的功用具体化,尤其是"自卑自弃者"和"遭人漠视、鄙视者"。

【作文题六】

"中国面孔"是全球热播纪录片里充满家国情怀的杜甫,是用中医药造福人类荣获诺贝尔奖的屠呦呦,是医务工作者厚重防护服下疲惫的笑脸,是快递小哥在寂静街巷里传送温暖的双手……也是用各种方式共同形塑"中国面孔"的你和我。

你对"中国面孔"又有什么新的思考和感悟?

【主干论题】这则作文题是"主题词"而非"主题句",也就是说其议题是一个词语而不是句子,因此开放性比较强。对此我们可以产生如下论题:"你我塑造着中国面孔""中国面孔具有某种特征""你我需努力共同塑造美丽的中国面孔"等。

【主干论题的类型】在由"中国面孔"这一议题所产生的众多论题中,"你我塑造着中国面孔""中国面孔具有某种特征"属于"事理存现类"论题,而"你我需努力共同塑造美丽的中国面孔"则属于"建议祈使类"论题。

【主干论题阐述方式】对于"你我塑造着中国面孔""中国面孔具有某种特征"这两个论题,重点是具体阐释"你我塑造了什么样的中国面孔""中国面孔具有何种特征"。当然也可以略带分析"中国面孔具有这些特征带给世人的价值"等。对"你我需努力共同塑造美丽的中国面孔",可分析"你我能塑造美丽面孔"这一前提,"你我共同塑造美丽中国面孔"的价值(效果)等。

【作文题七】

同声相应,同气相求。人们总是关注自己喜爱的人和事,久而久之,就会被同类信息所环绕、所塑造。智能互联网时代,这种环绕更加紧密,这种塑造更加可感。你未来的样子,也许就开始于当下一次从心所欲的浏览，一串惺惺相惜的点赞，一回情不自禁的分享，一场突如其来的感动。

根据以上材料，选取角度，自拟题目，写一篇文章。

【主干论题】这则材料的主干论题是"人被同类信息所环绕、塑造"，如果需要加一个补充的话，那就是"在互联网时代尤其如此"。另外，还可以从中读出这样一个论题：人被同类信息环绕，进而被同类信息塑造。

【主干论题的类型】"人被同类信息所环绕、塑造"属于由"行为动作"构成的现象类论题。同时兼有"事理存现类"的特征。而"人被同类信息环绕，进而被同类信息塑造"则属于双动词因果关系类论题。

【主干论题阐述方式】从"事理存现类"论题性质来看，"人被同类信息所环绕、塑造"论题的展开需要以描写叙述的方式列举环绕、塑造的具体表现。从"行为动作评析类"论题性质看，这个论题需要分析"环绕""塑造"所带来的后果与效果，以及何以会产生"人处于同类信息"这一状况，即"人常处于同类信息中"的前提原因和动机性原因。对于"人被同类信息环绕，进而被同类信息塑造"这一论题，则需要分析"环绕"与"塑造"之间的因果关系。

【作文题八】

每个人都有自己的人生坐标，也有对未来的美好期望。家庭可能对我们有不同的预期，社会也可能会赋予我们别样的角色。在不断变化的现实生活中，个人与家庭、社会之间的落差或错位难免会产生。

对此，你有怎样的体验与思考？写一篇文章，谈谈自己的看法。

【主干论题】我们对自己的期望与家庭、社会对我们的期望之间会产生落差或错位。

【主干论题的类型】上述论题展现的是一个现象，兼有"事理存现类"论题和"行为动作评析类"论题的特征。

【主干论题阐述方式】从"事理存现类"论题这一点来看，我们需要描述两种期望之间的落差和错位的具体表现。从"行为动作评析类"论题来看,我们需要分析错位与落差产生的原因以及后效。当然还可以提出面对这种落差与错位时的建议(但这个角度不宜太过详细,因为这不是"建议祈使类"论题)。

【作文题九】

世上许多重要的转折是在意想不到时发生的,这是否意味着人对事物发展进程无能为力?

请写一篇文章,谈谈你对这个问题的认识和思考。

【主干论题】人对事物发展的进程有(无)作为能力。

【主干论题的类型】从上述主干论题的语法结构来看,"有无"二字表明了其是"事理存现类"论题。

【主干论题阐述方式】具体落实"事物发展的进程"的特点与种类,人的"作为能力"的种类。即在哪些类别的事物发展进程中,人有什么样的作为能力,而在另一些具体类别的事物发展进程中,人不具备何种类型的作为能力。比如,人类科技这一事物的发展进程完全是人类集体作为的结果,在科技发展的进程上,人类有着极大的推动能力。但在科技发展的速度和方向上,作为个体的大部分人很难做出准确的预测和及时的应对。

分支论题类型例析

【作文题一】

社会上很多人为了成功急切地追赶别人的脚步,加入到竞争的行列,往往在投入巨大却劳而无获之后,有些人因此选择放弃,变得与世无争。

请写一篇文章,谈谈你对这一现象的认识和思考。

这是一道较为复杂的作文题,它至少包含三个需要关注的议题,在三个议题下又有若干个主干论题,为了支撑这些主干论题,又必须引申出若干分支论题。

【议题一】社会上很多人为了成功急切地追赶别人的脚步,加入到竞争的行列。

[主干论题1]存在着这样一种现象:为了成功,急切追赶别人,加入竞争。这是事实存现类论题,需举例确认。

[主干论题2]"因为成功动机的驱使,而去追赶、竞争",这是双动词因果关系类论题,需要作因果链分析。

[主干论题3]对"为了成功而去追赶、竞争"这种行为作出评析,这是行为动作评析类论题,需要评析其善恶、得失等。

【议题二】投入巨大却劳而无获之后,有些人往往会选择放弃,变得与世无争。

[主干论题1]存在着这样一种现象:有人劳而无获后放弃直至与世无争。这是事实存现类论题,需举例确认。

[主干论题2]"因为劳而无获而放弃直至与世无争"。这是双动词因果关系类论题,需要作因果链分析。

[主干论题3]对"放弃直至与世无争"这种行为作出评析,这是行为动作评析类论题,需要评析其善恶、得失等。

【议题三】为了成功而竞争,会导致投入过大,会有更大的劳而无获风险,会更容易造成放弃和与世无争。

[主干论题1]为了成功而竞争与投入过大、劳而无获有极大的因果关系,这种做法更容易导致"放弃和与世无争",它们之间有极强的因果关系。这是因果关系类论题。

为了阐明这种因果关系,我们可以这样构建因果链:世俗意义上的成功是在众人关注的领域获得超越平均值的优势地位。众人关注的领域意味着这个领域具有被过度开发、竞争激烈等特征,而超越平均值是超越竞争参与者的平均值,意味着比超越自己、超越一般人要付出更多的精力、时间和资金。既然为了成功的竞争是在众人聚焦的领域超越加入竞争的竞争者,那失败的几率自然高于常态。这种巨额的投入和高几率的失败,会使人对自我产生怀疑、否定，竞争性成功的艰巨性会使人对事业产生畏惧，自然更容易导致放弃和与世无争的心态。

上述因果链分析中借助了"世俗意义上的成功是在众人关注的领域获得超越平均值的优势地位"和"众人关注的领域意味着这个领域具有被过度开发、竞争激烈等特征，而超越平均值是超越竞争参与者的平均值"等观点。这些观点本身是判断类论题。它是为支撑［主干论题1］这个因果关系类论题服务的。也就是说，"世俗意义上理解的成功是在众人关注的领域获得超越平均值的优势地位"是一个判断类论题，它为［主干论题1］这个因果关系类论题服务，最终是回答【议题三】。如此，就形成以下这样一个结构。

【议题】为了成功而竞争，会导致投入过大，会有更大的劳而无获风险，会更容易造成放弃和与世无争。

［主干论题］为了成功而竞争与投入过大、劳而无获有极大的因果关系，这种做法更容易导致"放弃和与世无争"。

［分支论题1］世俗意义上的成功是在众人关注的领域获得超越平均值的优势地位。

［分支论题2］众人关注的领域意味着这个领域具有被过度开发、竞争激烈等特征，而超越平均值是超越竞争参与者的平均值。

【作文题二】

在某景点，有人说："我们出来观赏自然山水，就只是为了拍照发朋友圈吗？"

请写一篇文章，谈谈你对此人所说话语的认识和思考。

这个作文题包含了一个事实陈述：有人在观赏自然山水时，只是在拍照发朋友圈。还含有一个评价：在观赏自然山水时只为了拍照发朋友圈是不妥当的。另外还有一个待回答的问题：观赏自然山水还有哪些功效？这三个论题需要分别阐释或论述，如下表所示。

主干论题 （文章框架）	论题类型	论述方式	分支论题 （段落内容）	论题类型	论述方式
有人在观赏自然山水时，只是在拍照发朋友圈。	事实陈述	以例确证			
	行为动作	动机评析	因炫耀而发朋友圈	因果关系	添加因果链
		前提评析	因喜悦而发朋友圈		
		效果评析	发朋友圈美美与共		
		后果评析	发朋友圈耽误欣赏		
观赏自然山水还有哪些功效（还可做什么）？	是议题，不是论题	分类作答	可以山水比德 可进入艺术心境	建议祈使	概念解释 效果分析

　　由以上分析可见，所谓的"主干论题"和"分支论题"只是在文章结构中有地位的差异，就其论证阐述方式来看，还是"事实存现""判断式""因果式""行为动作"四种类型。对"主干论题"的论述，所形成的是文章的骨架；而对"分支论题"的论述，则是在每个具体段落内部进行。

理密・情真・文畅

第三章

ＭＡＣＥ评析法——事实评判类论题

以行为动词句为论题的情形在各地高考作文中较为常见。有的以一个核心动词为议题,如"评价他人的生活""预测""渴望被他人需要"等。有的以两三个动词为议题。

① 众人给匾额题名,或直接移用,或借鉴化用,或根据情境独创,产生了不同的艺术效果。这个现象也能在更广泛的领域给人以启示,引发人们深入思考。

② 倾听了不同国家的音乐,接触了不同风格的异域音调,我由此对音乐的"中国味"有了更深刻的感受,从而更有意识地去寻找"中国味"。

作文题①主要要求围绕三个行为动词——直接移用、借鉴化用、据情境独创——进行分析评判。作文题②的三个核心词句是:倾听、接触,有更深感受,更有意识地去寻找。

不过需要注意的是,上述作文题①的三个动词是并列关系,需要分别评析,而作文题②的三个词句既有时间上的先后关系,又有逻辑上的因果关系,因此不宜只就三个词或句子作出分别评析,而应评析它们之间所构成的因果关系。

对行为动作的评析,其实并非评析动作行为本身,或者说无法就单纯的动作行为作出有价值的评析,因为大多数孤立的行为动词本身并不明示其具体表现、责任主体以及是非、善恶、得失等信息。

例如我们如果只看到"任用""携手""画像"等动词,就难以对这些单纯的动词作出分析和评判,非得知道"任用了贤人还是亲人""携谁的手""画逼真的像还是歪曲的像",才能发表观点。有时即使明确了行为动作的主体、方式或对象,我们仍然很难作出评判。比如"任用人""青年携手",虽然有了主体或对象,还是看不出善恶、是非、得失。当然,更多的时候,只要明确了主体、方式或对象,就可以对行为动作作出简单评判。比如"'打孩子'是不对的""'小孩子犯小错'是可以原谅的"。不过这种评判还只是一种断言,而不是基于分析说理作出的评判。

那么，当议论对象是一个行为动作的时候，该如何展开分析与评判呢？请先看一段稀松平常的对话。

老师：你迟到了。

学生：我是踏着铃声进教室的。

老师：那也是迟到。

学生：我这个学期只迟到了这一次。

老师：迟到跟次数没关系。

学生：我也不是故意迟到的，只是因为在校门口吃早餐，学校不让带早餐进校园。

老师：你应该为吃早餐预留出时间。

学生：昨晚作业太多睡得太晚，今早起不来。其实我迟到并没影响听课，我进教室的时候，老师还在发作业呢！

这段对话蕴含着评析讨论行为动作的基本要素。当老师指出学生"迟到"时，学生辩解"我是踏着铃声进教室的""我这个学期只迟到了这一次"，这是对自己的"迟到"行为作出界定——不是严格意义上的迟到，或者不是恶劣的迟到。而"不是故意迟到"是从行为的"动机"上进行"善恶"评析。"在校门口吃早餐，学校不让带早餐进校园""昨晚上作业太多，睡得太晚，今早起不来"则是从"诱因"角度进行辨析，以表明自己的行为是出于"不可抗拒"的外力。最后的"我并没影响听课"则是从行为动作的结果进行得失分析。

上文中的对话之所以能对"迟到"行为作出评判，是因为将行为动作分解成了表现、动机、诱因、后果、效果等五个要素。这五个要素恰好是对行为动作进行分析的核心抓手。

第一节　行为动作的"表现"分类

　　单纯的列举似乎并无太大的意义，毕竟能写入作文的内容是有限的。但是，列举之后，我们自然会进行比较和分类。人们从分类中发现共性，由此发现事物的性质特征，产生对世界的新认识、新思想，这是归纳法的用武之地，数学中的很多定理就是在归纳中发现的。人们还在比较中发现差异。发现差异是对事物进行"定义"的基础，因为定义的表达式之一就是"属"加"种差"（被定义的概念与其同属概念之间的差别）。

　　我们首先以 2016 年上海高考作文题为例，展示从事件到思想的思维方法。

　　【真题再现】随着现代社会的发展，人们的生活更容易进入大众视野，评价他人生活变得越来越常见，这些评价对个人和社会的影响也越来越大。

　　人们对"评价他人的生活"这种现象的看法不尽相同，请写一篇文章，谈谈你对这种现象的思考。

　　【事件列举】在晚餐桌上，家人边吃边聊：①以嘲讽的口吻说东家邻居喜欢吃大蒜；②以厌恶的口吻说楼上的邻居老是在楼上跳绳；③以不屑的语气说西家邻居大清早就去跑步满身臭汗；④以幸灾乐祸的口气说楼下两口子老是当着孩子的面吵架。

　　【分类比较】以上列举了评价他人生活的四个内容，它们之间有什么异同呢？

　　共同点：①②③④以嘲讽、厌恶、不屑和幸灾乐祸的口吻评价他人的生活,呈现出对他人不友好,寻求精神优胜的心理。

不同点:就他人的生活方式而言,"喜欢吃大蒜"是一种无害的个性化生活方式,"在楼上跳绳"是一种扰民的生活方式,"大清早跑步"应该算得上是一种健康的生活方式,而"当着孩子的面吵架"自然是一种有害于己的生活方式。

【写作立意】由上述四种评价的共同点,我们可以得出"评价他人生活不宜酸溜溜"的立意;由上述四种评价的不同点,我们可以得出这样的立意:"评价他人生活时,对个性应尊重,违私德可提醒,违公德需制止。""生活本是妥协,评价撕裂伤疤。"

上述例子中,我们仅仅列出四种情形,就可以在比较分析中产生很多立意。实际上,对"评价他人生活"的事件列举和分类比较远不止于此,我们还可以从评价主体、方式、内容、结果等角度来列举比较和分类分析,从而产生不同的立意。

（一）评价主体与场合的分类

①自言自语评;②自家议论评;③朋友聚集评;④公众媒体评。

写作立意:从对被评价者的影响而言,①②两种场合可以随意一些,③④两种场合就需要特别慎重,比如公共场合的负面评价可能会放大对被评价者的伤害。从对评价者自己的影响而言,恐怕①②两种场合也要注意。俗话说"静坐常思己之过,闲谈莫论人非",自言自语的评价会强化自己的某些特点或者认知,比如私底下肆意嘲笑别人生活中的缺陷,可能会让自己"鄙陋"的一面任意发挥,从而影响自己的人格塑造。

（二）评价形式分类

①背地评;②当面评;③转告评。

写作立意:于被评价者而言,背地评最缺乏积极意义,因为对方听不到,即使是中肯的评价也不能送达当事人,有偏颇的评价也得不到辩解。当面评最容易起冲突,最难以把握,最需要艺术,当然也最适合辩驳。转告评可以回避冲突,虽然被评价者缺少辩驳的机会,但总归带着评价者希望有助于对方的一种诚意。从这个角度立意,我们可以说"该动嘴时就动嘴,一吐为快明是非",也可以说"评价他人既要安好心,又要成好事"。

（三）评价结果分类

①改变了评价者;②改变了被评者;③改变了社会;④一切都没变。

写作立意:有的评价只是在印证、强化评价者的价值观,比如在嘲笑他人中强化自己的自豪感,在批判他人的行为中增进自己行为的合理性认知。也有人在评价他人时伴随着对自己的反思,所谓"以人为镜",从而改造自己的世界观。通过评价他人改变他人的事例自然不胜枚举,老师的表扬和批评对学生的改变就是一例。至于通过评价个人的生活从而改变社会风俗的情形,也是屡见不鲜。比如社会大众对众多社会热点事件的评价,不就在一步步重塑着社会的价值观吗? 人们对社会热点事件(他人生活类)的评价,使得全社会对新问题达成新的共识,社会在争吵中进入新的稳定状态。

从这个角度看,我们可以这样立意:"以人为鉴正自身,评价他人成全自己""评价他人新生活,共建社会新秩序""评价中冲突,冲突中共识,共识中和谐""晒晒只为点赞? 评价听听何妨"。

（四）评价的科学性与准确性

① 评价所评的事实是否真实(所评事实包括:耳闻目见的事实、主观猜想的"事实",以及看到听到的假象;完整的事实,或局部的事实;具有本质性和必然性的事实,仅仅是表象性或偶发性的事实)。

② 评价所持的标准是否恰当(标准只在某个时代、区域、人群中有效)。

③ 评价时的态度是否理性(有人是充满理智的理性评价,也有人是基于情绪的爱憎表达)。

写作立意:所谓评价,是评价主体运用自己认可的标准,对其所掌握的评价客体的言行进行评价判断。因此评价的科学性和公正性由标准和对信息掌握的全面程度、真实程度决定。对于事实不清楚不真实、标准不恰当的评价,被评价者可以说:"你有权对我评价,我有权拒绝听见。"评价者也可以说:"大胆评、慎重判,无权做法官。"

以上分析告诉我们,通过现象列举、分类归纳、比较分析等思维过程,我们一方面对作文题有了全面的认识,有利于我们从中选择最有体会的切入点,也有利于我们挑选最合适的材料进行写作,而不是把各类不同的材料拼凑在一起。另一方面,我们在此过程中可以自然而然地产生许多想法,不必去硬凑一个主题,使得挑选一个最拿手的立意成为可能。再一方面,丰富的事例使偏题的风险大大降低。因为在众多偏题因素中,最常见的就是对写作要求中所指向的内容理解流于片面。

因此,我们在平时的训练中,应该有意识地训练自己通过事例来发散自己思维的能力。在思维发散的过程中,我们可以通过补足句子成分,将话题扩充成一个"主谓宾定状补"各成分齐全的句子,然后再以落实各个句子成分的形式进行思路的开掘。

第二节 添加成分穷尽行为类别

仍以"评价他人的生活"为例,如果将这个短语扩充成一个主谓宾定状补完整的句子的话,应该是"(什么样的)某某某[以某种方式][在某个地方]……评价他人的生活,〈造成某种结果〉"。此时再回看上文关于"评价他人的生活"的分类,实际上是对补充部分的定语、状语和补语的分类。

参照这一方法,我们再来对"怀才不遇"进行思路的发散。

第一步:扩充句子成分

(什么样的)某某某怀了(什么样的)才[在什么时候][在什么地方]不遇。

第二步:落实句子成分。

① 博通事理的贾谊怀有治国之才在爱谈鬼神的汉文帝那里不遇。

② 孔子怀有成就王道之才在渴求霸道的诸侯国那里不遇。

③ 满腹牢骚的柳永(孟浩然)在被惹怒的宋仁宗(唐玄宗)那里不遇。

④ 喜谈兵书的苏洵在言和厌战的宋朝不遇。

⑤ 身怀屠龙术的人在龙已灭绝的时代不遇。

第三步:提炼归类。这里仅从原因角度提炼。

(1) 所怀才不能被当时用人者识。

① 怀才者没主动寻找时机、地域、用人者。

诸葛亮先打广告后开店的营销模式，姜尚姜太公悬钩垂钓的行为艺术，都属于消极而主动的寻主模式。"此地不留爷，自有留爷处"和"埋骨何须桑梓地，人生无处不青山"是积极主动的寻主模式。

② 用人者庸，不识才。

汉文帝素爱谈鬼神之事，对国家社稷则不思进取。贾谊是当时有名的学士，学识渊博，天地万物无所不通。有一次，汉文帝召见贾谊，不问天下苍生，却问起鬼神之事，而且越听越专注，渐渐情不自禁地向前挪出席子。为此，李商隐写了一首《贾生》：宣室求贤访逐臣，贾生才调更无伦。可怜夜半虚前席，不问苍生问鬼神。

③ 所怀才，只是一种潜能，实效尚未展现，甚至潜能还没有转化成真本事。

"他成绩好有什么了不起，我比他聪明多了。"

"我账户里的股份在沪市达到最高点时价值百万。"

(2) 所怀才不能被当时用人者认可。

① 用人者昏，不爱才。如屈原不遇。
② 用人者与怀才者价值观不同。如孔子周游列国而不遇。
③ 沟通障碍。怀才者不懂、不愿沟通。
④ 怀才者与用人者产生矛盾。如柳永科举落第写下"忍把浮名，换了浅斟低唱"牢骚语，惹怒仁宗皇帝。

(3) 所怀才不能在当地施展。

① 淮南的橘搬家到了北方，结出的却是奇酸无比的果实，于是他成天怀旧：我可以结又大又甜的果子。当地人听多了觉得烦，就给他取了外号，叫作枳。

② 苏洵婚后醒悟，开始饱读古书，尤喜言兵及先秦纵横之术，待他踌躇满志顺着长江走出四川，准备在平静祥和的宋都开封雄辩群儒、一鸣惊人时，在文人主宰渴望平静的大宋朝，赢得夸夸其谈的"美誉"。

（4）所怀才不能在当时施展。

① 这项才能不适合当时的时代。如身怀屠龙术者，处在没有龙的年代里。

② 这项才能在当时不能获得很好的报酬与认可。如基础科学研究者在技术套现时代。

（5）虽怀才，但怀才者有重大缺点。不用其人，兼废其才。

（6）所怀之才与所期之遇不匹配。怀才甲而欲为事乙，怀小才甲欲为大事乙。

诗才李白欲干政，不被重用。文才苏轼"搅和"变法，惨遭贬谪。会写诗而求做官，只能读书却想赚钱，辜负你的不是皇帝哥哥，是你的梦想。

"读小学的时候，刘强东组词造句比我差多了。唉，我真是，怀才不遇啊。"

（7）怀才而不自知。

（8）所怀才为歪才，有重大毒副作用。

违背天性透支未来让三岁小孩背诵唐诗三百首的"民间教育家"。

（9）误将超越自己之才看作卓尔出群之才。

从上述分类可以看出，怀才不遇分为事实的怀才不遇和感觉上的怀才不遇。（1）—（7）是事实怀才不遇，（8）—（9）是感觉怀才不遇。事实上的怀才不遇者总是以受害者自居,而实际上,其责任不一定不在自己。与其一味感叹命运不公、时运不济,不如借此对号入座,看看责任在谁,出路在哪。有人说"世上没有怀才不遇""怀才不遇是个伪命题",此话一方面对怀才者过于求全,一方面完全推卸了用人者的责任。

以上扩充清晰地展现了怀才不遇的多种情形,在此基础上分析出怀才不遇的原因——或者没有遇见正确的人,或者没有遇上恰当的时代,或者怀才者有某种别人无法忍受的缺点,等等——就不是什么难事了。

当然,正如我们一再强调的,任何方法脱离内容都是空洞的,我们在掌握这种发散思维方法的同时,更要加强自己的阅读积累,以便于在需要的时候能够列举出尽可能多的事例,否则任何方法都是无本之源,其流不远。还需明白的一点是:你能马上想到的事例,通常也是别人能想到的事例。在事例的列举上,我们应该做到人无我有,人有我多,人多我新。你所列举的这些事例,不仅仅是审题立意的重要依据,而且是后续行文论证的重要论据。当论据少的时候,你不得不一个论据硬拉成一大段。如果事例(论据)够多的话,你就可以把众多的论据以排比、对偶的方式来呈现,二者的差距不言自明。

第三节　行为动作的构成要素

对人的行为动作进行评判的典型场景是法律审判。法律审判的对象是人的行为,法律对人的行为进行审判时,主要考虑的是行为的动机、诱因、方式和结果等因素。虽然一个人单纯有邪恶的想法或者动机,本身并不构成犯罪或者违法,但在对违法或者犯罪行为的审判当中,行为人的动机和想法是一个重要的考量依据,尤其在刑事审判当中,犯罪的动机对量刑有重要影响。

2018年,江苏省昆山市发生了一起"反杀"案件,一辆轿车与自行车发生轻微交通事故。双方争执时车内一男子拿刀砍向骑车人。骑车人虽然连连躲避,但仍被砍中。之后,乘车人在砍人时长刀落地,骑车人出于求生欲捡起长刀,反过来砍向乘车男子,乘车男子被骑车人连砍数刀倒在草丛,最终死亡。这起案件的核心行为动作是骑车人砍死乘车人,但考虑到骑车人的行为动机是为了阻止正在进行的行凶、杀人等暴力犯罪,当地公安机关认定骑车人的行为是正当防卫,不构成犯罪。

相反,2023年最高人民检察院联合公安部印发的《关于依法妥善办理轻伤害案件的指导意见》提到,对于虽然属于轻伤害案件,但犯罪嫌疑人……犯罪动机……恶劣的,……应当依法从严惩处。总体上,在法律审判中,表面看来相同的两个违法行为,基于利己的动机与基于利他的、公益的动机相比责任更大,出于贪欲、仇视社会等的卑劣动机与基于激情和贫困等的动机相比责任更大。

除了意念可控的动机这个评判点外,个体意念不可控的非意念性推动力——诱因——也是行为评判的重要依据。

在生活中,人们常常会以非意念性推动力(包括内在和外在的)来为自己的行为辩护。比如一个学生上课早退,他的理由是自己实在饿得没办法,而另外一个同学上课早退的理由是受别人唆使,很显然,老师对前者的谅解程度会高一些,对后者会进行严厉批评。饥饿和唆使都是早退行为的推动力。这两个推动力都不由早退行为发出者的意念所控制。但相对而言,人对饥饿的抵抗力会小于对唆使的抵抗力。

同样,如果甲同学因为路上堵车而上学迟到,乙同学因为忘记定闹钟而导致起床太晚、上学迟到。他们两个迟到行为的推动力是不一样的:堵车有时是一种不可抗力,甚至不可预见。而忘记定闹钟、起床太晚则是应该做到而未做到的事情。因此前者可以为迟到行为免责,而后者则不能。

从行为结果的角度对行为进行审判是人们所习惯的。行为的结果包括后果与效果。比如你往同学的肩膀上轻轻一拍,如果他不痛不痒,也没有受到惊吓,也就是没有产生太大的影响,那么对方应该不会怪罪你。但如果恰好他的肩膀上有一个伤口被你轻轻一拍,导致伤口破裂疼痛加剧,对方自然会责怪你。情况严重的话,可能还要你赔偿相应的医药费。如果对方肩膀上恰好有只飞虫,被你这轻轻一拍给赶跑了,那对方可能会感谢你。

后果与效果评判是行为评判的重要依据,但不是唯一依据,单根据行为的结果对行为进行评判,会导致评判标准的单一。结果(后果、效果)涉及得失评判,我们还需增加动机评判和前提评判。动机评判是善恶评判,前提评判是责任评判。

第四节　行为动作的 MACE 评析法

现象是行为的集合，行为是动作的呈现。正像物理学里的"运动"一样，运动状态的维持或者改变，一定有"力"的推动，同时，运动的过程中，一定会存在"力"的对外输出，从而产生影响。行为动作就是一种运动，现象则是多种运动的集合。可用下图来表示行为动作的前后联系。

推动力 —— 行为动作 —— 影响力

一、行为的推动力——动机与前提

任何行为动作都有行为主体，如风是空气在运动，电是电子在运动，购买是消费者在实施动作。由于物体的运动属于自然科学的讨论范围，我们暂且搁置，专门讨论人的行为动作，以及由人的行为动作所组成的人类现象（搁置自然现象）。人的行为动作的发生，来自于两股推动力量。按照行为主体对这些推动力的产生是否可用自身意念控制来分类，这两股推动力就是意念可控的推动力和意念不可控的推动力，行为主体自身意念可控的推动力是行为的动机，行为主体自身意念不可控的动机是行为的前提。

（一）动机与前提的区别

比如某人偷别人的面包，他之所以做出这一行为，可能是因为饥饿，也可能是想捉弄面包的所有者。在"捉弄面包的所有者"这个想法的推动下做出偷窃的行为，那这个推动力是动机，是他自己的意念可以控制的，哪怕这种动机非常强烈，但考虑到给别人带来损失这一后果，他应该去控制，他可以通过自我思想教育而抑制这一动机。而"饥饿"这一推动力虽然从某种程度上可以从意念上加以忍耐,但他自己无法凭意念消除"饥饿"感,那么,"饥饿"这一推动力就是行为主体的意念不可控的,是"偷面包"这一行为发生的前提(意念不可控的推动力)。因此我们可以说,动机是个体主观意念上的,是可以通过意念控制来产生或者消除的,而前提是客观存在的,是不以行为主体的意志为转移的。

(二)动机:正面动机与负面动机

动机通常以满足某种欲望的形式来表达,或者说动机就是为了满足某种欲望。我们可以根据欲望的类型来判定一种动机是善的、正常的、过分的还是邪恶的。从伦理学角度来看,善与恶相对易于区别,即利人利己的动机是善的,损人损己的动机是恶的。比较难以区别的是正常的欲望和过分的欲望以及由此引发的动机。对此,我们可以从朱熹的"存天理,灭人欲"中找到分界点。他在《朱子语类》中说:"饮食,天理也,山珍海味,人欲也;夫妻,天理也,三妻四妾,人欲也。""饮食"和"山珍海味"、"夫妻"和"三妻四妾"有何差别? 前者是"天理",是正常的欲望;后者是过度的欲望,是"人欲"。

不过欲望适度与过度的分界点并非固定不变。人的欲望的满足需要物质的支撑,当资源足够丰富或者社会生产力足够发达,可以生产出按需分配的物质资源时,人的欲望可以得到无限的满足且不会伤害身心,这时就不存在过度的欲望。当资源有限甚至匮乏到导致资源争夺之战时,一方的过多索取会造成另一方的严重短缺,这种超额的欲望就是过分的欲望。如白居易在《红线毯》一诗中所说的"地不知寒人要暖,少夺人衣作地衣",这里以毯铺地的行为,在当时便是过分的欲望满足,而在现如今,铺地毯已是稀松平常的事了。另外,在个人获取物质的能力有限时,想要获取超出自己能力范围的欲望,必然会造成偷盗、抢夺等不法行为发生,这也是过度的欲望。或者当欲望的满足对人的健康所造成的损害大于给人带来的好处时,当一个人把全部力量投入非生存性物欲的满足,且全不顾及人的高品质需求的时候,这种欲望也是过度的欲望。

因此,从善恶评判的角度,动机可以分为正向的(善的、正常的)动机和负面的(过分的、恶的)动机,可作为行为评判的依据之一。

(三)前提:需担责前提与可免责前提,非赋值前提与可赋值前提

在行为主体不可控制的推动力中,那些可以预见或应当预见、可以阻拒或应当阻拒的推动力,最终却没被预见、没被阻拒,从而导致负面行为的发生,这就属于需担责的前提。这种前提对行为者的责任划分来说是负面的。而那些基于不可抗力而无法预见、无可阻拒的推动力,最终导致负面行为发生,就属于可免责的前提。这种前提对行为者的责任划分有正面意义。

当然,如果行为本身是正面的,当我们需要考虑给予这种正面行为多少褒扬与奖励的时候,那种天然就有并非行为者主动追求而存在最终却推动了这种行为发生的前提,不是加分项,为非赋值前提。而那些经过行为者努力而获得的前提,导致了某个正面行为的发生,有正面意义,是加分项,为正面的诱因、可赋值诱因。

二、行为的影响力——后果与效果

阿拉伯有一则寓言说,要把感恩刻在石头上,把仇恨写在沙滩上,目的是牢记恩情,并把仇恨的影响力降到最低。其实无论如何,行为动作一旦发生之后,一定会在这个世界上产生影响。这种影响力包括以下几种。

(1)对行为者(自己)的心理影响、实际得失影响和后续行为影响。

(2)对特定的他人产生的心理影响、实际得失影响和后续行为影响。

(3)对不特定的人、群体甚至社会产生的心理、文化和后续行为影响。

所有这些影响力,按对人类的价值分,包括积极影响力(效果)和消极影响力(后果)。

取动机、前提、后果、效果四个词语英译的首字母,就是本书所谓的MACE。按这四个角度评析行为动作,就是MACE分析法。

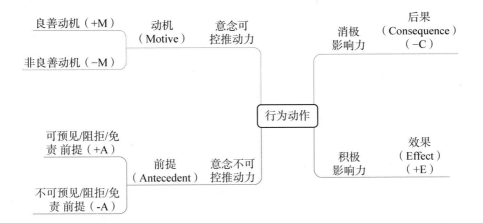

良善动机（+M）　动机　　意念可　　　　　　　消极　　　后果
　　　　　　　（Motive）控推动力　　　　　　影响力　（Consequence）
非良善动机（-M）　　　　　　　　　　　　　　　　　　　（-C）

　　　　　　　　　　　　　　　　行为动作

可预见/阻拒/免　　　　　　　　　　　　　　　　积极　　　效果
责 前提（+A）　　前提　　意念不可　　　　　　影响力　（Effect）
　　　　　　　（Antecedent）控推动力　　　　　　　　　（+E）
不可预见/阻拒/免
责 前提（-A）

第五节　MACE 分析法实例

我们以一道高考作文题为例,展示 MACE 分析法的综合运用。

根据以下材料,选取角度,自拟题目,写一篇不少于 800 字的文章;除诗歌外,文体自选。

同声相应,同气相求。人们总是关注自己喜爱的人和事,久而久之,就会被同类信息所环绕、所塑造。智能互联网时代,这种环绕更加紧密,这种塑造更加可感。你未来的样子,也许就开始于当下一次从心所欲的浏览,一串惺惺相惜的点赞,一回情不自禁的分享,一场突如其来的感动。

这则材料的核心论题是"总是关注自己喜爱的人和事的人会被同类信息所环绕、塑造",对此,我们可以作如下分析。

论题 (评析行为动作)	要素	具体内容(含论点)
总是关注自己喜爱的人和事的人会被同类信息所环绕、塑造	表现	① 今日头条、抖音的"个性化"同类信息推送 ② 充耳不闻;拿着锤子,满世界都是钉子 ③ 剧场假象,专业的人读专业的书
	动机	④ 迎合自己的兴趣、需求,确证自己的知识体系、价值观 ⑤ 安享同质信息舒适区
	前提	⑥ 信息发布者投用户所好的推送方式 ⑦ 难以摆脱认知失调后的不适
	后果	⑧ 形成信息茧房 ⑨ 形成偏见、执念 ⑩ 形成"片面人",无法应对多样、流变的社会
	效果	⑪ 巩固、完善、强化既有认知体系 ⑫ 成为"专家"

行为表现的列举,是抽象思维的前提。中学生一般不具备复杂的抽

象演绎思维能力，习惯于从具象着手进行分析、归纳。调动关于行为表现的记忆，方可从具体的行为出发分析行为背后的动机和前提，以及行为的后果与效果。另外，行为表现本身又是行文论证时的事实论据来源，是中学生最为擅长的举例论证所需的素材。因此，我们主张把列举行为动作的表现放在首位。然而只停留在行为表现层面会陷入以例代议的漩涡，会导致文章没有分论点而直接用几个事例来阐释中心论点，这就脱离不了简单枚举的逻辑缺陷，不能上升到科学归纳的层面。以例代议只能表明事理的或然性，无法触及事理的必然性；只能传递个别经验，无法解释普遍规律。

分析行为动作的最终目的是从伦理善恶、主体责任、社会得失等角度对行为动作作出评判，以期获得进一步的改变、延续、修正等行动建议。对行为表现背后的动机、前提、后果和效果的分析，正是作出上述相关评判的抓手。例如伦理善恶的评判往往就是从行为动机、方式、结果来综合考量才得出的。动机良善而方式失当且造成恶果，那就是恶行，如父母为了孩子好而棒打孩子并造成无可挽回的后果。动机良善方式合乎道德标准但造成恶果，那可能是迂腐的善，如尾生抱柱。同理，评判行为的主体责任，需要看行为的推动力量来自自身还是外部，这种力量是不可回避的还是可以预见的，这就需要用到前提分析。而评判行为的得失主要看结果，看是有正面价值的效果还是有负面价值的后果。

当然，不同行为动作下的不同论题在以上五要素的分析上可以有不同的侧重。如"以贤为标准任用人"这一行为的必要性主要在于其可以带来良好的社会效益（效果分析）。"个人与家庭、社会之间会产生落差或错位"这一现象，则可以从产生落差或错位的后果来提醒人们提高警惕、提前规避（后果分析）。当然还可以从当今时代的信息更迭速度、社会变化速度越来越快，以及社会价值观多元性凸显等角度，分析落差和错位产生的必然性（前提分析）。

第六节　行为分析与行为评价

　　一篇优秀的议论文总能以多个分论点为框架来支撑中心论点，又以多种论证素材为砖瓦支撑各分论点。五要素分析法提供了分析素材（行为表现）和分论点（动机、前提、后果、效果）。但这些论点之间的关系是松散而缺少联系的，尚未作结构化处理。因此，我们还需要从善恶、正误、是非、得失等角度对行为动作的五要素进行正负价值定性。

　　从行为方式来说，可以将之定性为正确、错误和正误难辨等类型。比如对着镜子为自己画像，可能只能复制外貌，难以观照内心，参照别人为自己画像可以凸显特点但可能因为参照对象的局限而放大了自己的优点或缺点，这些是有缺陷的做法。

　　从行为动机来说，有合理、良善的正面动机和狭隘、世俗甚至邪恶的负面动机。如人们主动搜寻同类信息导致自己被同类信息所环绕、塑造，其目的如果只是迎合自己的兴趣和当下需求，那这种动机是狭隘的；如果是为了确证自己的认知、价值观进而建构、开创一种新的知识体系，那这种动机是值得鼓励的；如果是为了固守自己的知识体系，确证自己的价值观是不容置疑的，这种动机就可能是邪恶的。

　　从行为的前提来说，可分为无可回避、难以避免的正面前提和可以预见、应对、事先避免的负面前提。如"在疫情中保持距离、保持联系"的前提是人类社会联系越发紧密，全人类利益密切相关，这个前提是无可回避的，那么保持距离又保持联系就是正当而必要的。如果个人与家庭之间产生落差或错位的前提是个人与家庭之间沟通交流缺乏，那这种前提就是应该预见且可以避免的负面前提。需要注意的是，前提的正负价值不在于前提本身，而在于能否为行为主体"记功"或"免责"。

至于行为的结果,因为已经分为效果和后果,所以其正负价值就已经明示了:效果具有正价值,后果属于负价值。

以正负价值来评析行为动作的五要素可为论证结构的安排提供依据。以常见的起承转合结构来说,其核心是以一分为二的辩证思维来分析问题。即在"承"和"转"两环节分别安排具有正面价值和负面价值的行为表现、动机、前提和结果。如针对"人被同类信息所环绕、塑造"这一论题,可以这样安排各个分论点(以下为论点框架,未具体展开分析)。

① 基于数据分析的 APP 投其所好不断为用户推送同类信息,矢志科场应试的童生两耳不闻窗外事一心只读同类书,拿着锤子玩耍的孩童眼里所看到的主要都是钉子,人的这种被同类信息所环绕甚至塑造的现象所在皆是,我们该作何评判与应对?(以各类表现引出议题)

② 诚然,被同类信息所围绕或许是应信息爆炸而生的先进信息筛选手段的结果;也是浮躁时代人们主动集聚精力,为确证、构建自己的认知体系,以期在限定时间内获得更快速的专业成长的必要前提。它有利于人们排除"杂质"信息的干扰,巩固、强化现有的认知,并成为某一领域的专家。(正面的 MACE 分析)

③ 但是,也有人只是单纯为了迎合自己的兴趣和暂时需求,不想面对异质信息所造成的认知失调给自己带来的痛苦,以便安享于同质信息舒适区做一个装睡的人。

④ 而且也有可能是信息发布者为了增强用户黏度,对用户精准"投喂"的结果,甚至是不良商家和"传道者"为维护其系统性假象而只发布他想让你知道的信息的产物。

⑤ 长期在此类同质且劣质信息的环绕中,必将被其异化。处于信息茧房的个体轻则形成偏见、执念,重则如长处洞穴假象中的人无法接受新的信息,甚至成为"片面人",无法适应社会的多样化与快速流变。(负面的 MACE 分析)

⑥ 其实,心无旁骛与眼观六路并不矛盾。面对繁杂信息,贪多求全

固不现实,浮光掠影亦不可取,而"目中无它"更值得警惕,万不可在五彩缤纷的信息时代做一个只见黑白的"色盲"。

以上例文的结构化要素如下。

表三

段落	主要内容	正负价值
①	行为动作的表现	起:兼述正负两类行为表现,引出论题
②	正面的前提、正面的动机、正面效果	承:正面论述,略写
③④⑤	负面的动机、负面的前提、负面后果	转:负面分析,详写
⑥	总体评判与建议	合:如何对正负两面作出应对

基于五要素正负价值分类的结构安排,可使文章在思路上有序发散而又条理清晰,在逻辑上符合辩证法,在结构上详略得当。

从思路上看,首段先写行为表现这一做法符合先摆事实后讲道理的思维习惯,比起常见的摘抄材料引出话题的方式要高明许多。因为具体的行为表现比材料中的行为概述更为生动,更能引发思考。需要注意的是,首段列举行为表现时应兼述同一行为动作下的正负两类行为,只写正或负的行为无法统领全文,使下文的反面论述缺乏依据。

思路的条理性还表现在段内观点和段落间的承转安排上。学生写作时常常想到什么写什么,思路缠绕,结构混乱。从行为动作五要素及其正负价值角度来看,造成这种混乱的原因是前因分析和结果分析混处一段,行为表现和行为建议混处一段,正面与负面分析交错杂糅。

一位同学对"工艺品的制作、房屋的修建等往往会用到涂层,将一些材料涂于物体的表层,以起到保护、美化或绝缘的作用,但这有时也会遮蔽一些东西"这一作文题,也就是"人们使用涂层"这一行为动作进行评判(按原文顺序呈现)。

①"涂层"提供了一条弥补缺陷、通向完美的可行路径。

② 这样的美化会掩盖丑陋,遗弃"真实"。

③ 虚名的涂层助长了社会上日益膨胀的浮躁。

④ 也有人以涂层挣脱道德束缚,获得放纵行为的特权。

⑤ 还有人利用涂层对事物进行适当的理想化描绘与包装。

该生对"使用涂层"这一行为所作的评判是恰当的,但整体思路是混乱的,原因很简单:上述①⑤是正面的效果和动机,②③④是负面的动机和后果。只需将⑤移到①前,动机在前效果在后,将正面评价汇集在一起,与负面评价区分开,就可形成条理清晰、承转有序的结构。

从思维的辩证性看,根据五要素进行剖析是全方位、多层次分析问题的保障;根据正负价值对观点进行分类论述,是多角度、一分为二地评判行为的前提。另外,虽说对行为动作的价值评判必然包含正负两面,但根据时代、主体、对象、方式等的不同,其正负价值不可能总是五五平分,在特定的时代、主体、对象那里,行为的正负价值是判然有别的。这就使得取正舍负的分类讨论成为可能。而正面与负面的详略安排,就是不拘泥于形式逻辑,讲究情随境变,符合具体问题具体分析的辩证逻辑。

在实际写作中,学生往往只习惯于作后效分析,而缺失动机、前提分析。这一方面是因为他们缺少五要素分类意识,另一方面是不具备此类分析所必备的知识。如想获得更加专业的动机和前提分析能力,需要有意识地阅读一些心理学、社会学、伦理学、传播学、科技哲学等专业的入门级书籍。遗憾的是,现行的很多推荐书目并没有体现出这种意识。

理密・情真・文畅

第四章

构建因果链——因果判断类论题

第一节 因果链的定义与价值

正如物理学中的"运动"概念所提及的,物体运动状态的保持和改变,意味着某种力量在推动或阻止。又如人们熟知的说法:"一只南美洲亚马逊河流域热带雨林中的蝴蝶,偶尔扇动几下翅膀,可以在两周以后引起美国得克萨斯州的一场龙卷风。"这说明哪怕微小物体的微小动作,也可以引发其他的"运动"。这样,某一种运动和它引发的运动之间就自然而然地形成了一种因果关系。

一、什么是因果链?

在日常交谈中,我们常用"因为……所以……"等关联词表达因果关系。

① 所有本市市民都有权进入这座图书馆,因为我是本市市民,所以我也有权进入这座图书馆。

② 只要天气晴朗,他就会出门散步。因为昨天是晴天,所以他一定出门散步了。

上述两个表达中,①是一个三段论推理,②是一个假言判断推理,都不是本文所指的因果关系。本文所指的是两个在时间上有先后关系且在事实上有触发关系的两个动作、行为之间的因果关系。如"近朱者赤"这句话里就含有"近朱"与"变赤"的因果关系。"靠近良善的人"会引发"个体对良善的模仿",进而使"个体变得良善",上述三个环节就构成了因果链。

二、因果链分析的价值

面对一个因果判断,尤其是那些明显在理的因果判断,人们常常觉得逻辑关系是不言自明的,只能通过举例来附和这个判断,而无法作出理性深入的分析。如果在面对因果关系时作出因果链分析,则会呈现出更高的思维水平。

(一)以因果链增加写作的思维深度

如"骄傲使人落后""细节决定成败""城市让人孤独"等语句,都暗含着"两个动作(行为)"之间的因果关系。"骄傲"是一种心理(常表现为一些行为),落后是一种状态。对"骄傲"与"落后"之间的因果关系作出分析,方能避免停留在简单的以例代证的层级。"细节决定成败"的完整含义是"注重细节会带来成功""不注重细节会招致失败",也是要分析"(不)注重"与"(失败)成功"这两个动作、行为、状态间的因果关系。"城市让人孤独"是指"在城市中生活让人产生孤独感(或孤独状态)",在城市生活是一种行为、状态,产生孤独感也是一种行为、状态,对二者的因果关系分析是写作走向深度的关键。

(二)以因果链分析防止遗漏关键信息

按照惯常思维模式,人们一听到"骄傲使人落后",就容易想到"不能骄傲",一想到"细节决定成败",便会思考"要注重细节"。但"骄傲使人落后"和"不能骄傲",这并不是同一个论题。如果不关注"骄傲"与"落后"间的因果关系,而是论述"不能骄傲",那自然会论及"骄傲"的各种后果,如"骄傲使人在人际交往中陷入孤立",这就会导致论题的偏移。因为"骄傲使人在人际交往中陷入孤立"与原论题"骄傲使人落后"不再是同一个论题。同样,不论述"细节"与"成败"的因果关系,而论述"要注重细节"也是偏离题意的。而且,"要注重细节"这个"建议祈使类论题",是可以论及"要注重哪些细节"的,很显然,"要注重哪些细节"与"细节决定成败"已经是完全不同的论题了。

（三）以因果链分析防止议题扩大

因果关系是在两个先后发生的行为动作（状态）之间形成的，当这两个动词分属两个以逗号隔开的句子时，人们常会忽视其因果关系，而将其当作两个孤立的行为动作（状态）进行逐一的割裂分析。如"倾听了不同国家的音乐，接触了不同风格的异域音调，我由此对音乐的'中国味'有了更深刻的感受，从而更有意识地去寻找'中国味'"。这里呈现了三组行为动作词：倾听、接触，感受，寻找。并且还以"由此""从而"明确表示这三组动词之间有因果关系。但在教学中，还是有不少学生将这三个动词单独作分析，比如会分析到"何以会有更广泛的倾听、接触""更主动的寻找会带来什么"等，而不是着重于"倾听、接触是如何导致更深的感受""更深的感受是如何引发主动的寻找"这两组因果关系。这需要我们弄清双动词因果关系分析与单动词行为动作分析的联系与区别。

第二节　因果链中的"链"与"环"

因果链分析的重点是揭示两个在时间上有先后关系的动词之间是如何产生因果关系的,它的分析对象是两个有因果关系的动词。而通常所说的因果分析是对单个动词的前因后果作出分析。

一、因果链分析与因果分析的差异

首先需要明确的是,因果链分析与因果分析是不同的。单动词行为动作现象的分析中包含着因果分析,即 MA 分析(因的分析)和 CE 分析(果的分析)。在这里,因与果的分析是开放的,所有与此动作行为相关的因与果皆可分析。

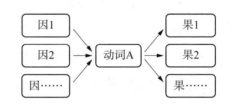

单动词的因果分析图(1)

双并列动词的因果分析图(2)

而因果链分析只需要分析前一个动词的果,与后一个动作的因,且前一个动词的果与后一个动词的因是有关联的。也就是说,在因果链分析中,前一个动词的因不必分析,后一个动词的果也不必分析,前一个动词的果如果不能触发下一个动词的因,那这种类型的果也不必分析。

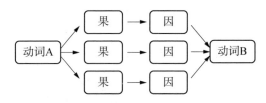

双因果动作的因果链分析图(3)

双因果动作的因果链分析图(4)

例如"人们乐意探索陌生世界,仅仅是因为好奇心吗?"这个作文题中包含两个论题。

① 人们因为好奇心而探索陌生世界。

② 除了好奇心之外,人们乐意探索陌生世界的其他动机性原因是什么?

①属于构成因果关系的双动词因果判断类论题,此论题要求在"好奇"与"探索陌生世界"之间搭建因果链。不必分析"好奇"这个动词的原因,也不必分析"好奇"这个动词所带来的"探索陌生世界"之外的结果。只需要分析在"好奇"与"探索陌生世界"这两个动作之间发生了什么。

②是单动词行为动作评析类论题,其动词是"乐意探索陌生世界"。这类论题本是需要对动作的因与果作全面的分析与评判,但其发问的指向对分析的内容作了限制,因此只需要分析"乐意探索陌生世界"的原因即可,且只需要分析"动机性原因"。

二、因果链分析中的"链"与"环"

如图(3)和图(4)所示,双动词因果关系的因果链接方式有两种,分别是单链多环式与多链单环式。这里的"链"是指前一个动作引发的结果构成后一个动作的原因,使得前一个动作和后一个动作形成"链式反应"。

如果前一个动词引发的多种结果都会构成后一个动作的原因,则是"多链",如果前一个动作所引发的某一个结果构成后一个动作的原因,则是"单链"。这里的"单环"是指在一条因果链内,"因"直接触发"果",没有其他环节的参与。而"多环"是指"因"触发一个中介环节,中介环节再触发"果"的产生。不同数目的"链"与"环"的搭配,就会构成因果链的多种形式,包括单链多环因果链、多链单环因果链、多链多环因果链等。

　　如下图(5)(6),分析的是"近朱者赤"这个议题下"近朱"与"变赤"的因果链。

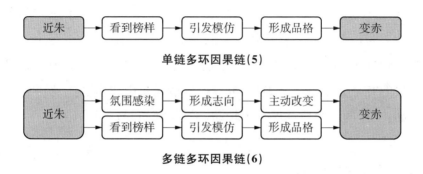

单链多环因果链(5)

多链多环因果链(6)

　　图(5)在"近朱"和"变赤"这两个动作之间构建了一条因果链,是为"单链"。在这个链条中,"近朱"并不直接"变赤",而要经过"看到榜样""引发模仿""形成品格"等多个环节,是为"多环"。这种分析方式常用于某个段落内部,即一个链条形成一个分析说理段落。图(6)在"近朱"和"变赤"这两个动作之间构建了两条因果链,是为"多链",每条因果链包含多个环节,就是"多环"。这种分析方式可以构成两个段落。由此可见,"链"是段落单位,"环"是段落内部的推进。

第三节　五 Why 追问构建因果链

一、什么是五 Why 追问法

五 Why 追问就是通过不断地追问为什么，直到发现最根本的原因，以期最彻底地解决问题或找到以最低成本解决问题的方法。它最初被用于企业管理中，极具实用价值，也很能锻炼人的溯因思维能力。五 Why 追问法的"五"并不是一个确数，可以根据情况减少或增多。

如：工厂的一台机器停止了转动，工程师们开始追问原因。

（1）"为什么机器停了？"

"因为保险丝断了。"

（2）"保险丝为什么会熔断？"

"因为超负荷。"

（3）"为什么超负荷了呢？"

"因为轴承部分的润滑不够。"

（4）"为什么润滑不够？"

"因为润滑泵吸不上油来。"

（5）"为什么吸不上油来呢？"

"因为油泵轴磨损松动了。"

（6）"为什么磨损了呢？"

"因为没有安装过滤器混进了铁屑。"

（7）"为什么没有安装过滤器呢？"

"因为……"

在这个生动的实例中,如果追问到(1)就结束,固然可以通过更换保险丝来解决问题,但很显然机器停转的事情很快会再发生。后续的每一次追问,都可以顺势得出解决方案,但都不是最终方案。追问到(6)时,基本上可以解决机器停转的问题了,但如果想从管理的角度根本性地解决问题的话,还需要继续追问下去。

这种追问方法对我们写作的启示是:首先,这样的追问有利于将对问题的分析推向深入。其次,将这个追问过程从(7)到(1)重新排列,就形成了一条关于"没有安装过滤器"和"机器停转"的因果链。即:由于没有安装过滤器,油泵轴承因混入铁屑而磨损,导致机器轴承部分无法得到充分的润滑而加重机器的负荷,使得保险丝熔断,最终结果是机器停止转动。

二、五 Why 追问在因果链分析中的运用

五 Why 分析法是一种情境性和实用性都很强的方法,在日常教学中运用的机会并不是很多。这种思维方法的缺失使我们在写作中常常面临一个问题:作文提纲列好了以后,却无法将提纲的每一句话展开为一个段落,或者只能通过举例的方法展开段落。实际上,当段落的论点是一个因果判断句时,完全可以用这种方法来确保分析的深入。

城市是人群聚集的地方,却让不少人感到孤独。对此你怎么看?

这则作文题所指的是"人在人群聚集的城市中生活,可能会感到孤独"。这里含有两个动词性短语:"在城市中生活"和"感到孤独",它们之间构成了因果关系,"在城市中生活"是"因","感到孤独"是"果"。我们可以有两种方法构建这两个动词间的因果链:由"因"逐步推导出"果",即"在城市生活"会带来什么,最终导致孤独。或者由"果"追溯到"因",即为什么会"感到孤独",直至发现"孤独"与"在城市生活"的联系。现在我们用第二种方法——由果溯因,亦即五 Why 追问法展开分析。

(1)为什么感到孤独?

因为生活中缺少朋友。

（2）为什么缺少朋友？

因为大家都很忙，没有时间交朋友。

（3）为什么大家没有时间交朋友？

因为城市中大家都很忙。

（4）为什么城市中大家都很忙？

因为城市中竞争很激烈。

（5）为什么城市中竞争很激烈？

因为城市中汇集了很多精英。

追问至此，一条因果链已经形成：城市相比农村，精英聚集程度大大提高，人们为了在精英中脱颖而出，必然要付出更多的精力去学习、工作，以至于没有时间交友，从而形成在人群中感到孤独的状况。

我们可以换一条路径继续追问。

（1）为什么感到孤独？

因为生活中缺少朋友。

（2）为什么缺少朋友？

因为生活中有交集的人大都个性挺强，差异较大，缺少同类。

（3）为什么人们大都个性挺强，差异较大？

因为城市里业态多样化，人们的经历多样化。

由此形成第二条因果链：因为城市里业态多样化，人们的经历多样化，所以城市中的人往往差异较大，个性各异，人们缺少同类的感觉更强烈，成为朋友的可能性降低，孤独感更强。

还可以继续换条路径追问。

（1）为什么感到孤独？

因为生活中缺少朋友。

（2）为什么缺少朋友？

因为生活中有交集的人大都个性较强，差异较大，缺少同类。

（3）为什么城市中的人个性更强？

因为城市更具有包容性。

（4）为什么城市更具有包容性？

因为城市是陌生人社会，人们之间没有固定的利益联系。

（或者）因为城市是陌生人社会，人们不具备影响他人、改变他人个性的力量。

由此产生第三条因果链：因为城市是陌生人社会，人们不具备影响他人、改变他人个性的力量，而且人们之间没有固定的利益联系，所以城市显得更有包容性，使得人们能在一定程度上保持个性，形成差异，在这种个性化、差异化的人际环境中，人们更难找到同类相吸的朋友，因此感到孤独。

在此基础上，再追加一条追问路径也是可行的。

（1）为什么感到孤独？

因为生活中缺少朋友。

（2）为什么缺少朋友？

因为生活中有交集的人要么比我厉害很多，要么比我弱，好像缺少与我水平层次相同的人。

（3）为什么城市中有交集的人水平层次差别大？

因为城市中的人际差别本来就很大。

（4）为什么城市中的人际差别很大？

因为城市中的社会阶层差异更明显。

（5）为什么城市中的社会阶层差异更明显？

因为城市中科技化程度更高，而科技工具在财富获取方面具有放大人际差异的效用。

由以上追问形成的第四条因果链是:因为城市中科技化程度更高,而科技工具在财富获取方面具有放大人际差异的效用,这就使得城市中的社会阶层差异更明显,具体表现为人的财富、能力水平等差别更大,人们找到与自己同等财富、能力水平的人的几率反而降低,致使生活中交到同层次朋友的可能性更低,从而形成孤独感。

当然,我们还可以追问出更多的因果链。

(1)城市是阶层流动性更强的地方,城市里阶层上升的可能性更大,阶层下滑的可能性也更大。为了抓住阶层上升的机会,或者为了防止阶层下滑,人们会以更大的精力投入学习和工作中,以致于没有时间进行交友或参与温暖人心的社交活动,因此孤独感更强。

(2)相对于传统农村,现代城市是新技术、新技能广泛运用的场所,而新技术和新技能的运用需要投入更多的学习和练习时间。且技术、技能迭代的时间越来越短,这使得人们需要一直处于学习状态而不敢松懈,所以人们更忙碌,没有时间参与交友或温暖人心的社交活动,因此孤独感更强。

(3)现代城市普遍采用更为高效的管理体系,使人难以偷闲,城市中所采用的流水线运行方式将人绑上了高速运转的齿轮,城市中电脑、电灯等的使用,使人们可以不分白昼黑夜地工作,因此城市人的生活更为忙碌,没有时间参与交友或温暖人心的社交活动,因此孤独感更强。

当然还有更多的因果链可以列举,这就是五 Why 由果溯因追问法的魅力。

第四节　首尾定义构建因果链

从根本上讲，因果关系是两个动词的固有特征下所形成的必然关系。有时候通过对动词的特征或类型进行分析，就可以清晰地揭示其因果关系，或者更容易找到它们之间的因果链。比如：我的手被茅草划破，出血了。茅草划破手和出血的因果关系是怎样形成的呢？如果我们把"茅草划破手"解释为"茅草割破了手部的皮肤和皮下脂肪、肌肉、血管等组织"，就很容易揭示出"茅草划破手"与"出血"之间的因果关系。这就是我们分析因果关系、构建因果链的第二种方法：首尾定义勾连法，即通过对起因动词和（或）结果动词进行定义来分析其因果关系。这里的"和（或）"表示的是三种情况：①定义起因动词即可揭示因果关系；②定义结果动词即可揭示因果关系；③同时定义起因和结果动词，以揭示其因果关系。这里的"定义"分为两种：特征描述法和分类列举法（关于两种定义方法，详见第六章）。

一、定义起因动词，揭示因果关系

因果判断：宽容能收获别人的尊重。

因果关系："宽容"与"收获尊重"的因果关系

起因动词：宽容

起因动词的分类列举：

① 宽容是一种忍受自身损失的行为

② 宽容是一种不予追究，给犯错者后续机会的行为

"宽容"与"收获尊重"的因果分析：

宽容是一种忍受自身损失的行为，这种不计自己得失的心态体现了

较高的为人境界,故而能获得他人的尊重。宽容是一种对别人的过错不予追究,给犯错者以后续机会的行为,这种让利行为自然有可能获得他人的感激与尊重。

二、定义结果动词,揭示因果关系

因果判断:有了善良的行动,就可能葆有善良

因果关系:"善良的行动"与"葆有善良"的因果关系

结果动词:葆有善良

结果动词的分类列举:

① 葆有善良是指获得善良的收益

② 葆有善良是指保持善良的认知

③ 葆有善良是指形成善良的氛围

"善良的行动"与"葆有善良"的因果关系分析:

善良的行动,可以增进人类的福利,从而获得善良的收益;通过善良的行动,可以强化行善者对善良内涵的认识,从而保持善良的认知;人们通过善良的行动,也宣示着自己对善良的积极态度,从而在人群中形成善良的氛围。因此,有了善良的行动,就可能葆有善良。

三、同时定义起因和结果动词,揭示其因果关系

因果判断:缺少限制往往会带来更多的苦恼

因果关系:"缺少限制"与"带来更多苦恼"的因果关系

起因动词:缺少限制

起因动词的分类列举:

① 不遵守自然规则(规律)

② 没有法律的约束

③ 没有特定的人际交往顾虑带给自己的限制

④ 学习范围天马行空,不聚焦某一领域

结果动词:带来苦恼

结果动词的分类列举：

① 不按规律行事导致失败的苦恼

② 人身、财产等安全得不到保障的苦恼

③ 缺乏特定的密切的交际、合作对象带来单干、苦干的苦恼

④ 专业知识不足、难以专精成事的苦恼

"缺少限制"与"带来更多苦恼"的因果关系分析：

在学习、生活和工作中，不遵守自然规则，枉顾规律执拗行事，必然招致一事无成的苦恼。在人与人密切联系的社会，不愿遵从法律的约束，必然带来人身、财产等安全得不到保障的苦恼；在日常交往中，不想被特定的克己让人、礼尚往来习俗所限制，而疏离人际合作网的建设，必然会因为缺乏特定的、密切的交际合作对象而带来单干、苦干的苦恼；即使在学习中，不想受专业范围限制，天马行空、不聚焦某一领域，可能会在涉足某一专业事务时产生专业知识不足、难以专精成事的苦恼。

第五节　因果链构建方法的综合运用

上文主要介绍了五 Why 追问、首尾定义勾连两种构建因果链的方法。在很多时候,这两种方法是可以结合使用的。看以下作文题。

倾听了不同国家的音乐,接触了不同风格的异域音调,我由此对音乐的"中国味"有了更深刻的感受,从而更有意识地去寻找"中国味"。

这段话可以启发人们如何去认识事物。请写一篇文章,谈谈你对上述材料的思考和感悟。

学生认为这道作文题的难度较大,原因之一正是我们缺少对因果判断的敏感度,缺少对因果判断的分析训练。这则作文题实际上是由两个因果关系判断句构成的。

因果判断(1):倾听、接触了不同国家的音乐和不同风格的异域音调,使我对音乐的"中国味"有了更深刻的感受。

因果判断(2):对音乐的"中国味"有了更深刻的感受,使我更有意识地去寻找"中国味"。

考虑到引导语中有"这段话可以启发人们如何去认识事物"的表述,我们还需要对这则材料所陈述的因果判断由音乐领域的特殊判断上升到认知领域的一般判断,因此,这则作文题所呈现的"认识事物"领域的因果判断有两种。

因果判断(1):接触广泛、异质的信息,会使人对特定的信息有更深的感受。

因果判断(2):对特定信息的深刻感受,会驱使人更有意识地寻找相确定了论题之后,我们可以用因果链添加法充分细致地展开这个论题。就"接触广泛、异质的信息,会使人对特定的信息有更深的感受"这一判断而言,我们可以采用多链多环的方式。

因果判断(1):接触广泛、异质的信息,会使人对特定的信息有更深的感受。

因果链①:接触广泛、异质的信息,使人能比较不同信息之间的异同点,从而在比较中了解特定信息与其他信息的区别,使人们对特定信息有更全面、更准确的理解,更能感受它的独特魅力等。

因果链②:接触广泛、异质的信息,会使人在潜移默化中提升自己对信息的理解和评判能力,对信息的理解和评判有更加丰富、全面的角度,从而可以让人对某一种特定信息产生更深的感受,这种更深的感受可以是更清晰的认识,也可以是更强烈的热爱等。

在因果链分析中,不能脱离前一个动作的果来谈后一个动作的因。具体到上述因果链,就不能脱离"倾听不同"的果来分析"更深刻的感受"的因,比如"倾听不同"的动机分析和后果分析就不能推导出为什么会产生"更深刻的感受"。又比如"倾听不同"的结果之一是让人"开阔眼界,爱上更多的音乐",但这个结果不能推导出"对中国味有更深刻的感受"。也就是说,在这个因果链中,只能分析"倾听不同"对"更深刻感受"的价值。

对于因果判断(2),即"对特定信息的深刻感受,会驱使人更有意识地寻找相关信息"。我们可以采用首尾定义勾连法来进行分析,也就是说出"更深刻的感受"和"更有意识地寻找"的含义,就可以完成因果链的构建。

我们可以把"更深刻的感受"定义为:①更清晰的认识,更准确的理解;②更强烈的热爱;③更坚定的判断。

同时可以把"更有意识地寻找"定义为:①更主动地寻找;②更准确地寻找;③更坚定地寻找。

由此,就可以构建"更深刻的感受"与"更有意识地寻找"的因果链:①对特定信息有更强烈的热爱,使我们更主动地寻找特定信息;②对特定信息有更清晰的认识,使我们更准确地寻找特定信息;③对特定信息有更坚定的判断,使我们更坚定地寻找特定信息。

以上三条因果链,可以通过继续添加因果环节的形式或者通过具体解释的形式展开。

第六节　因果链表达的环节缺失

当下的学生习作中,在因果链表达方面存在的常见问题主要有二:其一,学生缺乏自觉地构建因果链的意识;其二,在日常朴素的、自发而懵懂的因果链表达中,常常出现因果链的中间环节脱位,使得表意不清,严重的甚至给人以不知所云之感。

以下是幼儿园老师对幼儿发问后的 8 种回答,老师的问题是"男生能不能打小女生? 为什么?"8 位幼儿的回答如下(应该是经过事先准备的)。

① 不能,因为她们怕疼,所以不能打小女生。

② 不能,因为她们会告诉老师,所以不能打小女生。

③ 不能,因为我这么可爱,所以不能打我。

④ 不能,因为男生必须保护小女生,所以不能打小女生。

⑤ 不能,因为小女生皮肤很脆弱,所以不能打小女生。

⑥ 不能,因为小女生很爱哭,所以不能打小女生。

⑦ 不能,因为我们的手是用来打天下的,所以男生不能打小女生。

⑧ 不能,因为那样小女生就不给我好吃的啦,所以不能打小女生。

接下来我们对这 8 个回答进行分析,这些分析并非针对幼儿,而是说在中学生甚至成人的书面表达中,也不同程度地存在类似的因果链不完整的问题。由于幼儿的这些回答非常生活化,是大家比较熟悉的领域,因此即使因果链不完整,也不影响意思的传达,毕竟听话人可以自行"脑补"出完整的因果链,或者不必"脑补"也能理解。但在对听众来说很陌生的专业领域,这样不完整的因果链会导致说话时"传达"失败。以上话语中相对完整的因果链应该这样表达(不考虑是否合乎逻辑,只追求表达尽量完整)。

① 不能,因为她们(比男生更)怕疼,哪怕是轻轻地拍打小女生,都会让她有强烈的疼痛感,这并不是我们的目的。所以不能打小女生。

② 不能,因为她们会告诉老师,这会给我们招来批评甚至惩罚,这是我们不想要的结果。所以不能打小女生。

③ 不能,因为小女生这么可爱,而伤害可爱的人会让施害者陷入巨大的遗憾和自责,所以不能打小女生。

④ 不能,因为男生是强壮的,小女生是柔弱的,强壮者有保护弱小者的责任,所以男生必须保护小女生,而打小女生的行为完全走向了保护小女生的反面,所以不能打小女生。

需要特别注意的是,上述话语都由"因为……所以……"联结,人们习惯上将之统称为"因果关系",实际上,有些以"因为……所以……"联结的句子并不是因果关系,而是推理关系。

本文所指的"因果关系"是指两个时间上有先后关系,且事理上有诱发和被诱发关系的两个动词之间的关系。因果关系的起点是诱因,因果关系的终点是结果。因果关系是一个判断,不是推理。

而带有"因为……所以……"的推理关系是多个判断之间的关系。推理关系的起点是前提,推理关系的终点是结论。这些差异是需要注意的。

第七节　非必然性因果关系中的"缘"

我们俩生活在同一个时代，我们俩相遇了。这两件事情之间有因果关系，但不是必然的因果关系，我们俩即使生活在同一个时代，也不一定会相遇。所以说，相遇是一种缘。这里的"缘"就是指在"生活在同一个时代"之外，还需要别的机缘（原因）才能产生"相遇"的结果。

实际上，大部分"果"都是由多重的"因"促成的，单一的"因"很难触发某个特定的"果"，或者说，单一的因难结必然的果，只列举单一因的因果关系常常不是必然的因果关系。所以在实验中，为了达到某种想要的果，就需要精准控制各种变量。只是很多时候，"缘"是常规存在的，以至于我们忽视了它。

有人问："地上为什么湿了？"有人答："因为刚才下雨了。"下雨就一定会导致地湿吗？不一定，还必须有其他条件，如地面的表面张力小，地面的温度不会使水分立即蒸发等。不过我们在日常生活中会忽略这些"缘"的因素，因为我们所见的大部分地面就是疏水性差、温度为常温的地面。

但是，日常生活中被我们忽视的，恰是写作表达中需要我们重视的。对"缘"的重视，会使我们的写作更严谨，有更多的思维开掘点。

生活中，当人们执着于自己的某种想法时，常常会自动忽略不符合自己想法的信息。

这个作文题呈现的就是一个因果关系，即"执着某种想法"常常会导致"忽略不符合自己想法的信息"。但这不是必然性的因果关系，毕竟生活中不乏从固执到变通的人，也存在坚持某种想法但又保持开放心态，随时准备被驳倒的人。如此说来，要想在"执着某种想法"和"忽略不符合自己想法的信息"之间建立因果关系,就需要添加"缘"的因素。

比如我们把"自动忽略"解释为"看不见、听不到""自动排除",把"不符合自己的想法的信息"解释为"与想法没有关联的信息、与观点相矛盾的信息"。在此基础上,添加"缘",形成因果链。

① 执着某种想法→且有懒于获取新知的怠惰心理(缘)→激发注意力对信息的聚焦与过滤机制→对与想法没有关联的信息视而不见。

② 执着某种想法→且有自证心理需求(缘)→寻求能证明某一想法的信息→忽视与观点矛盾的信息。

③ 执着某种想法→且有强烈的自尊需求(缘)→否定异质信息的信源、信度→不采纳与观点相矛盾的信息。

在这样分析的基础上,我们可以就上述作文题构建以下说理结构。

执着于某种想法而忽略不合自己想法的信息,这种情形屡见不鲜(表现列举)。这些所在皆是的行为表现背后是难以避免的因果(因果链分析)。因执着某种想法而忽略不符合自己想法的信息固然可让人专心、专注、专一(效果分析),但也会招致令人担心的后果(后果分析)。所以在"执着于某种想法"的问题上,宜当深慎。不过,尚可挽回的是,这不是必然的因果关系,如果戒除"懒于获取新知的怠惰"和"急于自证的虚荣自尊"("缘"的排除),大概可保执着之利而除"自动忽略"之弊。

需要特别说明的是,这道表示因果关系的作文题之所以用到了对"果"的利弊分析,是因为这道作文题的句式结构有特殊性。在这道作文题中,"因"是由"当"引导的一个状语从句,而"果"是以主句的形式出现的。既然"果"是主句,那么它在整个议题中就有了主导地位,因此这道作文题不能单纯地以"因果判断"来对待。

同样作为非必然性因果关系而需要添加"缘"的另一个作文题是:对已有知识的综合是创新吗?

假如"综合"的含义是"排列组合",那么"对已有知识的综合",即"对已有知识的排列组合"会大大提高"从已有知识中发现新内涵、新价值"的可能性，也就是说，在"对已有知识的排列组合"的基础上，增加"从不同往常的排列组合中呈现出已有知识的新内涵、新价值"这一"缘"的因素时，对已有知识的综合就会成为创新。没有这个"缘"的加入，对已有知识的综合就不一定是创新。

理密·情真·文畅

第五章

基于定义的释证——性质判断类论题

第一节　性质判断概说

性质判断在逻辑学中又被称为直言判断,是对某事物是否具有某种属性特征作出断定的陈述句。一个性质判断是由主项、谓项、联项、量项等四要素组成的(本文暂不考虑量项,量项的考察放在"论题的否定、补充与修正"一节中讨论)。举例如下。

① 没有看法的事实是空洞的,没有事实的看法是无力的。

② 衡量一个人是否高贵,虽然有人看重他物质财富的多寡,但重要的还是看他精神境界的高低。

③ 善良不只是一种常识,它更是一种行动,不通过行动表达,人就渐渐失去了善良。

上述第①个句子是性质判断。第②个句子包含两个性质判断:物质财富的多不是高贵,精神境界高才是高贵。第③个句子里有三个性质判断:善良是一种常识,善良不只是一种常识,行动的善良才是善良。这个句子还含有一个因果判断:不通过行动表达,人就渐渐失去了善良。

对一个性质判断作出阐释或论证,固然可以采用归纳、演绎等推理形式进行,但本书主要讨论的阐释与论证方法是——通过对主项和谓项进行定义,来阐释或论证该判断是否合理。

例如"浓缩的就是精华"这句话是一个性质判断,作为一个陈述句,它对"浓缩的"的特征进行了判定。在这个判断中,"浓缩的"是"主项","精华"是"谓项","是"是"联项",这句话有潜在的意思:所有浓缩的都是精华。那么"所有的"就是"量项"(暂不讨论)。

要对"浓缩的是精华"这一性质判断作出阐释或论证,我们可以采用这样的方式:先对"浓缩的"进行定义,再对"精华"进行定义,如果这两个定义有匹配之处,则这个判断具有一定程度的合理性。

比如:浓缩可分为自然浓缩和人为浓缩。自然浓缩是指事物在存续和发展演变过程中,逐渐去除、失去部分内容而保留另一部分内容。而人为浓缩是指人们迫于条件限制或者根据自身需要以去除部分内容保留另一部分内容的过程。而"精华"是指在某一时间、空间内,最能满足人们当下需要的东西。

通过上述定义,我们可以发现:如果自然浓缩时保留的东西恰好是人类最需要的东西,那么浓缩的是精华这一判断成立;如果自然浓缩过程中保留的恰好是人类最不需要的东西,那么这一判断不成立。而人为浓缩是根据自己需要做出的主动行为,人为浓缩的物品有极大可能成为人最需要的东西,因此人为浓缩的大概率是精华。但如果把"精华"定义为最符合人的健康发展需求的东西,那么"浓缩的就是精华"这一判断又要打折扣了。毕竟人所需要的,并不一定是符合人的健康发展需求的。

需要说明的是,中学生写作中的定义主要是一种思维训练,是为将来的学术研究做准备的,暂不苛求定义的完整性。这里所说的"定义"是指对事物的内涵予以说明或对事物的外延进行列举。对事物内涵的说明即对事物特征的描述(暂不追求描述出全部特征),对事物外延的列举即列举该事物的下属类别(暂不追求列举出全部外延)。

第二节　部分内涵特征描述法

　　内涵是一个概念所反映的事物的本质属性的总和。内涵特征描述就是对一个概念的本质特点的陈述。如三角形是平面上不共线的三点及其每两点连接的线段所组成的封闭图形。这个定义中，至少描述了三角形的三个特点：它是平面图形，它是三条线段首尾连接的，它是封闭图形。有了这三个特征的描述就可以证明"三角形两边之和大于第三边"这个判断。即：因为构成三角形的三条线段是不共线的三个点首尾连接的，而两点之间线段最短，所以，三角形两边之和大于第三边。

　　因此，对一个性质判断，我们可以通过描述其主项或者(和)谓项的特征来阐释这个判断的合理性与不合理性。且看两个日常论题。

　　① 生气不好。
　　② 生气是有必要的。

　　上述两个论题都是性质判断类论题，其主项都是"生气"。我们可以通过揭开"生气"的特征来分析"生气""不好"还是"有必要"。

　　我们尝试对"生气"的特点展开描述，进而对"生气不好"作出分析。

　　生气是现实与人的预期形成反差而产生的，带有主观性的情绪或冲动性的行为。

　　所谓主观性是指人对事物的现实性判断或预期是有主观性的，可能并不是站在客观角度理性思考的结果，可能无法得到最准确的判断。从这个角度来看，虽不能说生气绝对是不好的，但是有不好的可能性的。

同时，因为生气具有冲动性，并表现为冲动的欠考虑的语言或行为，这可能会对交流者产生威吓，可能会引起对方的愤怒，使交流趋于情绪化而降低效率，从而在一定程度上破坏人际关系。另外，生气所表现出的冲动性言行可能会使人对外界产生物理上的破坏，对内产生生理性损害。从自身来说，这样冲动的情绪盘桓在脑中，如果无法得到释放，会使人的身心健康受损，具体可能体现为血压增高、心率上升等。从他人角度来说，这种情绪在释放过程中，很有可能会产生冲动性的行为，而这样的行为往往会对他人造成伤害。

同样，我们也可以从"生气"的特征入手，分析"生气是有必要的"。

因为生气是由现实与预期的反差而产生的，可能会产生冲动性的行为。从他人的角度看，这样的冲动行为和情绪更容易被捕捉到，从而以显著的方式传递信息，这有助于让生气触发者得到反馈，从而避免下一次同类行为的发生。从自身的角度看，由于自身冲动性的情绪，可能更有力量来驱使自己做出改变，使得自己创造的现实更加符合自己的预期，从而改变现实与预期不符的情况，从根本上消除生气的源头。所以说生气是必要的。

第三节　部分外延分类列举法

外延是指一个概念对应的客体的总和。外延定义（extensional definition）就是列举根据同一准则划分出的全部下位概念来描述一个概念的定义。比如对"惰性气体"进行外延列举就是列举出氦、氖、氩、氪、氙、氡等惰性气体的不同类别。如果想要对"惰性气体是常温常压下的无色无味单原子气体"进行阐释或论证，按照分类列举法，可以分别说明氦、氖、氩、氪、氙、氡是常温常压下的无色无味单原子气体。因此，外延分类列举法就是通过对某一概念的外延具备某一特征，来确证该概念具备某一特征，从而实现对某一概念具备某一特征这个性质判断的论证。

如"低头是一种能力"这一论题，就可以采用外延分类列举法来加以阐释。

首先，"低头是一种能力"是一个性质判断，主项是"低头"，谓项是"能力"。明确这一点，就需要我们按照性质判断的论证方式加以分析。否则，可能会从"低头是一种能力"这句话推论出"要学会低头"，而"要学会低头"是一个建议祈使类论题，属于行为动作评析类，其论证方法与性质判断类论题截然不同。

对于"低头是一种能力"的主项"低头"和谓项"能力"，都可以采用外延分类列举法来展开。

"低头"的类别可能包括：面对"低人一等"的从业者，低下傲慢的头；面对公共服务提供者，低下苛责的头；面对自然天地，低下人定胜天的头。

"能力"的类别可能包括：发现他人的价值的能力，具备感恩之心的能力，获得心灵幸福的能力，获得爱的能力，清醒认识自我、认识他人的能力，顾全大局、谋划长远的统筹能力，等等。

再将"低头"与"能力"的各种分类进行组合、勾连,就可以形成一篇作文。

低头是一种能力

人类出生时称作呱呱坠地,却在一辈子仰头对天。我们对"蚁族"指指点点,妄加"审判",从不低下傲慢的头;我们对服务群体指手画脚,颐指气使,从不低下苛责的头;我们对自然苛求无度,征服无限,从不低下贪婪的头。我们以此证明自己的优越感,以此填充那不断膨胀、日益空虚的躯壳,我们从来没想过要低头,也不知道低头也是一种能力。

大智若愚、大巧若拙,比起抬头仰视、傲视、斜视,低头更需要对自我、他人的清醒认知能力,更需要顾全大局、谋划长远的统筹能力。故此,低头绝非怯懦,相反,大智、大爱、大器量的人性之光正是在低头的那一刻闪亮。

面对被边缘化的进城务工者,我们能否低下高傲的头?地铁偶遇避之不及,小区迎面掩鼻而逃。但凡有什么社会问题出现,便把责任归咎于他们:学校教学质量不高,是因为接受了太多进城务工者子弟;社会治安能力下降了,是因为有太多外来务工人员。仿佛只有"消灭"他们,世界方可清净。姑且不论没有他们的"肮脏"我们将失去生活体面的资本,也不论他们身上许多无私奉献、勤劳吃苦的闪光点,单就我们少一点优越感多一点融入感来说,学会低头接纳会让我们少许多痛苦,多很多幸福。低下高傲的头吧,这是幸福的大智慧。

面对服务生、邻居甚至公共服务提供者,我们能否低下苛责的头?外出就餐,稍不顺心便对服务员横眉竖眼;面对邻居,稍有打扰,便得理不让;面对医生,我们毫无对悬壶济世者的感恩之心。自从维权的意识搭上金钱的顺风车之后,我们对他人的苛责达到了前所未有的程度。对服务员、医生低头说声谢谢的时代过去了,对邻居点头说声没关系的时代过去了。只要我付了钱,这个世界就对我有亏欠!殊不知,少对别人提要求,多对社会存感恩,才是确保身心健康的大器量。

至于自然,我们就更不把他当"人"看了,"人定胜天"是我们并不古老却根深蒂固的信仰。我要享受,自然会为我提供资源;我要省力,地球会为我提供能源。看吧,我们何时才能低下对大自然贪婪和征服的头颅啊,非要等到地球毁灭的那一天吗?如果我们对自己还有真爱,就节制些、收敛些吧。对自然低下贪婪的头颅,那才是对自己的大爱。

万物之灵啊,低下你傲慢、贪婪、苛责的头吧,那才是大智、大爱、大器量!

第四节　内涵描述与外延列举的综合运用

上文将内涵描述与外延列举分开阐释,仅仅是表达清晰需要,在实际的思维与写作中,二者是彼此交融的。

如作文题:有人说,没有事实的看法是空洞的,没有看法的事实是无力的。对此你有怎样的思考?

在这个题目中有两个性质判断,即"没有事实的看法是空洞的"和"没有看法的事实是无力的"。对应的两个主项是"没有事实的看法"和"没有看法的事实",对应的两个谓项是"空洞"和"无力",考虑到这两个句子有互文的意味,我们不妨把"空洞无力"当成一个谓项来理解。

我们可以把"没有事实的看法"分类。

① 缺少事实确证的看法。
② 缺少事实依据的看法。

把"空洞无力"的含义解释为:①空洞难以理解;②空洞难以信服;③难以发挥力量;④难以发挥正面力量。

由此,就可以对"没有事实的看法是空洞的"这一性质判断作如下分析。

① 暂时缺少事实确证的看法是空洞难以理解的。比如量子物理的一些猜想很难被人们理解。

② 暂时缺少事实确证的看法是空洞难以信服的,比如麦克斯韦的电磁转化理论在被实验证明之前有许多人表示怀疑。

③ 暂时缺少事实确证的看法是空洞而难以广泛发挥力量的，比如"狼来了"这一"灾害预警"在"狼"并没有到来时得不到人们的重视。

④ 缺少事实确证的看法即使理解了、信服了并发挥力量了，还是存在极大风险，比如"女人是男人的肋骨做的"。

⑤ 基于虚假事实的看法是虚空的甚至错误的，从大概率上讲，是容易导致负面力量的。

我们再把"没有看法的事实"分类。

① 对事实没有形成看法。
② 对事实没有形成新看法。

对"没有看法的事实是无力的"就可以作如下分析。

① 视而不见的事实不会被人积极利用成为理性或感性的力量。比如我们不知道自己的优点，未主动自觉积极开发这一优点，那么这一优点就不会发挥出应有的力量。

② 没有新的、指导实际的看法的事实较难被利用成为力量。戴着一只黄金戒指在荒岛求生，只有你对黄金戒指产生可以做鱼钩的看法时，这个看法才是有力的。而"黄金代表富贵"的旧看法则是空洞无力的。

当然，就作文写作而言，我们还可以对这两个性质判断进行否定，得出"没有事实的看法不一定是空洞的，没有看法的事实不一定无力"这两个新的判断，这两个判断也同样可以综合运用内涵描述和外延列举法进行阐释，如下。

① 并不是基于客观事实而产生的看法也可以是值得珍惜的思维财富，比如"电车难题"等思想实验。

② 鉴于人的认知能力的阶段性局限,虚假事实在良善价值观的指导下,也是可以成为抚慰和拯救人类的权宜之方的,比如"举头三尺有神明"。

③ 尚未认知(形成看法)的事实实际上也影响着你(发挥着巨大的力量),比如对消化这一事实一无所知的我们也在受消化之益。

④ 有看法的事实虽然可以是有力量的,但不一定是正向力量。

⑤ 基于事实的扭曲乃至错误的看法也是屡见不鲜的(太阳绕着地球转就曾是一个确信无疑的"事实"),其负作用和反面力量所在皆是不容忽视的。

又如作文题:衡量一个人是否高贵,虽然有人看重他物质财富的多寡,但重要的还是看他精神境界的高低。

这个作文题包含两个性质判断:物质财富的多不是高贵,精神境界高才是高贵。如果再加上对这个性质判断的修正和补充,那么还可以产生第三个性质判断:物质财富多也可能是高贵。在这个作文题里,可以对物质财富和精神财富的外延进行分类列举,并对"高贵"一词进行内涵分析。

先看何为高贵。把"高贵"及其反义词"低贱"放在一起比较,"贵"和"贱"两个字首先凸显出来。"贵""贱"是价值概念,价值是基于对"主体"的需求的满足情况的考量。一般情况下,价值的主体是人。也就是说,"贵""贱"是对某种东西是否能满足人的需求的一种判断。不能满足人(自己和他人)的需求的东西是没有价值的;只能部分满足人的需要,或只能满足部分人的需要的是低价值的;不仅不能满足人的需要,且会给人带来伤害的,是负价值的。以上三种,都可以算得上低贱。而高贵的东西,从价值层面来说,能增进个人甚至人类的福祉,能彰显人的本质力量。

从价值高低层面来说,高低不是绝对概念,而是两相比较得出的判断。也就是说,当某个人创造出的价值大于庸常的同类人所能创造的价值时,就显示出"高"来。另外,除了因价值巨大而高贵外,还有因稀缺而高贵,因难能而高贵。

由此，我们可以看出以下内涵。

① 普通人不可及的坚强意志、开拓精神、济世情怀，是高贵的。

② 普通人所能拥有的不依附、不谄媚、不欺凌的独立精神是难能可贵的，也是高贵的。

如果对"精神境界"进行外延分类，则可以得出结论。

① 人的知识和理性等精神品质是高贵的。它不仅让人们摆脱饥饿、疾病，更进一步让匍匐于自然和神灵面前的、作为卑微生物的人站立了起来，让人真正地直立行走。追求知识与理性的精神境界就是一种高贵的精神境界。

② 人基于物欲而又超越物欲的追求是高贵的。在享受完海螺肉之后还有心情以贝壳装饰房屋，满足了本能之外还有意识照顾众人，在享受天禄之余还懂得超越自我，他一下子就高贵了起来，至少比动物高贵，比过去的自己高贵，比熙攘的众生高贵。

③ 以独立、平等、互惠的姿态满足物质需求的行为也是高贵的。只要他能有顽强独立而不安然寄生的心态，有人格平等而不摇尾乞怜的姿态，有互惠互利而不贪婪索取的姿态，那他仍然是高贵的。且这种高贵不比任何一种高贵逊色。

④ 还有一种高贵，不以优胜于他人为高贵，而以尊敬、重视他人为高贵；不以巧取于人、豪夺于人为高贵，而以匡时济世为高贵。时时得意于比别人多一点分数、多一平米的住所、多一张到此一游的照片的人，其精神是贫乏的，其自我实现的途径是单一的，何来高贵？相反，懂得欣赏、能够给予的人，哪怕是欣赏别人微小的优点，哪怕给予别人些微的宽容，而不是事事贪婪、处处计算，他就会因精神富余而显高贵。

⑤ 当然，如果获得财富的过程能充分展现人的本质力量，所获财富的用途能充分展现其对世界的正向价值，那么，这丰富的物质财富便成了

人的高贵精神境界的证词，或者是高贵精神境界发挥高贵价值的杠杆，从而成为高贵的体现。

　　本章主要阐述性质判断类论题需要集中用到定义法，并不是说只有性质判断类论题才需要用到定义法，实际上，定义法在事实评析类和因果判断类论述中也有重要作用。详见第六章。

理密·情真·文畅

第六章

如何定义

人们常说:三等作文写"怎么办",二等作文写"为什么",一等作文写"是什么"。所谓"是什么"就是给重要概念下定义。这一说法虽然过于绝对,但作文中的定义意识着实有助于将分析推向深入,且下定义能力的有无与高低也是衡量一个人思维广度、深度与准度的重要指标。不管是比喻、类比性的作文题,还是直白表述的作文题,都需要建立在下定义的基础上。这不仅是审题准确不偏题的前提,也是开拓写作思路的重要思维工具。

例如以下三则作文题。

① 人们对自己心灵中闪过的微光,往往会将它舍弃,只因为这是自己的东西。而从天才的作品中,人们却认出了曾被自己舍弃的微光。

② 生活中,大家往往努力做自己认为重要的事情,但世界上似乎还有更重要的事。

③ 人的心中总有一些坚硬的东西,也有一些柔软的东西。如何对待它们,将关系到能否造就和谐的自我。

上述①中的"微光"和③中的"坚硬""柔软"等词语,是比喻性的关键词;②中"重要的事情""更重要的事"是指向不唯一、含义模糊的关键词。如果在写作中回避这些关键词,作文必将空泛到不知所云。如果对这些关键词理解有误,比如将"微光"定义为"善念",作文可能下笔千言离题万里。可见,给关键词下定义极其重要,没有定义则言之无物,弄错定义则偏题离题。

在数学学习中,重要数学概念的定义是给定的,学生只需将定义中对概念特征的描述运用到数学运算或数学证明中去。而在写作中则不同,一方面学生在课堂中并不一定接触过作文中所提及的概念,更不用说有现成的定义可供使用了。即使有现成的定义可供使用,也会因为"人尽皆知"而难以使自己的作文脱颖而出。更何况,不同于自然科学定义具有的权威性甚至在某个时期表现出的唯一性,人文学科概念的定义往往具有多样性和应用范围的局限性。也就是说,在写作领域,同一概念在不同的讨论范围里可能有不同的定义,套用先前强记硬背的定义没有太大的可行性。

因此,在写作中的下定义环节,我们固然可以借用前人的定义来推进自己的写作,但根据议题所需,自己在写作现场归纳出可用的定义是一种不容回避的、必须具备的能力。

定义,用生活中的语言来说,就是解释,就是说出其含义。人们接触定义比较多的领域是语文词语学习和英语词汇学习。当我们读小学时遇见陌生的词语,去查字典,会看到类似的话:漂亮,就是美丽的意思;姝,美丽。这些解释方法也是一种定义,学界称之为"同义定义"。这种定义方法在新的词语学习中很有用,是最常见的定义方式。但也由此形成一种习惯,当人们提起"定义"时,习惯运用这种同义定义法。这种方法在写作中,尤其在分析、论证、评论类写作中用处不大,主要适用于解释一些比喻性词语。

本书第五章第一节中提到,本书所说的"定义",是指对事物的内涵予以说明或对事物的外延进行列举。对事物内涵的说明即对事物特征的描述,为内涵特征描述型定义;对事物外延的列举即列举该事物的下属类别,为外延分类列举型定义。

第一节 内涵特征描述型定义

在形式逻辑中,内涵特征描述型定义的常见表达方式是"种差＋属"。我们以具体实例来认识形式逻辑学中的完整定义是如何由"种差＋属"构成的。

如:祖国就是自己的国家。

在这个定义中,"祖国"是"被定义项","自己的国家"是"定义项"。"就是"是"定义联项"。"定义项"可以分解为两部分:"国家"和"自己的"。"国家"是"属"概念,"自己的"这个概念表述的是祖国和其他国家在本质属性上的差别,称为"种差"。

又如:梯形是只有一组对边平行的四边形。

在这个定义中,"四边形"是"梯形"的"属",是比"梯形"更高一层次的概念;"只有一组对边平行"是"梯形"区别于其他"四边形"的"种差"。换言之,"属"(四边形)是"梯形"这一概念和它的近似概念(如正方形、菱形)的相同点;"种差"是这一概念和其同"属"之下平行之"种"的差异。"种差"是不同"种"的差异。这些不同的"种"同属于一个上位的"属"。

作文写作非学术写作,或许暂不需要有如此精确的定义,但明白定义的组成对我们是很有启示意义的,我们在给某一概念下定义时,可以先明确关键词或者关键概念,再从关键词的各种表现中找到共同点(明确"属"),然后分辨它和近似的"同种"概念的不同点(明确"种差")。

在写作中,常需要我们下定义的概念以动词性概念、形容词性概念和名词性概念为主。而副词的主要功能是角度限制或生成论题。我们不妨从不同词性的角度来分析定义的特征。

一、动词性概念的定义

动词是某类行为主体以某种原因,出于某种目的,在某个时间、地点,以某种方式发生并可能产生某种结果的动作。既然"内涵特征描述型"定义主要是指出某一概念和同"种"概念的差异,那么某个动作和同"种"动作的主要差异就是其动作主体、目的、原因、方式、结果等方面的差异。

(1)

生气:因不合心意而引起的不愉快。

悲伤:由分离、丧失和失败引起的不愉快。

生气和悲伤都是不愉快的情绪表达。"不愉快的情绪表达"是"生气"与"悲伤"的共性,是它们的"属"。它们的差异之一是产生的原因不同,"生气"的原因是"不合心意","悲伤"的原因是"分离、丧失、失败"等。"失败"也能引起"生气",尤其在这种"失败"不合心意的时候。可见,"生气"与"失败"的主要区别(即"种差")是"不合心意"。

其实"生气"和"悲伤"还有其他不同,如"生气"的主要表现形式是"怒",而"悲伤"的主要表现形式是"愁"。可见上述两个来自词典的解释并不完整。

(2)

堕落:指思想、行为等变坏。

退步:指认识、能力等变差。

堕落和退步的共有属性是"变化"。堕落和退步的"种差"之一是主体不同,前者是思想、行为的变化,后者是认识与能力的变化。堕落和退步的"种差"之一是结果不同,前者是"变坏",后者是"变差"。

（3）

伏击:埋伏兵力对运动之敌进行突然攻击。

袭击:出其不意地攻打。

伏击和袭击的共有属性是"攻打"。伏击和袭击的"种差"之一是方式不同,伏击是敌动我不动、事先埋伏的攻击,袭击泛指所有出其不意的攻击。

通过上述示例我们可以得出结论,对动词性概念下定义,就是对动词的表现形式、原因、目的、方式、结果,即动作主体、动作对象等进行描述,以呈现这个动词与它的同义词之间的差别。例如"报名"一词的定义是"将自己的名字和相关文件报告、传递于相关管理人员,以申请参加某些活动或组织"。在这个定义中,"报告、传递自己的名字和相关文件"是动作的表现形式,"相关管理人员"是动作对象,"申请参加某些活动或组织"是动作目的。

二、形容词性概念的定义

（一）对形容词的定义大体上由"人、事、物"＋"性质（状态）"组成

形容词所描述的性质或状态有主观性、参照性,这是写作思辨性的重要来源。形容词本身的形象化、比喻性表达方式需要用准确、抽象的词语进行再解释,这是抽象思维能力考查的重要载体。

形容词是表示事物性质或状态的词语,给形容词下定义就是指出事物的性质或状态。比如"个子高"的"高"是指"身高大于某个数字时的状态"。因此我们给形容词下定义时可以考虑"人、事、物＋性质（状态）"的模式。

美丽是指外貌、比例、布局、风度、颜色或声音等接近完美或理想境界，使人的各种感官感到极为愉悦。

这里的"外貌、比例、布局、风度、颜色或声音等"是"人、事、物"，而"接近完美或理想境界，使人的各种感官感到极为愉悦"是所指称的人、事、物的"性质（状态）"。

（二）形容词定义的主体差异性

形容词对人、事、物的性质或状态所作的描述从本质上讲是我们人类或者某个个体所作出的判定，其判定主体是人。这就使得形容词性概念的定义具有一个重要特征——主观性，这是写作思辨的重要来源。

① 重要：具有重大影响或后果、有很大意义的。
② 有用：对自己物质上、精神上有帮助。
③ 含蓄：言语、诗文等意未尽露，耐人寻味。
④ 陌生：事先不知道，没有听说或没有看见过的，生疏的。

上述四个形容词所作判定的主观性表现在："重要"一词中的"重大影响""很大意义"是对评价者而言的，"影响"和"意义"会随主体变化而变化。"有用"一词中的"有帮助"，会随物与人的变化而变化。对甲的物质、精神有帮助的东西对乙不一定有帮助。"含蓄"一词中的"意未尽露"，对熟悉某种含蓄的表达方式的人来说，含蓄就会变得直白。"陌生"一词中的"不知道""没听说"等，也不是对所有人而言的绝对的、客观的"陌生"。最为明显的事例是"我之蜜糖，彼之砒霜"，对同一个事物，不同的主体甚至会作出截然不同的性质判断。因此，我们在给形容词下定义时，要关注其主体差异性。

（三）形容词定义的度量参照性

在形容词中，有一类被用来表示人、事、物的长度、高度、速度等有度量含义的词,如大、小、长、短、高、低、快、慢;还有一类形容词所描述的人、事、物的属性不是绝对、客观的属性,而是带有明显主观评价意味的,如好、坏、高、低、智、愚等。这两类形容词有很明显的特征,就是该词所代表的判定是说话人基于某种参照后得出的。度量形容词参照的对象是度量器,评价形容词参照的对象是对比物。由于参照对象的差异,会使人对同一个人、事、物作出不同的性质和状态判断,形成争议点和思辨点。

① 大象说:"这条河很浅。"
② 老鼠说:"这条河很深。"

"深"与"浅"是度量形容词,老鼠和大象用了这一对反义词形容同一条河,就是因为二者的参照点不同,大象以大象的身高作为参照来判定河水的深度,老鼠以老鼠的身高作为参照来判定河水的深度,故而形成矛盾和争议。

(四) 比喻性形容词的定义抽象化与确切化

在汉语所惯用的形象化表达中,即使对人、事、物的性质或状态作出判定,也常呈现出某种比喻性特征,比如坎坷、赤裸裸、火热、米黄、空洞、无力等。

① 你这是赤裸裸的抢劫。
② 真理是赤裸裸的。
③ 这个视频最近很火。
④ 我当时就有点火。

上述几个句子中的"赤裸裸""火"都是用比喻性的思维表达性质与状态判断,在理性的分析中,需要将其比喻性含义具化为确切的表达。如法官在认定"赤裸裸的抢劫"时,就需要将"赤裸裸"定义为"以直观可见的武力强迫手段、直白的抢夺性话语表述和明确的财物指向",才能对这种行为以"抢劫"定罪。而"火"一词在生活中极其常见，一般的词典并未作出解释，这就越发需要我们作出解释，以彰显思维的准确性，推进论述。如"他再火也评不上影帝"这句话，就可以从"火"的确切定义展开分析。"火"是指一种"广受关注的状态"，而"被评为影帝"的前提条件是其在饰演角色过程中表现出极强的表现力，可见广受关注的"火"与"表演富有表现力"之间没有必然联系。

比喻性思维是从形到形的思维，而写作的思辨中要求具有抽象思维，因此，对具有比喻性特征的形容词作出确切的解释，是作文题的常见设置。如"没有事实的看法是空洞的，没有看法的事实是无力的"这个议题，就必须先对"空洞"和"无力"作出具体的解释，方可就上述议题展开理论分析。

三、名词性概念的定义

（一）名词性概念的定义由形式、构成、功用、施成组成

名词的定义要素可以从名词的物性结构中看出端倪。物性结构是形式、构成、功用和施成。"形式"描述的是名词所指称的对象的大小、形状、颜色、方位、维度等特征。"构成"描述的是名词所指称对象的各个构成部分，如材料等。"功用"描述的是名词所指称对象的用途和功能。"施成"描述的是名词所指称对象的来源和形成的途径。

面包：一种用五谷（一般是麦类）磨粉制作并加热而制成的一种蓬发食品。以小麦粉为主要原料，以酵母、鸡蛋、油脂、糖、盐等为辅料，加水调制成面团，经过分割、成形、醒发、焙烤、冷却等过程加工而成的焙烤食品。

在上述对"面包"这一名词的定义中，"蓬发"是物性结构中的"形式"，"以小麦粉为主要原料，以酵母、鸡蛋、油脂、糖、盐等为辅料"是物性结构中的"构成"，"食"是物性结构中的"功用"，"磨粉制作并加热""分割、成形、醒发、焙烤、冷却"等是物性结构中的"施成"。

用通俗的话语解释就是，在给名词下定义的时候，主要可以从外在形式、内在组成要素、形成方式和功能价值四个维度着手。当然，在实际写作中，不需要四个维度面面俱到，按写作需求选择其中的要素即可。

如需阐明"面包是甜的"，就只需要抓住"面包"的"构成"要素（小麦粉为主要原料，辅料中有糖）即可。如需阐明"面包是松软的"，则只需抓出其"形式"要素"蓬发"和"施成"要素"醒发"即可。

又如"细节"的词义是"琐细的事情，无关紧要的行为"，其中"琐细"是"形式"，"无关紧要"是"功用"。"能力"的词义是"完成一项目标或者任务所体现出来的综合素质"，"完成一项目标或者任务"是"功用"，"综合素质"是"形式"，如有必要，还可以添加它的"施成"——由先天遗传或后天学习训练而形成的，即"能力是完成一项目标或者任务所体现出来的由先天遗传或后天学习训练而形成的综合素质"。

（二）偏正类名词短语和比喻类名词的定义

需要注意的是，我们在学习、生活和写作中遇到的一些需要定义的名词并不是纯粹的名词，而大多是由形容词和名词组成的偏正结构的名词性短语，如精华、弯路。在给这类词语下定义时，可能侧重点在形容词。如"精华"的意思是指"事物之最精粹、最优秀的部分"，着重解释的是"精"。当"弯路"一词解释为"弯曲不直的路"时，重点解释的是"弯"。

名词中的比喻类名词对应的是一个或多个本体。因此，对比喻类名词的定义（或者说解释）重在指出其一个或多个本体义，如"弯路"多比喻"因工作、生活等不得法而多费的冤枉功夫"，也可以指"在探索中碰壁、失败"。这就属于分类列举定义了。

第二节 外延分类列举型定义

在逻辑学中有一个术语是"划分",本书所讨论的外延分类列举也是划分的一种。划分就是揭示一个概念下辖的种概念。如"有机物包括生物和非生物",就是将"有机物"下辖的两个"种"("生物"与"非生物")揭示出来。在划分中,被划分的"有机物"是"母项",所划分出的"生物"与"非生物"是"子项",母项和子项是属与种的关系。因此,母项所具有的属性,子项都有。如"有机物"所具有的属性,必然是"生物"和"非生物类有机物"都具有的。而子项具有的特征,可能是母项有的,也可能是母项不具备的。

一、外延分类列举的价值

在写作中,经常出现一种可以部分同意、又需要部分辩驳的,既有合理性又有缺陷的判定,这样的判定往往是对母项作出某种判定,但只有母项下的部分子项符合所作的判定,并不是母项下的所有子项都具备所判定的特征。

如:浓缩的就是精华。

在这个判定中,"浓缩的"是"母项",其"子项"可能包括"自然浓缩物"和"人为浓缩物",姑且不论"精华"一词的多种含义,这里只取"精华"一词的"事物之最精粹、最优秀的部分"含义,则"浓缩的就是精华"可以这样分类。

① 自然浓缩物是事物之最精粹、最优秀的部分。

② 人为浓缩物是事物之最精粹、最优秀的部分。

很显然，"自然浓缩物是事物之最精粹、最优秀的部分"的说法合理性低一些，因为它对人来说是随机的、无目的的浓缩。比如煤炭是自然浓缩物，假设煤炭是由树木浓缩而成的，能说"碳"绝对是树木最精粹、最优秀的部分吗？对想要使用"碳"的人来说确乎如此，对想要研究古生物的人来说，就绝非精华，反而恰好是糟粕——这是最不能反映生命特征的部分。而"人为浓缩物是事物之最精粹、最优秀的部分"的合理性更大一些，尤其对浓缩行为实施者而言。可见，上述"浓缩的就是精华"这一判定是一个有合理性又有缺陷的、以偏概全的判定。作出这个判定的人只看到了"浓缩"的部分外延。对这样的判定作出思辨性分析的前提是对母项下辖的子项进行分类判定。这就是外延分类列举定义法的重要价值，有助于分类讨论。

二、外延分类列举法的运用

需要运用到外延分类列举法的论题往往是以偏概全的论题。人们在下判断时，常常根据所见的部分事物作出一个全称判断，使得这个判断仅有部分成立。例如，一个人看到几个不同的直角三角形都具有勾三股四弦五的特征，于是得出"三角形的两条短边长度的平方和是长边长度的平方"这一判断。如果让我们去评析这个判断，我们不能说它全错，当然也不能说它是对的，我们必须将"三角形"进行分类列举，即三角形包括直角三角形和非直角三角，当三角形为直角三角形时，这个判断成立，否则不成立。在这个过程中，我们借助外延分类列举法把"三角形的两条短边长度的平方和是长边长度的平方"分拆成两个论题"直角三角形两条短边长度的平方和是长边长度的平方"和"非直角三角形两条短边长度的平方和不是长边长度的平方"。为了论述这两个论题，我们不再对"三角形"这个概念进行定义，而是对"直角三角形"和"非直角三角形"进行定义。

也就是说,在运用外延分类列举法对论题展开阐释和论证时,共分两个步骤:第一步,根据核心概念(母项)的外延进行分类列举;第二步,对分类列举后的不同类别(子项)进行定义、分析。

善良是一种行动,不通过行动表达,人就会慢慢失去善良。

这道作文题的核心概念是"善良",先对"善良"进行分类列举。善良的分类包括:积极善和消极善。由此形成两个新的论题。

① 不通过行动表达,人就会慢慢失去积极善。
② 消极善不需要通过行动来表达。

在此基础上,由于已经对"善良"的外延进行分类定义,就不必对"善良"的内涵特征下定义,转而对"积极善"和"消极善"这两个"子项"下定义。

① 积极善:指的是以主动的作为来增进社会和个人的福祉,如勇敢、关爱、慷慨等。
② 消极善:指的是避免一些不良行为,以做到对自己、他人和社会的最小伤害或无害。如避免说谎、偷窃、暴力等,并不涉及主动的善行或对他人的积极贡献。

在此基础上,就可以对上述两个论题进行深入的分类阐释和论证。

三、外延分类列举法所需的能力

在上文所提的两个外延分类中,其一是将"浓缩"分为"自然浓缩"和"人为浓缩",其二是将"善良"分为"积极善"和"消极善"。第一个分类或许借助生活常识的积累,再作适当的概括即可获得;第二个分类要借助一些基础性的伦理学知识方可实现。

世上许多重要的转折是在意想不到时发生的,这是否意味着人对事物发展的进程无能为力?

这道作文题至少涉及"事物发展进程"和"能力"两个需要定义的概念。就"能力"而言,可以分为观察力、记忆力、想象力、注意力等,也可以分为音乐能力、绘画能力、数学能力、运动能力等,还可以分为预知能力、躲避能力、应对能力、改造能力、适应能力、阻拒能力、助推能力、导向能力等。就人对事物发展进程到底是否有影响能力这一论题而言,最后一种分类是比较有用的。在这一分类下,我们可以得出以下回答。

① 人对事物发展的进程不一定有阻拒能力、导向能力,也不一定有准确的预知能力。
② 人对事物发展的进程有局部的预知能力,有应对能力,有适应能力,甚至有改变进程的方向或速度的能力。

在这个分类过程中,我们需要什么才能将"能力"这一概念作出划分呢? 其一是需要经验,即经历过类似的生活事件或阅读过类似的事件,这些生活经验或者阅读经验所积累的事例是思维的基础;其二是需要有一定的理论阅读经历,即从理论阅读中习得了预知、应对、适应、阻拒、导向等动词;其三是需要有相关的分类思维方法训练。

总之,要获得外延分类列举法所需的能力,我们需要以下基础:事例的积累、词汇积累、人文社科基础理论积累、分类思维训练。

第三节　下定义的思维过程

如果有前人拟好的现成定义，则写作时自然会省力不少，但更多的时候，前人的定义不一定完全适用于当下的情境，或者在我们的阅读积累中没有写作时所需的定义，则需要我们在写作现场给出定义。另外，中学生写作训练从某种程度上讲是为将来的学术写作奠基的，而在学术写作中，给出自己的定义是研究创新的表现之一。也就是说，从为未来蓄力的角度来说，中学生初步掌握一定的定义方法也是有必要的。

一、同属概念、上位概念与下位概念

在下定义时，需先明确被定义概念的同属（并立、对立、反义）概念、上位概念、下位概念。

所谓同属（并立、对立、反义）概念，是指与某个概念或平行、或并立、或对立、或构成反义词的概念。如"骄傲"与"谦虚"都同属于情感和道德范畴，"猫"和"老虎"都同属于"猫科动物"。在同样一个范畴下，"猫"和"老虎"是并立的，"骄傲"和"谦虚"是对立的，互为反义词。发现同属概念之间的差异，是解释某一概念的特殊性的关键。如"猫"和"老虎"是同属概念，它们都属于"猫科动物"，如果把"猫"定义为"猫是一种猫科动物"，就不能揭示"猫"与"老虎"的差异。如果把"猫"定义为"一种小型的猫科动物"，这里的"小型"就是"猫"与"老虎"这两种"猫科动物"之间的差别（种差）。

上位概念是指某一个概念的更高层级的，能囊括某一概念并含有更大外延的概念。如"骄傲"与"谦虚"的上位概念是"情感"。也就是说，"情感"囊括"骄傲之情""谦虚之心"等。"猫"的上位概念是"猫科动物"，"猫科动物"囊括"猫""老虎"，"猫科动物"的上位概念是"食肉动物"，"食肉动物"的上位概念是"哺乳动物"。在"种差＋属"的定义中,上位概念就是定义中的"属"。比如"猫是一种小型的猫科动物",这里的"猫科动物"就是它的"属"。上位概念所具有的特征,全都适用于它下辖的概念。如"猫科动物"的"爪子锋利""行动敏捷"等特征全部适用于"猫"这一下位概念。

下位概念,是指某一概念所囊括的一些子类别。如"猫"的下位概念是"波斯猫""暹罗猫"等。部分下位概念的特征不一定是其上位概念的特征。如"波斯猫"具有"四肢粗短"的特征,就不是所有"猫"的共性特征。

如"水果"这一概念,其上位、同属和下位概念如下。

①"水果"的上位概念:果实。

②"水果"的同属(对立)概念:坚果。

③"水果"的下位概念:浆果、瓜果等。

通过"水果"的上位概念"果实",我们可以明确定义"水果"这一概念时需用到的"属"——果实,即"水果是一种果实"。通过比较"水果"与其同属(对立)概念"坚果"的差异,我们可以添加"种差",即"水果是一种富含水分的果实"。通过对"水果"的下位概念"浆果""瓜果"等的关注,我们可以防止将"水果"等同于"浆果",把"结在藤蔓上的一种果实"作为"水果"的定义,实际上,"结在藤蔓上"只是部分水果的特征,而不是所有水果的共性特征。

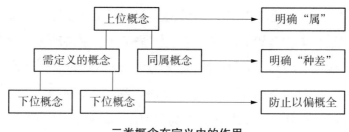

三类概念在定义中的作用

综上,明确同属(并立、对立、反义)概念,是为了揭示这一概念的特异性;明确上位概念是为了揭示这一概念的"属","属"的特征全部适用于下位概念;明确下位概念是为了防止以偏概全,即防止以部分下位概念的共性特征,而不是全部下位概念的共性特征来概括上位概念的特点。当然,我们在写作下定义时,不一定要对每个概念的定义都考虑得这么周全,在对不同概念下定义时,有时需要重点关注上位概念,有时需要重点关注下位概念。

二、下定义的思维过程

下定义的思维过程大体包括列举、分析、归类、概括、验证等。

列举:是指列出所需定义的概念的各种外延,回归使用这一概念的场景,包括用这一概念造句。列举时,可根据所需定义的概念的词性确定不同的列举方向。这里的列举还包括列出所需定义的概念的同属(反义、对立)概念、上位概念、下位概念。

分析:是指根据所定义词类的定义要素,分析所列举的实例中包含了哪些定义内容,并将所需定义的概念与其同属(反义、对立)概念、上位概念、下位概念进行比较,以发现这一概念不同于其他概念的特殊点。

归类:是指将所列举的外延、使用场景按照该概念的定义要素进行分类,将同要素的内容归为一类。归类的作用之一是发现列举中的疏漏,作用之二是为下一步的概括作准备。

概括:是指将归好类的各种外延和使用场景,按不同类别进行概括。概括其最具共性、最能反映其本质特征的内容,从而实现对概念的定义。

验证:是指将初步概括好的定义放回此概念的使用场景中进行比对,看这一定义是否做到了对各种场景的有效概括。如有不足,则继续修正上述四个环节。

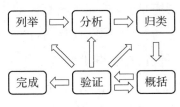

定义的思维过程

以下通过实例具体分析下定义的思维过程中的列举、分析、验证环节。

列举某一概念的同义词及其表现，找出它和同义词的不同点。

例："骄傲"的同义词"自豪"的表现。

① 看到自己超越了别人，认为自己也是有能力的，因此增强了信心和动力。

② 看到中国取得了很大成就，认为中国人是有能力有实力的，因此不再盲目崇拜西方。

分析："骄傲"与"自豪"的异同点——骄傲和自豪都源自对自己价值的认可，但自豪不导致消极的行为和负面的结果。

列举某一概念的反面。如果对某一概念没有什么印象，或者举不出这一概念的各种表现，可以尝试列举该概念的反面，以理清该概念的内涵。

例：对什么是"懂生活"难以定义，就可以列举一些"不懂生活"的例子和表现。

①"白骨精"为了事业成功没日没夜地工作。

② 葛朗台拼命地存钱，省吃俭用到不近人情。

③ 花天酒地声色犬马。

分析："不懂生活"表现的共同点——以为生活的意义就是单纯的事业成功、财富集聚或者物质享受，由此推断它们的反面——"懂生活"的含义：懂生活就是事业成就与生活享受有机结合的一种状态。

以上定义的过程，不仅仅在审题上明确了作文要讨论的主题，而且在立意上，开拓了我们的思路。比如在给"骄傲"一词下定义的过程中，我们明确了骄傲产生的原因和导致的后果，并且还辩证地思考了骄傲和自豪之间的区别。一篇议论文的基本立意也就此确定了。在定义"懂生活"的过程中,也基本明确了写作的立意。所列举的反面概念("不懂生活")的几种现象,也可以直接作为先驳后立的驳论材料。也就是说,定义的过程不仅仅是审题的过程,也是立意的过程,还是材料(论据)积累的过程。

　　验证:怎样才能检验自己所下的定义是否准确呢? 为此,我们需要对定义的形式特征作进一步的了解。如前所述,定义＝种差＋属。"属"一般是一个比被定义项高一层级的名词。比如,不管是苹果还是香蕉、菠萝,对它们的定义最后都会落脚到"水果"这个高一层级的"属"的名词上(当然也可以落脚到别的"种",如"植物果实""可食用品")。而"种差"是若干个定语。这几个定语加起来,刚好能把定义对象与其同"属"的其他对象区别开来。比如水果这一"属"内有苹果、香蕉、杨梅等不同的"属",如何用一个定义把苹果和香蕉、杨梅区别开来呢? "苹果是一种椭圆形的带甜味的水果"。其中"椭圆形的"这个定语(种差)使苹果和香蕉区别开来,"带甜味的"这个定语(种差)使苹果和杨梅区别开来(注:上述对苹果的定义不准确、不完整,仅作例释用)。

　　有这样一则作文题。

　　巨匠是在严格的规矩中施展他的创造才能的。——塞·约翰逊
　　打破常规的道路指向智慧之宫。——莱布克
　　请阅读以上文字,结合社会现实,自拟题目,写一篇不少于800字的作文,不要写成诗歌。

　　在审题立意时,有同学把"巨匠是在遵守严格的规矩中施展他的创造才能的"中的"规矩"定义为:不因自身好坏而打破前人制定的界限。这个定义是否合乎要求呢?

　　首先,这是一个以"打破界限"为核心的句子,不是一个以"界限"为中心的名词性短语。如果把"不因自身好坏而打破"删除,把"规矩"定义为:前人制定下的界限,这样从结构上就符合名词性定义的要求了。

其次，"规矩"是"界限"吗？"界限"是禁止性的，不是引导性的。"规矩"不但告诉人们不能做什么，还可能告诉人们要怎么做。比如"食不言寝不语"这个"规矩"不仅是禁止性的也是引导性的。

第三，"规矩"是"制定"的吗？法规等规矩是制定的，自然规律的规矩就不是制定的。

可见，要保证定义的准确性，不仅要使之符合形式要求，而且要符合事理要求，也就是要把自己对某一概念的定义放回材料中去，进行检验。

第四节　不同词类的定义路径

一、给动词下定义

动词的定义是由动作的表现形式、动作的缘由、动作的方式和动作的结果等要素组成的。因此,无论在列举、分析、归类、概括还是验证环节,都要以这些要素为考量依据。接下来以"骄傲"这一动词为例,展现给动词下定义的思维过程。

(一) 列举

1. 随机列举
列举所想到的与"骄傲"相关的任何内容。

① 考试成绩好,流露出骄傲的神情。
② 龟兔赛跑,兔子骄傲自大。
③ 骄傲的大公鸡的寓言。
④ 孩子,我为你骄傲。
⑤ 骄傲使人落后。

2. 相关概念列举
有意识地补充列举"骄傲"的上位、同属、下位概念。

①"骄傲"的上位概念:"骄傲"是一种情感。
②"骄傲"的同属(并立、对立、反义)概念:谦虚(反义概念)、自豪(并立概念)。

③ "骄傲"的下位概念：暂缺。

（二）分析

根据定义要素，对实例进行分析，并补充缺漏信息。

实例①中包含缘由要素（考试成绩好）和表现形式要素（流露出得意的神情），不含动作结果要素，可补充，如"导致下一次成绩下降"。

实例②中，不含任何定义要素，可补充缘由要素（兔子发现自己奔跑速度远快于乌龟），表现形式要素（停止奔跑），结果要素（输掉比赛，被乌龟超越）。

实例③中，不含任何定义要素，可补充缘由要素（发现自己的颜值高于同类），表现形式要素（傲慢、轻视他人），结果要素（被同伴疏远）。

实例④中，不含任何定义要素，可补充缘由要素（对孩子的表现感到满意）。这个实例中，似乎不像前面三个例子那样，都具有不良的结果因素。那么是不是意味着"骄傲"不会必然地带来"不良后果"呢？通过分析发现，前三例的骄傲都是为自己骄傲，然后自己的言行发生了变化。而④中，是为别人而骄傲，即使骄傲者（父母、老师）有自满情绪和停止努力的行为，只要孩子没有相应的行为，则不会改变孩子本身。如果从骄傲主体上来看，父母、老师为孩子骄傲后，放弃了督促、辅助孩子，这自然会让老师或父母在帮助孩子方面产生行为的退步。可见，"退步"仍然是"骄傲"的必然后果。

实例⑤中，包含结果要素（使人落后）。

在概念②所列举的同属概念中，其反义概念"谦虚"与"骄傲"有着共同的缘由（前提）——在某方面优于他人。但二者的表现形式和结果截然相反。可见，"骄傲"的核心特征不是"优于他人"，而是"优于他人"后有自我满足式评价，以及会有由此招来的轻视他人、放弃努力等表现。

在概念②所列举的并立（或近义）概念中，"自豪"与"骄傲"存在着共同的缘由，但不会表现出自满、傲慢、轻视、止步等行为，这种差异，正是"骄傲"的核心特征。

（三）归类

归类是按照定义要素对前面的环节所呈现的信息进行分类。在上述环节中,已经零散地呈现"骄傲"这一动词的缘由、表现、方式、后果等要素。在这一环节,需要将这些零散的信息按照要素进行归类。

①"骄傲"的缘由归类:考试成绩好,兔子发现自己的奔跑速度远快于乌龟,发现自己的颜值高于同类。

②"骄傲"的表现归类:流露出得意的神情,停止奔跑,傲慢、轻视他人,表现出自满、傲慢、轻视、止步等行为。

③"骄傲"的结果归类:输掉比赛,被乌龟超越;被同伴疏远。

（四）概括

概括的过程是将具象的内容进行抽象、凝练的过程。在上述分类的基础上,我们可以将"骄傲"的各要素概括如下。

骄傲是由于个体颜值、能力、智商、成就等方面"优于他人",表现出自满、傲慢、轻视、止步等言行并最终导致不利结果的一种情感。

在这个概括后的定义中,"由于个体颜值、能力、智商、成就等方面'优于他人'"是动词定义的缘由要素,"表现出自满、傲慢、轻视、止步等言行"是这个动词定义的表现要素,"并最终导致不利结果"是这个动词定义的结果要素,而"一种情感"是"骄傲"这一概念的上位概念(属)。在这个定义中,未包含动词定义的"方式要素",这是因为,对一个动词定义来说,这四个要素并非必须面面俱到。

（五）验证

验证就是将上一环节形成的定义放回第一环节列举的各个实例中,或者新想到的实例中,以查验这一定义是否符合每一个实例。如有不妥,则重复上述环节,以修正定义。

二、给名词下定义

名词的定义是由施成、构成、功用、形式四个要素组成的。现以"知识"这一名词为例阐释其定义过程。

(一)列举

1. 列举"知识"相关的具体实例, 也可以是含有"知识"一词的句子

① 具体知识:三角形两边之和大于第三边。

② 具体知识:过马路时应一停二看三通过。

③ 具体知识:地球绕着太阳转。

④ 知识就是力量。——培根

⑤ 知识是珍宝,但实践是得到它的钥匙。——托马斯·富勒

⑥ 树不修,长不直;人不学,没知识。

⑦ 世界上三种东西最宝贵——知识、粮食和友谊。

⑧ 这种知识已经过时了。

⑨ 没用的知识又增加不少。

⑩ 知识只能循序渐进,不能跃进。

2. 相关概念列举

① "知识"的上位概念:信息。

② "知识"的同属(并立、对立、反义)概念:迷信(如鬼魂说),偏见(如头发长见识短)。

③ "知识"的下位概念:各种类型的知识。

(二)分析、归类

分析上述列举的信息中分别包含着"施成、构成、功用、形式"中的哪

一种或多种信息,然后将包含同一要素的归为一类。如从实例①②③可以看出"知识"的"构成"——对事实的陈述、对规律的总结、对规则的提炼。从实例④⑦可以看出"信息"的"功用"——推动认知、助力行动。从实例⑤⑥⑩可以看出"知识"的"施成"——通过学习、实践等方式获得。从实例⑧⑨和概念②可以看出"知识"的形式——功用具有时效性,所陈述的内容具有可证实性、正确性。

（三）概括、验证

在上述分析、归类的基础上,可以对"知识"的定义作出初步概括:知识是通过学习、实践等方式施成,由人类逐渐掌握的关于事实、规律、法则的构成,具有可证实性的、正确的形式(区别于"迷信"),有助于指导实践的功用信息(属)。

这个关于"知识"的定义显然是不完整的,那是因为第一环节所列举的内容还不够完备。如果再列举一个关于"知识"的句子"知识如同海洋,无边无际,深入挖掘,便能领略它的无尽宝藏",我们可以对"知识"追加一个新的特征:其数量不可穷尽。实际上,任何人都难以对"知识"给出完备的定义,我们只是根据某个论题的需要,选取一些要素进行定义。

三、给形容词下定义

形容词一方面是对事物特征的描述,另一方面是"人"对事物作出的判断。或者说,形容词是"人"对"人、事、物"的性质、状态等特征所作的判断。因此,形容词的定义包含三个要素:判断主体(人),判断对象(人、事、物),对象的性质、状态、特征等。形容词定义的主要路径是:造句→解释比较→归纳。现以给"正常"一词下定义为例,呈现形容词的定义过程。

（一）造句

造句尽量做到类型丰富,并可以用近义词和反义词造句。

① 在古代,正常情况下都是由父母包办儿女婚姻。现代人这么做就

很不正常。

②他的体温出现了异常(反义词),测量下来是 41℃,达到了鸡的正常温度。

③冷血动物的正常体温是随着环境温度变化而变化。

④他正常情况下是下午 1 点起床,今天他早上 7 点就起床了,有点反常(反义词)。

⑤他平常(近义词)的心率是每分钟 50 次,请问医生这正常吗?

(二)解释比较

从①看,"正常"不是指合乎道德、法律,即使合理合法,也是合乎某事某地的德与法。

从②③看,"正常"因人因事而变,不是一个恒定的内容。

从④⑤看,"正常"状态不一定是理想状态。

(三)归纳

在上述分析的基础上,我们可以归纳出"正常"的定义。

正常是指符合事物的一般情况、规律或习惯。

从上述分析中还可以看出,"正常"这一判断如果是道德判断,其判断依据是判断者所秉持的价值观,这个价值观可能是个体的,也可能是共通的。"正常"这一判断如果是标准判断,其判断标准是科学原则。"正常"这一判断如果是概率判断,其判断标准是对象特征出现的概率。

四、日常定义思维训练实例

在日常教学中,我们可以经常性地对一些熟悉的词语进行定义训练,不急于去查字典找定义,而是自己按照定义的思维过程给词语下定义。举例如下。

关键词一:生气

【生气情形及强弱】

(1)妈妈不给我买我喜欢的东西。

我对妈妈将会给我买东西的期望程度越高,则生气程度越强。

我认为买该物品的合理程度及需要程度越高,则生气程度越强。

(2)他说我的偶像的坏话。

他的话语与我认为的坏话的合理性越低,则生气程度越强。

(3)孩子不听话,在学校犯错了。

生气的大小与错误的程度成正比。早期,与错误频率成正比,逐渐地,与犯错误的频率成反比(犯错频率关乎父母对孩子犯错的预料程度)。

(4)孩子未经许可,从爸爸钱包里拿了100元钱。

先打一顿,然后问钱拿去干什么了,根据用途判断是加大打的力度还是扔棍而泣。

(5)觉得别人做了难以忍受的违背社会公德而与自己无直接利害关系的事。

生气程度与观看者所认为的性质恶劣程度、可能后果严重程度成正比。

(6)有人插队。

生气程度与目标失去的损失程度成正比,生气程度与我的紧急程度、对方的态度相关。越紧急越认为对方不该插队,插队不道歉还态度恶劣,这更加不符合自己的预期,愈发生气。

(7)员工不服从领导的安排。

生气程度与后果严重程度相关,也与老板对员工自作主张行为的看法相关。

(8)年轻人不按老人的想法办事。

生气程度同上。

【分析】

生气是对别人言行违背自己心意的反应,其中包括:违背了我的想法、我的判断,损害了我的利益、我的尊严。

生气程度与利益损害大小相关,这种损害程度有时可以客观评估,有时候是主观臆测。

生气程度还与意外程度相关。如果对方违背了自己的强预期,则生气程度高;违背自己的弱预期,则生气程度低。当认为自己的想法、预期是社会主流想法、预期时,预期会变成强预期;当意识到自己的想法非主流时,预期会变成弱预期。

【总结】

生气通常是对对方行为作出主观判断后的情绪反应,极易受主观思想的影响。

因此,生气时,我们应判断,损害的情形是否确切发生,损害的后果是否主观夸大或者缩小,自己的预期是否合情合理。否则,会被认为是无理取闹。

要把生气的情绪和解决问题的行为割裂开来,不让情绪指挥自己的行为,但可以利用这种情绪加大解决这个问题的决心,并增加解决方法的力量投入。

关键词二:傲慢

【主要情形】

例①:一位省委副秘书长曾去某市信访局,协调处理一个拖了多年的烂尾楼信访案件,得以有机会见到该市信访局局长的日常工作状态:只见这位局长蜷在椅子上,跷着二郎腿,在下属和群众面前,有说不出的傲慢和无礼。(2015年06月12日04版《人民日报》)

分析：这是通常所说的"权力的傲慢"。官员认为群众和下属对自己而言很不重要，做好这件事后，对方不会奖赏自己，不做好，对方也没有办法惩罚自己。权力的傲慢还可能是对屈服的烦躁。明明看不起你，还要为你服务，真烦。

例②：某某公司傲慢，不考虑用户的体验，不回应用户的诉求。

分析：所谓"店大欺客"，个别顾客的消费对大店的利润来说太微不足道了，这是其一。其二是由于其垄断地位，顾客对其有严重依赖性，赶都赶不走，傲慢又何妨。

例③：某脑残粉（双手紧握于胸前，眼神迷离，嘴张）：啊，我就喜欢他45度角俯斜我的样子。

分析：理由同上，对产品的严重依赖助长了对方的傲慢心理。

例④："请把我局第一次回复的内容读三遍，若还不理解，最好屈尊到户籍窗口咨询为宜。"3月28日，福建宁德市12345政务服务平台出现这样一条居民诉求回复。网友评价此回复"很傲慢"。（2016年3月29日《京华时报》）

分析：这个例子中，既有对对方地位的轻视，也有对对方智商的卑视。这种综合型傲慢的危害比较大。因为单纯智商的傲慢可能只是不理你，如果智商、道德傲慢者手中还有生杀予夺的权力的话，那就可能还会加害你。

例⑤：（苏秦）说秦王书十上而说不行，黑貂之裘敝，黄金百斤尽，资用乏绝，去秦而归，羸縢履蹻。负书担囊，形容枯槁，面目犁黑，状有愧色，归

至家,妻不下纫,嫂不为炊,父母不与言。(《战国策》)

分析:苏秦家人对苏秦的傲慢,是对他事业和能力的看不起。

例⑥:"(阮)籍又能为青白眼,见礼俗之士,以白眼对之。嵇喜来吊,(阮)籍作白眼,喜不怿而退。(嵇)喜弟(嵇)康闻之,乃赍酒挟琴造焉,(阮)籍大悦,乃见青眼。"(《晋书》)

分析:阮籍对遵循世俗礼法的人态度傲慢,是在价值观上看不起这种人,认为持这种价值观的人低劣。

例⑦:词典里有一个词,叫作"廉倨",就是自己廉洁,而待人傲慢。或者是因为自己廉洁而看不起贪污腐败的人,或者是因为自己廉洁,没吃你的没要你的,没必要对你低三下四。

分析:廉倨者出于鄙视他人贪腐的角度而傲慢,其傲慢实际上已经是一种很收敛的情绪表达了,因为他的内心其实是深恶痛绝的。

不过,如果廉倨者是因为"没吃人家的就嘴硬",那就不对了,待人之道并非只有倨傲无礼和低三下四两个选择。

例⑧:智慧者对愚笨者的傲慢,那就极为常见了。"我懒得跟你争"就是看不起而不理睬的具体表现。

有相声这么说:张三认为诸葛亮和孔明不是一个人,和李四发生了争执。两人打赌十块钱,请王五评判。

王五说:诸葛亮和孔明是两个人。张三大喜得胜而去,李四不服。王五对李四说:你不就输十块钱嘛,我让他糊涂一辈子。

围观的赵六说张三,连诸葛亮和孔明都搞不清的人,你还和他打赌,你是有病还是吃饱了撑的?

　　分析:智商的傲慢是"高智者"对"低智者"智慧远不达自己预期而感到失望透顶。如果从高尚的角度提要求的话,高智者不该傲慢,而应该悲悯,帮助低智者。

　　其实最可怕的是,两人相争,理不清对方的争议点,硬生生地自以为高,以人为低。想象一下这样一幅场景吧:一只工蚁和织巢鸟就房子该建在地上还是建在树上的问题争得面红耳赤,最后,工蚁觉得织巢鸟老是坚持要建在树上,认为对方蠢到不可思议摔门而去,消失在茫茫的蚁民里……

　　例⑨:还有一种傲慢,是自卑者的傲慢。

　　"切,我还看不起你呢?""我为什么要理你,你算老几? 就算你算老几,我为什么要理你。"这些都是现代人心中的口头禅。

　　"亦贫贱者骄人耳。夫诸侯而骄人则失其国,大夫而骄人则失其家。贫贱者,行不合,言不用,则去之楚越,若脱躧然,奈何其同之哉!"(《史记·魏世家》)

　　分析:这也是一种轻视,你再重要,对我来说不重要。或者说,你的重要不能给我带来什么,你那高贵的存在于我而言轻如鸿毛。

　　阿Q也有傲慢:用三尺三寸宽的木板做成的凳子,未庄人叫"长凳",他也叫"长凳",城里人却叫"条凳",他想:这是错的,可笑! 油煎大头鱼,未庄都加上半寸长的葱叶,城里却加上切细的葱丝,他想:这也是错的,可笑!(鲁迅《阿Q正传》)

　　这些都是自卑者在充满傲慢的社会里,对自己内心的一种积极保护吧。

　　【同义辨析】

　　看不起:圆滑的人可以在"看不起"的同时与你亲近,这还不是"傲慢"。

　　歧视:"歧视"会在言行上对被歧视者进行加害,这已甚于"傲慢"。

　　【分析总结】

傲慢的主要原因是轻视和卑视。

所谓轻视,就是认为别人很轻,很不重要,对自己没有利益帮助,也没有利益损害。

所谓卑视,就是认为别人很低下,包括思想低下、道德低下、智商低下、能力低下……与这样的人交流于己无补、于事无补、于对方也无补。或者说,认为对方低下到超乎自己的想象预期,因此生气,进而不予理会。

因卑视他人而傲慢者,可能还有一种用意,希望用这种方式让对方知耻、知进取。至于效果是达成还是适得其反,还是要看对方吃不吃这一套。为人父母者可能会说:"你看,当年苏秦父母对苏秦傲慢,激发了苏秦的斗志,让其获得了日后的成功。"其实,其父母的傲慢行为不一定是设计出的一个教育环节,而是自然而然难以掩饰的失望。苏秦成功后,父母为自己邀功,也是人之常情。"我对你态度差,是想激励你。"

两头公牛相遇,总要先嗅一嗅对方,然后打斗一场,比出个高下来,才能各安其分。人和人之间,也是这样。记得一堂台词课,说的是:两个久别重逢的老同学,在对话中暗含较量:你在哪工作? 你们挺有钱的吧? ……谁赢谁输,心照不宣。

对高上者傲慢可能会获得自认为的尊严,对卑下者傲慢可能会失去他人的尊重。

有服务责任的权力者对百姓傲慢,有教育责任的老师对学生傲慢,这是要追责的。

有知识、智慧、道德、情操的人对无知、缺德、粗俗的人傲慢,这是要批评的。

自卑者对在"高"在"上"者的傲慢,这是要治疗的。

如果标本兼治的话,那就还要追问:是谁用利矛对准他们,让他们举起了自保的盾牌。

与卑慢者相处,要有悲悯之心。

与卑微的人相处,如果不能做到尊重——尊重人有差异这个事实,也要做到悲悯。

　　与本不傲慢的高上者相处，不要无中生有地产生被迫害、被歧视的想法。

　　这里展示以上两则词语释义样例，旨在呼吁——让词义辨析成为语文教学的常规，成为日常思考的习惯。

理密·情真·文畅

第七章

何为辩证

在教学观察中,经常能听到这样的表述"作文的最后要辩证一下""这是一种伪辩证"。从这些日常话语中可见,"辩证"与"联系现实"一样,仅仅被当作写作的套路。其实,辩证绝不只是作文结尾处的补充,也不是单纯换个角度看问题,它有着更为丰富的含义。

在马克思主义辩证法中,辩证思维有三大规律,对立统一规律、量变质变规律和否定之否定规律。三大规律以对立统一规律为核心,而对立统一又可以通俗地理解为"一分为二"和"二中见一"。

"一分为二"包含三层含义。

① 在一个事物中,可能同时存在多面性特征,在一个概念中,可能同时存在多重含义。

② 在一个事物或概念中,其特征与含义可能存在着历时的变化。

③ 在一个事物或概念中,其共时或历时存现的各个特征、各个含义具有矛盾性。

"二中见一"也包括三层含义。

① 两个或多个并列、对立的事物或概念,可能存有同一性特征或含义。

② 两个或多个并列、对立的事物或概念,可能存有某种联系。

③ 两个或多个并列、对立的事物或概念,可能存有某种互相转化的可能性。

我们将上述内容提炼为六个字,即"多、变、反、同、联、转",它们构成了辩证思维的主要内容。

第一节　"一分为二"的辩证思维

"一分为二"中的"一"是指某一事物、某一概念,而"二"是指多种特征、多重含义("多"),包括变化中的特征与含义("变"),甚至矛盾性的特征与含义("反")。

一、"多"——同一事物特征的多样性,同一概念的多义性

著名的寓言"盲人摸象"讲述的是几位盲人未掌握大象这一事物的多面特征,而只是从某一个特征来认识对象。生活中常见的一些围绕某一概念的争吵,往往是争执双方各执一端,未考虑到争议概念的多重含义。比如面对同一道菜肴,甲说"很好吃",乙说"这能说好吃?"它们都提到"好吃"一词,可是甲的"好吃"可能是指含有辣味,而乙的"好吃"可能是指含有甜味。如果甲说"这道菜我很喜欢",乙就不会跟甲争吵。因为他知道"喜欢"是因人而异的,而"好吃"似乎是有客观唯一标准的,实际上并非如此。

因此,辩证的第一要义,就是发现同一事物特征的多样性,同一概念含义的多义性。本书前文提到的对动词作 MACE 分析,对名词的构成、施成、形式、功用的定义等方法,就天然地包含着"多"的辩证思维。

明晰事物的多重特征、概念的多重含义是确保思维和表达清晰的前提条件。人们常说"不能自由过了火",诗人裴多菲认为自由比生命和爱情都重要。这两种说法看似对"自由"的认识存在着矛盾,按照形式逻辑,它们必有一假不能同真。但实际上这两种表述都是合理的,因为"自由"一词有多重含义。

① 黑格尔认为自由是超越见识的限制,由必然王国走向自由王国。

② 罗斯福认为自由是免于恐惧、免于饥饿。

③ 约翰·穆勒在《论自由》中讨论的自由是指在不直接伤害他人的前提下,免于道德和法律限制。

④ 自由还可以是指建立在独立能力前提下不受限制地选取行动的途径与方式。

知道了"自由"的这么多含义,写作时就要确定自己是在讨论哪一种,否则会立论摇摆,无法自圆其说。

又比如,有一道高考作文题讨论"一切都会过去"和"一切都不会过去"。如果从辩证思维"一分为二"的角度,就会知道这里的"过去"有着双重含义。

① 事件本身的解决、消亡或是遗忘。

② 事件所带来的影响力的完全消失。

知道了"过去"的双重含义,就很清楚题目的意思了:任何事物(问题)都会被解决、消亡甚至遗忘,但是它对世界产生的影响会长期甚至永远持续下去。

又如下面一个议题:生活中,大家往往努力做自己认为重要的事情,但世界上似乎还有更重要的事。

此议题中的两个"重要"因标准不同而含义有二:大家努力做的"重要"可能是指对生命的维持、生活的延续、世俗幸福的获取;而"似乎更重要"的"重要"可能是指社会的发展、文化的传承、道义是非的原则、艺术人生的追求等。明白了这种多义性,作文题就可以得到清晰的解释:生活中,大家往往努力去获取世俗物质的幸福,而世界上还有艺术等精神更值得我们去追求。

以上例子表明,懂得一词多义的辩证思维,是保持审题立意准确性的基础。

二、"变"——事物特征的变化，概念含义的变化

从时间线看，一切事物都是变化的。"人不能两次踏进同一条河流。""士别三日，当刮目相待。"辩证思维要求我们不仅要看到当下，还要看到过去和未来，看到事物的变化。比如随着科技进步、人均预期寿命的延长，"老年人"这一概念的所指就发生着变化。以前五十岁可以称"老朽"，现在至多算中年人。

任何事物都有一定的运行范围，脱离这个范围，就会"跑偏走样"——发生变化。比如"勇敢"是指在可以预见的范围内不怕危险，或者在值得牺牲的前提下不惧付出。如果脱离对危险的预见性和对付出价值的评估，那"勇敢"就会变成"莽撞"。

有些事情本来在某一个层次内运行，超出这个层次，难免走向极端。所谓乐极生悲，就是说要控制"乐"的层次，否则就变化成"悲"。又如"放下过去"中的"放下"，可以是指"不再享受过去成功的物质成果""放下对过去成功的情感依赖"，但如果到了"忘记过去成功的经验"这一层次，就已经失去"放下过去"的积极意义了。

对待这种变化，我们可以在作文中运用"不是"来进行辩证补充。

我们提倡绿色生活**不是**回归刀耕火种茹毛饮血，也**不是**"一箪食一瓢饮"的简单清贫，而是身体力行健康自然的生活。"居有竹，谈有儒"，既有低碳环保的自然之绿围绕，又有纯粹淡泊的精神之花熏陶。(《绿色生活》结尾段)

三、"反"——同一事物(事件)包含相反的两种价值、效果

这是一种特殊的"多"。我们常说"双刃剑"，挥剑可伤人，亦可伤己。饮用糖水，儿童甘之如饴，糖尿病人却视若砒霜。某一行为(或现象)，作

用于不同的人，或采用不同的方式运行，就会造成截然相反的结果。

在行为现象评析类议题中，就需要特别注意。正如本书第三章提到的 MACE 分析法，就存在"正""负"。如"评价他人的生活"这一行为从影响上看，可能造成对他人的困扰、对自己的遮蔽，这是负面影响；也可能给人带来进步，对自己形成明鉴，这是正面影响。

"预测"可以使人的行为更为理性，也可能使人的生活缺乏不期而遇的惊喜。

"被需要"可以幻化成进步的力量，也可能引诱灵魂的恶魔出洞。

> 如果我们存在的意义仅仅是为了满足别人的需要，为了成为合乎要求的"被需要"，我们的存在是否会遭遇正义的风险？我们还够得上自由与独立的名号吗？别人需要麻醉，你就递给他鸦片？别人需要自欺，你就给他写篇鸡汤？"怨女"需要痛骂男人，你就学网红？民众需要再睡一会儿，鲁迅就给他们画一个枕头？不行！如果这种需要不合乎正义，即使再怎么"被需要"，我们也要保持镇定，这不只是清醒，更关乎不被人左右的自由与良心！退一步说，即使这种被需要是正当的，我们就只能被这种需要牵着鼻子走吗？我们是否有不满足某些特定需要的自由？而在世人没有表示出需要的领域，我们就不去探索了吗？（《做一个被需要的"人"》）

这篇例文在分析了"被需要"心理的正面价值之后，又辩证地分析了"被需要"心理的负面影响，符合辩证思维中"一分为二"的思想。在这种辩证方式中，通常用然而、但是等转折词来引出。

第二节　"二中见一"的辩证思维

"二中见一"的"二"是不同的甚至矛盾、对立的事物、概念,"一"是指共同性、联系点、转化点。即矛盾对立的事物、概念间可能存在共同点、联系点和转化点。

一、"同"——对立事物、概念的共同性

有些词语本身具有强烈的主观性特征,我称为"甘露"和他视同"砒霜"的事物可能是同一对象;让我们皱眉的古代畸形小脚,在古人眼里可能是美的象征。这要求我们面对一组矛盾的概念时,要尝试思考它们的共同性。

如作文题:偶像,指人们心目中仰慕的对象,我们有时需要崇拜它,有时需要打破它。请写一篇文章,谈谈你的思考。

这里有一组矛盾对立的概念:"崇拜偶像"和"打破偶像"。那么它们有什么共同性呢?从目的上看,如果说崇拜偶像是为了树立前进的标杆,打破偶像是为了清除前进的羁绊,那么崇拜和打破在目的上就有共同性:为了更好地前行。

从营建文化共同体的角度看,需要树立一些符合文化共同体气质的偶像,让民众有一个榜样可以追随。有时候也要打破一些"异端"偶像,防止民众无所适从。此时的崇拜与打破,其共性是出于构建文化共同体的考量。

又如,紧跟潮流和与潮流逆向也是一对矛盾对立的概念,但在一个理性的、有清晰的航向的船长看来,他不会为"紧跟潮流"还是"与潮流逆向"而陷入两难中,这根本不是一个需要动脑筋的选择题,符合自己航向,则

紧紧跟随,不符合自己航向,则逆向而行。他时而紧跟时而逆向,看似矛盾,实则两个选择有共性——为了自我的航向。

对立概念的共同性的另一种表现形式是互补性。即它们并不是互相矛盾的,而是互为补充的,各有价值的,只是适用的条件不同而已。

例如生活中的张与弛,长期的紧张容易绷断,一贯的松弛,会失去张力,一张一弛,才是文武之道。这里的"张"与"弛"是互补的。又如心灵里的坚硬与柔软,铁石心肠者可以有儿女柔情,性情平和者也可以有怒目金刚,二者互补,方是完整、饱满的真实人类。

这些互补的概念,可能难以同时存在,比如不能同时拥有紧张和放松两种状态。这时候,就需要我们根据具体情况作出选择。比如"听人劝吃饱饭"和"走自己的路让别人去说",我们不可能既听别人劝告,又不听别人的劝告。正确的选择是,有的时候听取,有的时候不听取,或者选择一部分听取,另一部分不听取。在这里需要特别注意的是,"有时候要听取有时候不要听取"这样的建议不是真正的辩证思维,因为这样的建议没有具体的指导意义。因此,我们要找出这些看似矛盾,实则互补概念的各自成立条件。比如:在确认说话者动机是纯洁的、内容是合理的,而自己风险承担能力又有限时,"听"是明智的;在自认为决断的前提够理性、科学且风险可承担时,"不听"是值得选择的。

作文题:人是群居的动物,人群密集处总显得热闹而繁华,但哲人们却总在说独居有无止境的好处。你对此怎么看?

上述作文题中,"群居"和"独处"的对立在于,人不可能同时处于这两种状态中。也不可能单纯在二者中选一,因为"群居"和"独处"各有合理性。最理想的选择是,时而保持"群居"生活,时而保持"独处"状态。那么"群居"和"独处"发挥最佳作用的场景分别是什么?答案当然有千百种,比如,当你致力于人际能力培养的时候,群居是较好的选择,当你从事的工作是需要较少纷扰的时候,独处自然更为有利。那么,"群居"和"独处"虽然在形式上是矛盾的,但在我们作出选择时,标准是同一的——促进自身的健康发展。

作文题：生活中我们面临着多个选择对象时，往往会陷入选择的困境。面对此种情况，有人认为不如不要有太多选择，有人则认为有多项选择更好。

在这个作文题中，"多项选择"和"较少选择"哪一个更好？在选项间缺少本质差异，或者需求、能求又比较单一时，"多项选择"是无意义的多选。在单一选项长时间、低质量地占据全部位置而无法满足人的多样化需求时，"较少选择"自然是人生的悲剧。

换句话说，在两个矛盾的"选择"面前，我们丝毫不必感到矛盾、纠结，只需遵循一个标准——当下的主要矛盾。《陈情表》作者李密在忠孝难两全时，抓住的是"孝"这个紧急的、不可代替的方面。遭受腐刑的司马迁在苟且生和慷慨死之间难以抉择时，抓住的是"生"，因为他当时的主要追求是完成《史记》的编撰。

二、"联"——矛盾事物、对立概念间的联系

爱与怨、有和无是人世间的常见矛盾，可它们之间广有联系。"忽见陌头杨柳色，悔教夫婿觅封侯。"这是因爱生怨。"埏埴以为器，当其无，有器之用。凿户牖以为室，当其无，有室之用。"陶器中空，一无所有，才有盛水的器具可以用，墙上开了洞，无砖无堵，才有窗户可以用，这是"无中生有"。

一对矛盾对立的行为，有时具有因果关系。比如一高考作文题讨论"大家往往努力做自己认为重要的事，但似乎忽视了更重要的事"。这里的"努力做自认为重要的事"和"忽视了更重要的事"之间其实是有因果联系的。正是因为专注于"重要的事"，所以才怠慢、疏忽了"更重要的事"。这样看问题，就不会把两个概念孤立起来讨论了。

又比如某年高考作文讨论"评价他人的生活"，人们在评价他人的生活时，会出现一组矛盾行为：一方面对别人口诛笔伐、吹毛求疵，另一方面却对自己疏于自省、言行不一。这两种矛盾行为的因果关系就是：因为沉浸在"评价他人生活"的裁判式快感中，才会忽视对自我的省察和反思。

对立概念间的联系除了因果联系外，可能还有互相制约、互相影响的

关系。比如习惯于崇拜偶像，长期以来看到偶像就三叩九跪，这就会在认知上固化对"偶像"的态度，以为一切偶像都值得跪拜，从而不会对偶像区别对待，不会想到有些"偶像"是可以打破的。长时间的偶像崇拜，使得打破偶像成为必要。一直以来都是打破偶像，使人精神没有归依，于是崇拜偶像又有了必要性。

善于发现对立事物、矛盾概念间的联系，是辩证思维的应有品质。

三、"转"——对立概念的互相转化

彭端淑在《为学》中说："天下事有难易乎？为之则难者亦易矣；不为则易者亦难矣。"这里讲到了"难"和"易"这一对立概念的相互转化，转化的条件是"为之"与"不为"。我们也常说"绚烂至极归于平淡""返璞归真""仓廪实而知礼节"，都是对立概念转化的实例。

有一道作文题要求讨论鲁迅的一句话：贪安稳就没有自由，要自由就要历些危险。只有这两条路。

在这里，有"安稳"和"危险"、"自由"和"不自由"这两对矛盾概念。实际上，它们是可以互相转化的。如贪图生活安稳、不愿努力的人，就失去应对各种情形的能力，失去做出各种应变的自由，自然会使自己陷入无法应对变故的危险之中。这是"安稳"向"危险"的转化。因追求自由而身陷危险中的人，在获得真正的自由以后，自然就进入了新的"安稳"状态。这是"危险"与"安稳"间的转化。同样，不自由的人在经历危险的斗争后可以获得自由，自由的人长期贪图安稳会逐渐失去自由的机会和能力，在日变日新的时代慢慢就失去了"从心所欲"的自由。这是"自由"与"不自由"的转化。

当然，仅仅明白对立矛盾的互相转化是不够的，更要分析其转化的条件和原理，这样才有说服力和行动指导性。

有一作文题讨论的是冲突问题：冲突是指发生在两个或两个以上事物之间的互相对抗。达伦多夫在《社会冲突论》中认为，冲突也是解决问题的有效方式。

冲突产生的原因是某方面"有问题",而冲突又使得问题得以解决,变成"无问题"。这是"有问题"向"无问题"的转化。转化的原因可能是:"冲突"使得问题暴露引发重视;"冲突"使得冲突各方立场和利益得到充分表达,从而有助于各方让步;或者是"冲突"打破了原先的力量失衡,消除了侵害因素,使得各方回归力量均衡和互不侵犯状态。

总而言之,在作文审题立意和行文中,要牢记"多、变、反、同、联、转"这六个字,以此作为辩证思维的参考工具。

第三节 抽象而明确的分类讨论

分类讨论是辩证思维的一种,即上文提到的"多"。分类讨论思维是对概括思维所形成的缺陷的挽救。面对丰富繁杂的现实,为了防止信息过载,或为了借助有限的信息应对复杂的情境,我们会用到概括这一思维方式。比如原始人先后被两种不同的蛇咬伤,便会概括出"蛇有毒"的特点,并推导出"要躲开蛇"这一行为指南。在有毒的特征方面,不必去区分几十上百种蛇的品种,反正"见到蛇就躲开"就是了,这是风险最小的一种应对方式。为了使躲避更及时,人们甚至会在心中默默做出"所有弯曲的圆条状物体是蛇"的概括,于是就有了"十年怕井绳"的现象。

面对一些新见的事物、事件,为了避免"见而不知"的失调感,人们会用到附会这一思维方式,将新见事物、事件附会到已经由概括形成的认知上去。如前面提到的原始人在看到一种新出现的蛇时,他会将这一品种附会到此前形成的"蛇有毒"的认知中去,他当然不会傻到试着让这种蛇咬一下再作判断。但这种概括和附会在指导实践时就会产生问题,毕竟把所有的蛇都当成毒蛇来看待,就会带来很多的恐惧和不必要的躲避。

一、分类讨论的原则

在上述思维过程中,概括是一种归纳思维,归纳的准确性严重依赖于对象的完整性,但人们又难以穷尽对象,因此概括失准的可能性极大。当两个基于自己所见的事实而作出自己的概括和附会的人相遇时,他们就会形成争议。一个从传统社会走来的人会发现老人的经验很是管用,于是得出"不听老人言,吃亏在眼前"的概括。一个深受思想启蒙影响、尝到革命甜头的的人会发现突破前人是前进的阶梯,于是得出"走自己的路,让别人去说"的概括。这两个人的观点碰撞时就会形成激烈的争吵。作为旁观者也会疑惑：那到底要不要听前人或别人的建议呢？同样，一个见过毒蛇伤人的村民和一个恰好被无毒蛇咬过的人就会产生争议，一个说"蛇有毒"，一个说"蛇无毒"，争得不可开交。为解决这种争议，分类讨论的思维方法就呼之欲出了。

这时知识渊博的村长站出来说："你们别争了，有的蛇有毒，有的蛇没毒。"村长的话已经具备分类讨论的特征，对于平息争议有一定作用，但对指导生活没有多大意义。如果村长不能说出有毒、无毒的区分特征，村民就无法用"有的有毒，有的无毒"来指导自己何时躲避何时不躲避。因此，分类讨论中的分类不能含糊。

如果村长说得具体一点："你们看哪，左边这条蛇是无毒的，右边那条是有毒的。"这样的分类和"有的有毒，有的无毒"这一表述相比，就有现实指导意义了，至少村民能准确应对眼前所见的两种蛇。但它的现实指导意义是有限的，村民不能据此判定第三种蛇是否有毒。如果村长说："头部为三角形的蛇有毒，头部为长方形的蛇无毒。"假如这种表述是正确的，那它的指导意义就更强一些，能让村民应对更多的情形。正如在被问及偶数和奇数的分类时，不能满足于回答"2,4,6,8 是偶数，1,3,5,7 是奇数"，这是特指性的举例分类，而应抽象为"能被 2 整除的整数是偶数"。这就是说，分类讨论中的分类不能满足于特指的举例分类，还需要一定的抽象度。

严格来讲，村长所说的"头部为三角形的蛇有毒，头部为长方形的蛇无毒"这一表述还有缺陷，这个说法不能让村民应对头部为梯形或其他形状的蛇。也就是说，分类还不能有遗漏。再进一步讲，分类还不能重叠。比如不能在同一个维度下把三角形分为直角三角形和等腰三角形，因为直角三角形和等腰三角形有等腰直角三角形这一重叠。

总之，面对矛盾和争议，我们需要用到分类讨论的思维方法，且在分类讨论时，分类不能含糊、不能遗漏、不能重叠，且分类要有抽象度。

二、分类讨论的思维过程

虽然我们在数学学习中也会运用到分类讨论的方法,但那种分类讨论与写作中的分类讨论有较大差异。在解数学题时,是否能正确运用分类讨论的关键在于自己对所学数学知识的熟练程度。也就是说,其所用到的分类标准是已知已学的。而写作文所用到的分类讨论,往往面对的是未曾讨论过的话题,分类的标准并非现成,而需要现场提炼。简而言之,解数学题时的分类讨论,其分类是现成的,且重在分类后的讨论。而作文写作中的分类讨论,则需要先开展"原创性"的分类,再进行讨论。

如此说来,写作中的分类讨论以分类为先。那如何分类呢? 接下来我们以"细节决定成败"这个议题为例来分析"分类"的思维过程。

议题:细节决定成败。

分类讨论的思维过程如下。

(一) 发现潜藏的矛盾与争议

有矛盾和争议就有分类讨论的必要,或者说,人们的分类讨论思维在矛盾、争议发生时更容易被激发。然而高品质思维拥有者会在矛盾尚未呈现时预测到矛盾,会在争议尚未发生时发现可能潜藏的争议。

对于因果判断类论题,我们可以通过否定因果关系或者否定因果关系的必然性来发现矛盾与争议;对于性质判断类论题,可以通过完全否定或者部分否定来预测争议;对于行为现象评析类论题,可以通过挖掘其正负诱因和价值来展现其隐藏的争议。

如"细节决定成败",这一论题可以被看作一个因果判断类论题。看到这一论题,不必急于去论证它的正确性,更不能立即由此推论出"要注重细节",而应首先思考这个因果判断是否有被否定的可能性。显然,我们可以说"细节并不决定成败"。由此,这一否定和原论题就形成了一对实实在在的矛盾,"细节决定成败"与"细节不决定成败"二者皆有可能。那么它们的分类点是什么? 或许是"细节"有分类,或许是"成败"有分类,或许是"决定"这个因果关系中有"缘"的分类。

（二）争议双方摆事实、列实例

由于写作中讨论的话题极其广泛，我们无法像做数学题那样有现成的理论可作为分类讨论的依据。在演绎法不现实的情况下，我们主要求助于归纳法——在现实事例中归纳、提炼出分类依据。因此，在发现矛盾争议之后，我们接下来需要做的是让争议双方摆事实、列实例。举例如下。

1. 坚信"细节决定成败"者摆出的相关事实与实例

① 亚马逊雨林一只蝴蝶翅膀偶尔振动，也许两周后就会引起美国得克萨斯州的一场龙卷风。

（楚之边邑曰卑梁，其处女与吴之边邑处女桑于境上，戏而伤卑梁之处女。卑梁人操其伤子以让吴人，吴人应之不恭，怒，杀而去之。吴人往报之，尽屠其家。卑梁公怒，曰："吴人焉敢攻吾邑？"举兵反攻之，老弱尽杀之矣。吴王夷昧闻之，怒，使人举兵侵楚之边邑，克夷而后去之。《吕氏春秋·察微》）

分析：这是一种能触发整个系统产生巨变的细节，如火星之于炸药。

② 一个滑落在跑道上的小铁片造成了空难，一个小小的零件不合格造成了航天飞机爆炸。所谓"千里之堤，溃于蚁穴"。

（失了一颗铁钉，丢了一只马蹄铁；丢了一只马蹄铁，折了一匹战马；折了一匹战马，损了一位国王；损了一位国王，输了一场战争；输了一场战争，亡了一个帝国。——英国谚语）

分析：这是一种体量虽小但作用巨大的细节，如一根链条中最薄弱的一环。

③ 老子：天下大事，必作于细。

所谓"不积跬步,无以至千里;不积小流,无以成江海"。(《荀子·劝学篇》)。所谓"千里之行,始于足下"。(《道德经·第六十四章》)。

分析:这是一种由细微的积累引起质变的细节。

④ 一叶知秋。

分析:这是一种"知微见著"的细节,小的方面能体现大的品质,而这种品质恰好是办大事所必需的。

2. 认为"细节不决定成败"的人摆出的相关事实与实例

① 大行不顾细谨,大礼不辞小让。

(如火箭发射时,表面的保温泡沫剥落不影响火箭安全运行)(又如:陈蕃字仲举,汝南平舆人也。祖河东太守。蕃年十五,尝闲处一室,而庭宇芜秽。父友同郡薛勤来候之,谓蕃曰:"孺子何不洒扫以待宾客?"蕃曰:"大丈夫处世,当扫除天下,安事一室乎?"勤知其有清世志,甚奇之。《后汉书·陈蕃传》)

分析:这是一种暂时不影响全局,在紧要关头难以面面俱到的细节。

② 邓小平:要用人唯贤,不拘小节。

(又如管仲曰:"吾始困时,尝与鲍叔贾,分财利多自与,鲍叔不以我为贪,知我贫也。吾尝为鲍叔谋事而更穷困,鲍叔不以我为愚,知时有利不利也。吾尝三仕三见逐于君,鲍叔不以我为不肖,知我不遭时。吾尝三战三走,鲍叔不以我怯,知我有老母也。公子纠败,召忽死之,吾幽囚受辱,鲍叔不以我为无耻,知我不羞小节而耻功名不显于天下也。生我者父母,知我者鲍子也。"管仲既用,任政于齐,齐桓公以霸,九合诸侯,一匡天下,管仲之谋也。《史记·管晏列传》)

分析：这是一种与主要任务无关的细节。

（三）同中求同，异中求异，提炼抽象

坚信"细节决定成败"者摆出的相关事实与实例中，它们的共性是：其中提到的"细节"与成败的主体有着紧密的联系，是成败主体的一部分，是成败主体的象征物，是主体成败的触发器。

认为"细节不决定成败"者摆出的相关事实与实例中，它们的共性是：这些事例中提到的"细节"与成败主体关系不大。

可见，争议双方看到的是两种完全不同的"细节"。由此，我们就可以提炼出争议双方的分类点：细节分为两类，就细节与全局的关系而言，第二类细节与全局并无直接或间接关系，忽视此部分细节，非但不会影响全局的发展，还能让人节省有限的精力。这也就是人们所说的成大事者不拘小节。第一类细节与全局有着间接、直接甚至极其密切的关系，这种细节是必须注重的。比如一个科学家不修边幅，不太爱洗头发，但是他在洗头发时，却对洗发水的使用量精确到毫升。前一个不修边幅的细节与科学工作无关，而使用量却关乎科学态度是否严谨。

因此，细节是否决定成败，取决于细节与成败主体的关系。当细节与成败主体密切相关时，细节会决定成败；当细节与成败主体并无密切关系时，细节不影响成败。

三、分类讨论思维过程案例

议题（一）

人要脸，树要皮，人总是会把尊严放在第一位。

1. 争议：人并非总是把尊严放在第一位

2. 正反事例

① 李白不愿摧眉折腰事权贵。

② 陶渊明不为五斗米向乡里小儿折腰。

③ 张良拾履。

④ 勾践为夫差前马。

⑤ 韩信钻胯。

⑥ 乞讨者说"行行好"。

⑦ "工具人"说"行，行，好！"

3. 分类点

① 大部分人在满足了低层次需求（如安全与生存需求）之后开始重视尊严。

② 胸怀大志且对目标达成有自信的人对否定其人身价值的尊严侵害并不在意。

③ 人在精神伦理混乱的动荡时代且生存欲望强烈时不会太在乎尊严。

④ 当重视尊严可能影响到人的远大目标时，人可能选择忽视尊严。

⑤ 当个人与他人建立了一定的社会关系，群体和社会能给予个人一定价值认可之后，他能抵制一些尊严伤害。

⑥ 人们会评估维护行为所得减去所失的净值来决定是否做出维护尊严的行为。

议题(二)

很多时候，涟漪会随着时间的推移而慢慢消失；但有时，涟漪也可能随着作用力的加强而化作惊涛骇浪。

1. 争议：涟漪消失 VS 涟漪化浪

2. 分类点一：从涟漪的主体特性看

① 偶发的、个体的、常发的，与外界缺乏联系的涟漪易于消失。

② 多发的、集体的，新发的，与外界有丰富联系的涟漪易于化浪。

3. 分类点二：从涟漪之外的作用力的有无与特性看

① 当存在与涟漪同频的社会潮流、趋势时，涟漪易于消失。

② 当没有与涟漪同频的社会潮流、趋势时，涟漪易于化浪。

议题(三)

有人说:人生中最美好的东西应该是希望,而不是现实。

1. 争议:人生中最美好的东西是希望 VS 人生中最美好的东西是现实

2. 分类点:以"美好"的含义分类

① 以能激励精神为美好,则希望是最美好的。

② 以能满足实际需求为美好,则现实是最美好的。

议题(四)

苏格拉底曾经在逛市场的时候感慨:这个世界上竟然有这么多我不需要的东西。

1. 争议:别人需要的东西和我需要的东西相矛盾,我所认为的需要与我实际上的需要相矛盾

2. 分类点:判断事物是否被"需要"的评判依据差异

① 根据对他人的观察来评判自己是否需要,则会把别人需要的东西当成自己需要的东西。

② 根据过去的思维惯性评判自己是否需要,则会脱离当下需要而追求自己所认为的需要。

③ 根据内心的需求和当下来评判,则有可能准确定位自己需要且实际需要的东西。

议题(五)

有人认为,如果一定要作出选择,那么做"对"的事情比把事情"做对"更重要,也有人对此不以为然。

1. 争议:做对的事情更重要 VS 把事情做对更重要

2. 分类点:重要的评价标准

① 基于条件的评价:对于一个没有选择权却"心不在此"的人来说,把必须做的事情做对更重要。

② 基于成果(效率)的评价:做适合自己的事情(对的事情)比把一个不合适的事情做好更容易取得成效。

议题(六)

有人说,人要学会遗忘,过去的事情,该忘记的就忘记,该释怀的就释怀。

1. 争议:人应该忘记过去 VS 人应该铭记过去

2. 分类点:从目的分类

① 从一切为了明天的目的出发,则应铭记有利于明天发展的,在不突破真实底线的基础上忘记不利于前进的。忘记不是否认,否认真实的历史,就不能认识真实的自己,就不知道自己是该铭记还是该忘记。

② 从一切为了认识自我的目的出发。则应知道历史的价值就是镜子,不能回避丑,也不能隐藏美,更不能整容。

四、分类讨论的三个角度

分类讨论从本质上讲是对概念的内涵和外延等进行分类,因此分类讨论至少包含三个角度:按内涵特征分类、按外延分类、按事物变化的临界点分类。

(一) 按概念内涵特征的多重性分类

(1) 只要我能做到,就应该去做吗?

按照"我能做到的事"的特征进行分类,则可得出结论。

如果能做的事是正义的事,应该去做;如果能做的事是不正义的事,当然不应该去做。如果能做到的事是对自己有价值且对他人无伤害的事,应该去做;如果能做到的事是对他人有伤害但对自己无价值的事,则不应该去做。

（2）免费的是贵的吗?

我们将"免费"定义为不需要时间、精力、经济等成本,将"贵"定义为在当下或未来会耗费个体或社会较大时间、精力、经济等资源。那么根据这两个定义的内涵可得出:如果当下不需要付出金钱（精力）但未来需要耗费较大的时间、精力、经济等资源弥补,则免费的是贵的。如果不需要耗费个体的时间、精力、经济等资源但会造成较大社会效益损失,则免费的是贵的。如果不需要耗费个体的时间、精力、经济等资源,但会付出其他代价或资源,而其他代价又是个体不在乎的,其他资源是个体所富余的,则免费的不能算是贵的。

（二）按概念外延的区别分类

（1）发展旅游业是利还是弊?

旅游业的外延可能包括自然风光、人文古迹、娱乐购物、工业、体育等相关行业。发展的种类可能包括由无到有的发展、由低到高的发展等。利弊可能包括经济利弊、民生利弊、知名度利弊、环境利弊、文化利弊等。将以上分类排列组合,就可以得出结论。

① 造一些不符合当地文化特征的仿古建筑,可能产生文化错乱的弊端。

② 在产业转型的老旧工业区发展工业遗迹旅游业,可能有盘活当地经济之利。

③ ……

（2）除把病治好之外,医院要不要致力于让患者满意?
以下是一次线上讨论的实录。

[老师]请同学们看一则材料。

美国一项严格的前瞻性多中心对照研究进行了 10 年,因其对患者危害巨大而提前终止。研究过程中将患者随机分为两组,一组执行常规医护,另一组进行患者满意度调查,并将结果作为医生收入、奖惩依据。10 年研究结果显示,提高患者满意度使死亡率升高 238%,发病率增高 146%,抗菌素应用增加 858%。

结论:让医学知识缺乏的患者满意,就会让生命付出代价。

老师:(假定上述信息完全真实,数据完全准确)上述材料所说的"让患者满意"是什么意思? 这个概念弄清楚,写作文的思路就会很清晰,而且可以进行真正的辩证分析。请大家想想"让患者满意"可能包括哪些情形,并列举。

Sean:患者想要随意进食,生活不节制,想吃什么就吃什么,想做什么就做什么,生活不规律(不按时作息)。

Sean:患者住院想要好的住宿条件。

踮起脚吧:反正我觉得治疗一定是要强制的,让患者舒服病能好? 你让我不写作业学习能好? 生病了还想 high,简直作死。

似水流年:要求医生开过量的抗生素。

小机智:住院患者想要舒适的床,想要职称高的医生看病。

老师:嗯,舒适的床分两类,普通患者要睡舒适的床,脊柱患者想要软软的床。前者可以满足他,后者就不能。

小机智:经济困难的病人想要便宜的药(可能有较大副作用)。

高中生球星:患者想要医院先开展医疗救护再收费。

老师:前面的材料,用大量惊人的数据强有力地论证了"医院不能处处让患者满意"。但这个观点很容易陷入误区,或者被不负责任的医院用作狡辩,他们会说"医院不以让患者满意为追求"。很显然这不是材料发布者的本意。因此,我们要分清楚,哪些方面要让患者满意,哪些方面不能按患者的意愿来。所以,接下来,就要对上面的例子进行分类。

小帅:不合理的要求和医院需要改进的地方。

老师：这个说法还有点模糊，不够清晰。最好清楚说出哪些要求是合理的，哪些要求是不合理的。

Elaine：对患者的病没有坏处的是合理的，可以满足。

老师：很好。为了清晰地表达，我们不妨先把刚才提到的各种情形进行合理与不合理的分析。

［学生分析］

① 患者想要随意进食，生活不节制，想吃什么就吃什么，想做什么就做什么，生活不规律（不利于病情好转，不合理，不能满足）。

② 患者住院想要好的住宿条件（根据"好"的定义进行合理性判断，比如某病不适合开空调，那么就不适合提供住宿条件好的空调房）。

③ 反正我觉得治疗一定是要强制的，让患者舒服病能好？（大部分医疗可能确实需要按照医生的要求强制施行，但如果是一些心理性的疾病，或者需要心理配合进行治疗的疾病，就不能强制，还真得按照病人的意愿来）

④ 要求医生开过量的抗生素（这可能对短期病情有用，但不利于身体）。

⑤ 普通患者要睡舒适的床（不影响治疗，经济允许可以满足）。

⑥ 脊柱患者想要软软的床（不利于治疗，不合理，不能满足）。

⑦ 想要职称高的医生看病（结合病情和资源合理使用原则，不一定合理）。

⑧ 经济困难的病人想要便宜的药（可能有较大副作用，于病情和健康不合理，但于经济条件是合情的）。

⑨ 患者想要医院先开展医疗救护再收费（普通病情用这种方式操作，可以降低医院的经济风险和运行成本，是合理的；危急病情用这种方式操作，不合情理）。

［学生总结］

通过以上分析，我们可以将患者的意愿进行归纳、分类。

① 不利于个人疾病治疗，不符合身体健康的意愿。

② 与个人健康和疾病治疗无关，但可以增强患者舒适度的意愿。

③ 能提高患者舒适度又无关健康情况，但不符合医护体系健康运作的意愿。

（三）按事物变化的临界点进行分类

事物的特征并非恒定不变，即使不变也是在一定的可变范围内暂时维持着不变，当超出这一范围时，事物的特征就会发生变化。比如海绵具有吸水性，但我们不可能拿一块海绵吸无限的水，在它的吸水率达到某一个域值时，海绵就会丧失吸水功能。如果被问及"海绵能否吸水"，单一地回答"能"与"不能"都是不合适的，基于分类讨论的准确回答是，当吸水率小于某个值时，它能吸水，反之则不能。这就是按事物变化的临界点进行分类讨论，举例如下。

（1）对他人的赞美是否给对方带来负面影响？

如果按外延差异将赞美分为失实的赞美和如实的赞美，则可以说失实的赞美会给人带来负面影响，而如实的赞美则另当别论。

如实的赞美是否会给对方带来负面影响，需要看这种赞美发生的频率。当人长期、高频且只能听到如实的赞美（不含如实的批评）时，可能会产生过高的自我评价，而当人得到中等频率的如实赞美时，则不大可能产生负面的影响。

（2）有人说，困难是成长的催化剂，对此，你怎么看？

从按事物变化的临界点角度看，困难是一个可大可小的变化的量。当困难远远低于人的现有能力水平、可以轻松应对时，困难不会促进成长；当困难大于人的现有能力但小于人的潜能时，困难可能促进人的成长；当困难大于人的现有能力且大于人的潜在的、可塑造的能力时，困难会压垮人而不会促进人的成长。

上述三种分类讨论的能力可在训练中逐渐获得，我们可以自己找来类似的问题，进行日常的思维训练。

① 学而时习之就是快乐的吗？

② 有朋自远方来就是快乐的吗？

③ 人应该在别人不知时不愠吗？

④ 巧言令色不符合"仁"的标准吗？

⑤ 有人说，不听老人言，吃亏在眼前。有人说，走自己的路，让别人去说吧。人是否该听取别人的劝告呢？

⑥ 有人说，学习应该勤奋刻苦，无论何时都要保持紧张状态。有人说，学习也需要休息和放松，避免过度劳累。在学习时间和休息时间的安排上，应该如何平衡？

⑦ 有人说，团队合作中，每个人都应该有自己的想法和主张。有人说，团队合作中，应该尊重他人的意见，避免冲突和分歧。在团队合作中，个人的想法和主张应该如何处理？

⑧ 有人说，在人际交往中，应该坦诚相待，不论对方的身份和地位如何。有人说，在人际交往中，要有所保留，避免被他人利用。在人际交往中，坦诚和保留应该如何平衡？

第四节　论题的否定、补充与修正

在上一节的"分类讨论"中提到,分类的重要触发点是矛盾和争议。在有的议题中,矛盾和争议已经明示。其典型句式有:人们对某人或某事的看法不尽相同,有人不以为然,有人感到担忧,有人觉得正常。这些句式无不提示着该议题存在着矛盾和争议。

同时也有许多并不明示却隐藏着矛盾和争议的议题。

① 对已有知识的综合,是创新吗?(隐藏的争议:是创新 VS 不是创新)

② 人们倾向于认为"浓缩的就是精华",对这一观点你怎么看?(隐藏的争议:是精华 VS 不一定是精华)

③ 有人说,没有事实的看法是空洞的,没有看法的事实是无力的。对此你有怎样的思考?(隐藏的争议:是空洞的 VS 不是空洞的,是无力的 VS 不是无力的)

明示矛盾和争议会"逼迫"我们去作一分为二的辩证思考,而隐藏矛盾和争议的议题则不强求作出分类讨论的辩证。这就使得明示矛盾与争议的议题有两个特点。

其一,稍微增加了写作入门的难度。也就是说,既然矛盾与争议已经明示,写作者就必须以辩证的方式,对争议双方予以兼顾,否则就有偏离题意的风险,这意味着写作的门槛提高了。

其二,暗中削弱了有辩证意识者的优势。假设该议题的争议并未明示,则只有那些具有较高辩证思维素养的人才能察觉隐藏的争议,这种察觉使得他的作文获得超越同伴的思维深度。而争议明示之后，会使得人人都能察觉，而缩小了领先优势。

这从反面启示我们：发现隐藏争议的能力可以使人获得竞争优势。而发掘隐藏争议的首要方法就是"否定论题"。

一、对论题的否定

在命题者提供的材料中，有时候是单一论题，有时候是多个论题。在多个论题之中，可能是多个同等重要的论题构成并列关系，也可能是由核心论题和次要论题构成主次关系。在这些单一论题或者核心论题中，我们需要判断该论题所描述的现象是否存在，或者该论题所表达的观点是否可以否定。否定论题后得出的新论题，与原来的论题有同等重要的作用，都应该在作文中详细论及。

例1：人们倾向于认为"浓缩的就是精华"，对此你怎么看？

对于"浓缩的就是精华"这一观点，完全可以加以否定，得出"浓缩的不是精华"，从而形成争议。

例2：我们眼见的往往只是一个视角而不是事实。

对这个给定观点，我们可以否定，得出"作为视角的眼见也可以是事实"。

例3：日常生活中，我们总倾向于作出"最优"的选择，但很多情况下，我们未必作了"最优"的选择。

这则材料中含有一种判断，即"我们所作的'最优选择'未必是最优选择"。对此表述，我们可以否定，得出结论：我们计划所作的"最优选择"最后果然是最优选择。通过这个否定，我们可以将问题思考得更明确：在何种条件下作出的"最优"选择成不了真正的最优选择，从而避免过度批判人的"择优倾向"。

例4：小时候人们喜欢发问，长大后往往看重结论。

这是一个关于现象的陈述，我们可以质问：这个现象概括准确吗？是完全归纳吗？有例外吗？具体到"小时候人们喜欢发问，长大后往往看重结论"这一概括,我们可以追问:小时候就不看重结论吗?长大后就不喜欢发问吗?然后配以"例外"的事例来支持自己的质问。这样就可以形成矛盾。

① 小时候喜欢发问 VS 长大后坚持发问。

② 小时候也看重结论 VS 长大后看重结论。

这样的质疑是合理的,如小时候喜欢发出疑问,长大后喜欢发出质问;小时候看重利己的结论,长大后看重不可违的结论;小时候喜欢发问且表现为发声而问,长大后即使发问也是默默自问,因而给人一种不喜欢发问的假象……

不管从哪个角度辨析矛盾的根源,这种"对论题的否定"是思维走向深入、走向个性的契机。它不仅体现了思维的严谨性和全面性,还增加了议题的精准度,有助于我们发现论题中违背"同一律"的地方,有助于我们明确概念或定义,进而发现更多的"分界点",进入有效的"分类讨论"环节。

二、对论题的修补

对论题的修补是指该论题所指的现象大概率是真实的,只是存在少部分的例外;或者论题所述的观点大体上是成立的,但在表述上存在不足。对这些"例外"与"不足"的指出,就是对论题的修正与补充。对论题修补后得出的新论题,是写作的重点,而"修补"本身只需稍作提及即可,不必详细论证"修补"的必要性、合理性,否则有偏离题意的风险。

如:现代社会,人们往往想要摆脱焦虑,有人却说"焦虑是创造力的根基"。

上述材料中有两个论题,第一个论题是"现代社会,人们往往想要摆脱焦虑"。这个论题较难否定,如果一定要修正的话,就是"人们想要摆脱焦虑"并不是现代社会特有的,可以修正为"从古至今,人们往往想要摆脱焦虑"。不过这个修正对行文的意义不大，暂且跳过。第二个论题是"焦虑是创造力的根基"，这个表述欠妥，"焦虑"不应该是"根基"，否则的话，没有焦虑就没有创造力了，这显然与事实不符，因为自由状态的人最有创造力。我们可以把这句话修正为（或者说"有人"想要表达的意思其实是）"焦虑也可能激发出创造力"。

对于命题者提供的"焦虑是创造力的根基"这个"表述错误"的论题，我们不能集中火力对该论题的错误表述予以批判，而应揣摩其想要表达的意思，而后就修正后的论题展开论证。正如一位幼儿园小朋友问："爸爸，饭为什么要吃人啊？"这位爸爸一定不能说："什么饭吃人，你什么时候见过饭吃人啊？"这位爸爸应该会这样说："孩子，你问的是'人为什么要吃饭'吧？那是因为……"

又如：日常生活中，我们总是身处各种各样的"群"里，这些"群"对人们的生活和认识产生或大或小的影响。

这则材料中含有多个论题，论题①是"我们总是身处各种各样的'群'里"，论题②是"这些'群'对人们的生活和认识产生或大或小的影响"。很显然，论题②是核心论题，引导我们谈论"群"对人们的各种正负影响。而论题①是次要论题，这个次要论题的"总是"一词太过绝对，我们可以修正为"日常生活中，我们常常身处各种各样的'群'里"。这样的修正也是点到为止，因为它不是核心论题，不必重点阐述。

再如：史铁生在《务虚笔记》中写道："过去并未消失，而未来已经存在。"请将你对这句话的思考写成一篇800字左右的文章。题目自拟。

史铁生的这句话当然富有文学意味，硬要从逻辑上分析的话，是有值得修正的地方。毕竟，有的事物确实过去了就真的过去了，而有的"未来"至少在当下的世界里看不到一点端倪。不过史铁生想要表达的意思也是很明确的。

对此，我们可以在对不合理部分稍作修正的基础上，开展对其主体合理部分的阐述。

我们不否认过去的确实已经过去、未来者着实毫无征兆。你看渡渡鸟在以前的新西兰随处可见，但在其灭绝的二十年以后，人们便怀疑它是被人杜撰出的生物。它不但在物理上灭绝，而且在记忆里被抹除。（此段为对论题的修正）

但我们也决不能对"过去的尚未完全消失，未来的已经露出端倪"这一事实视而不见。古埃及的金字塔经过千年的洗礼，如今还坚挺在撒哈拉沙漠中；古已有之的横竖撇捺，现在仍然是中国汉字的重要组成部分；早已去世多年的鲁迅，依旧因为他内涵丰富的文章而常常被人提起。身处甜品店中，你会发现原始人对甜味的热爱仍然留在你的血脉里；抬头望着明月，古典诗人"江畔何人初见月，江月何年照初人"的悲伤之情也与你相连；早已没落的大清王朝尚有覆压数里的巍巍紫禁城映照着今日北京城的天空；早已远去的农耕种植、邻里和美仍然是城里陌生人的念想；柏林墙倒塌了，但墙的两边的路灯至今仍是不同的颜色；工业革命和启蒙运动早已过去，但他们的精神和成果仍然在影响一代又一代的人；即使在墙上打了一个钉子，拔去后仍然会有洞的存在。（此段为对"过去并未消失"的确认）

1895 年，清王朝的灭亡尚是将来时，但都察院门口数千民众的公车上书，已经用维新的思想召唤爱新觉罗氏的亡灵；2008 年 3 月，汶川大地震的惨烈亦是毫无征兆的将来时，但此时龙门山地震断裂带深处新增的一条细小裂缝，难道不能说是未来已来吗？（此段为对"未来已经到来"的确认）

理密・情真・文畅

第八章

基于说理逻辑的结构安排

第一节　单论题起承转合结构

　　"起承转合"本来是人们对我国古典诗歌结构形式的总结。很多绝句和律诗的四句或者四联,都非常切实地体现了起承转合的结构特点,我们不妨以几首诗为例,阐释起承转合的具体含义和核心特点。

一、起承转合的含义

　　在一首诗中,"起"即开头句;而"承"是承接起句,是"起"句的延续、延伸;"转"是转句,表明诗意的转折变换;"合"则是结句,往往有点明题旨、收束全诗的作用。比如孟浩然的诗《春晓》:"春眠不觉晓,处处闻啼鸟。夜来风雨声,花落知多少。"第一句是非常自然的开头,春天睡醒,不知不觉就天亮了,这是"起"。天亮了,是怎样一副情景呢?到处是鸟儿清脆的声音,是那种"百啭千声随意移,山花红紫树高低"的场景,非常美丽。这是承接起句,对首句提出的"春晓"进行了景象的具体阐释。可是接下来,作者不再继续写春天的美了,而是一句"夜来风雨声",这是诗意的转向,一场摧残春花的风雨来临,一点一点地侵蚀着这美丽的春天。从刚才的赞美春天,已经转向了怜惜春天,这就是"转"。最后的结句——"花落知多少",惜春的意味在这里展现无疑,是对全诗的总结,也就是合。

　　在这首诗起承转合的四个部分中,承和转之间是什么关系?春天的美丽和春花的凋谢是什么关系?首先它们是矛盾对立的关系,美丽的春天和凋谢的春花是相反的,爱春和惜春的感情是对立的。其次,它们又是互相联系的。为什么会惜春?正是这美好的春天不长久,才会倍感珍惜。总体而言,承和转是互相矛盾对立但又互相联系的。因为有了承和转,诗的内容融合了爱春和伤春,内涵变得更丰富。

二、起承转合结构对议论文写作的适用性

从上面的例子中,我们看到了起承转合结构形式中,最为显著的特点:这一结构展示了互相对立的两个方面。这种对立,可以是情感的对立,也可以是情节的转向,还可能是观点的冲突。正因为如此,这一结构形式就具备了广泛的适用范围,既适合抒情性诗歌(情感对立),也适合叙事性记叙文(情节转向),还适合说理性议论文(观点冲突)。

一些思辨性高考作文,特别适合运用起承转合的结构形式。例如:"一切都会过去与一切都不会过去""舍弃微光与利用微光""重要的事与更重要的事""穿越的自由与不自由""坚硬的东西与柔软的东西"。

这些对立的命题,没有全对全错之说,它们在某种条件下都是成立的,是合理的,在另一种条件下,又是有不足之处的。比如"重要的事"与"更重要的事",假如把"重要的事"定义为柴米油盐的生活之事,把"更重要的事"定义为家国天下之事,很显然,柴米油盐的生活之事在维持生活、保全生命的角度是重要的,可以说是一切的前提和基础,但仅限于此就显得烟火气太浓了。家国天下之事作为大局之事,固然是极其重要的,但为国家而全然不顾小家,显然不符合现代人的价值诉求。也就是说,这些对立而各有合理性的概念,不适合单方面批驳或者单方面倡导,必须两方面都得到关照。而起承转合的结构形式由于能容纳互相冲突的观点,正好符合这样的内容要求。

一些不直接呈现对立的作文题,其内里仍有对立之处,如"评析'评价他人的生活'""评析'预测'""评析'被需要'"这种现象评析类作文题。这种现象评析类作文题并没有减少对思辨的要求。因为这些现象都不是个别现象,不是只有对或者只有错的现象,而是类现象,既包含合理的部分,又包含不合理的部分。比如评价他人的生活,有其积极的一面(如监督督促作用),也有消极的一面(如侵犯私域)。也就是说,现象评析类作文题所包含的对立面是隐性的,其思辨的要求是更高的。而起承转合结构的使用,有利于引导同学们主动从两个对立面来思考这种现象评析类问题。

总而言之,起承转合结构适用于探讨一件事情的正反两面,可以在论述一件事情的合理性的同时,指出它的负面影响,从而做到思考的辩证性。

三、起承转合结构运用的实例

作文题(一)

随着国门打开,经济发展和文化交流的不断增强,现代生活方式层出不穷;传统生活方式面临种种挑战,人们处于难以抉择的境地。请对"传统生活方式面临挑战"的现象谈谈你的看法。

"传统生活方式面临挑战"这一现象下包含着许多对立面,比如陌生人社会模式挑战熟人社会的人际关系,熟人互助(邻里帮忙)的模式被商业化(购买服务)模式取代,安土重迁的居住方式被四海为家的移民模式冲击,以家长为中心的家庭结构被子女中心取代,等等。单纯地怀旧不符合社会发展趋势,一味地颂新也不符合现代社会转型时期问题层出的事实,采用起承转合的结构形式,对利弊进行分类讨论,才是较为辩证地看待问题的方式。为此,有同学列出了如下写作提纲。

起:这个世界永远在惩罚那些一成不变的人。
承:时代转变是必然的,传统迭代,我们首先应适应被动改变。
转:然而,迷信多元改变同样危险。
合:让时代产生的毛病在时代的迭代中解决。

作文题(二)

斯蒂芬·霍金在新浪网开通微博……此后不到一天时间,他的粉丝量突破了 200 万,评论、转发和点赞数达数百万。由此,霍金也成了"网红"。

"霍金也'网红'"引发了你怎样的思考?

霍金成为网红,有积极的一面(利于科普、推崇人才等),也有消极的一面(盲目跟风、追逐热点等),为此,我们以《"霍金热"可喜亦可忧》为题,列提纲如下。

起:对"霍金热"的种种表现表示赞叹。

承:霍金热的可喜之处分析(①体现国人对科学的重视;②体现国人对霍金崇高意志品质的尊重;③霍金热会带来科普价值)。

转:然而,霍金热可能只是病态的发烧(①盲目跟风,仅仅关注没有后文;②类似的"热"事件并没有展现出更高的社会价值)。

合:希望"霍金热"会化为"科学热"。

作文题(三)

预测,是指预先推测。生活充满变数,有的人乐于接受对生活的预测,有的人则不以为然。

这则作文题明确指出"预测"具有两面性,有为人接受的一面,也有为人所不认可的一面。为此,我们可以用起承转合的结构形式,以一部分篇幅论述预测的必要性,再用一部分篇幅论述预测的不可靠性。试看如下写作提纲。

起:有人嘲讽预测者"杞人忧天"或"杯弓蛇影"(现象列举)。

承:嘲讽的原因分析(①认为不可预测,预测是徒劳;②认为不可改变结果,预测徒增烦恼……)。

转:然而,盲目拒绝预测是危险的,必须接受科学预测。

必须接受预测的原因分析(①世界更加多变;②预测能力愈发成熟;③即使不能积极改变,也可做到消极防范)。

合：勿以部分预测无用而不去预测，何况很多预测是有用的。

这则提纲中，起承部分是对预测不以为然的描述和分析，转的部分则着重于对预测的必要性分析，合的部分总结全文。

[例文]

偷得浮生半日闲

陈昕怡

浮生倥偬，生活有太多变数，我们无从知晓，或喜或悲，或甜或苦。而总有人愿意接受对生活的预测。

乐于接受预测确实能够更有准备地去面对未来的生活。一如热播剧《欢乐颂》中的安迪，深知自己家族有精神病遗传基因，她看到自己弟弟的现状，预测自己未来也会有不知人事的那一天，于是她充分准备了资产并将其交付于可信之人，以保证自己和弟弟能够得到最好的治疗。又如刚考完试的莘莘学子，走出教室，便围成一团，拿起试卷，在其上指指点点，众说纷纭，得知自己答案正确便开始心生喜悦，得知自己答案错误也不免惆怅不喜，而这都是为了让自己在得知成绩前能够安心。再如战场上足智多谋的将领，根据敌军逃亡时凌乱的车轮印迹，敌军倒地的军旗，知其早已败北，此时追击便可大获全胜。这些人的预测为求生活无忧，为求勇敢面对生活，为求决心追求成功。

然，只有按照预先推测来生活，才是最好的选择吗？不，所谓"偷得浮生半日闲"，即便没有预测，生活也一样精彩纷呈。沈复和芸娘与憨园女相交时，真诚相待，从未想及此后她会如此薄情寡义，弃之而去，而之前的那段时光，却是芸娘此生最欢乐的时日。就连生活苦不堪言的樊胜美都会说一句"让我好好地高兴三天"。这样的不顾未来，只求一时欢愉是何等尽兴。洛夫说："花凋了呢？爱它的翠叶田田。叶残了呢？听打在上面的雨声呀！"正是这不需预测的人生，才觉得这不期而至的美是多么动人啊!

许多人会把"偷得浮生半日闲"当作消极的人生观。其实它内蕴的是善良,所以才会对别人不加防备,交之以心。是心无杂念,所以只要享一时之乐便足矣;是生活艰难,所以才会"人生得意须尽欢"。然而,苦乐自当,不管未来是苦是甜,只要尽情享受了当下,未来怎样,谁也不会后悔自己曾经快乐过!

月圆是画,月缺是诗。乐于接受预测生活固然能够使生活过得较为安稳,可是不去考虑未来的生活会是如何,"偷得浮生半日闲"的人生也一样十分美好!

[评析]

这篇作文提到"乐于接受预测确实能够更有准备地去面对未来的生活",但即便"没有预测,生活也一样精彩纷呈"。作者在起承转合中,呈现了这一组对立的观点,结构清晰明朗。

第二节 双论题起承转合结构

顾名思义,双论题起承转合主要用于两个论题的作文题。由于每一个论题都有从正负两面进行分析的可能性,双论题就需要从四个方面进行分析,这显然是单个起承转合所不能容纳的。此时,我们需要将两套起承转合结构融合在一起,构成双论题起承转合结构。

一、双论题起承转合结构概说

双论题起承转合结构中的两个论题各有一套起承转合结构,二者在开头、中间、结尾三个环节中是融合的。其结构模型如下。

论题一	一起(可兼总起)
	一承
	一转
论题二	一合兼二起
	二承
	二转
	二合兼总合

在这种结构模型中,需要重点考虑的是二者的对接点(一合兼二起)和全文的收束点(二合兼总合)。缺少这两点的巧妙设计,就只能是两套结构的简单叠加,而非有机整合。

我们先看一个双论题的作文结构样例。

有人说,我们现在标准化太多而个性化太少,对此你怎么看?

这个作文题的两个论题是"评析标准化"和"评析个性化",当然也可以论述"现在"这个时代"标准化太多而个性化太少"的原因,不过重点是对"标准化"和"个性化"作利弊分析。因此,可以将略写部分安排在作文开头的一起兼总起板块,即以事例印证这种现象的存在,并简要点明这种现象存在的原因。将需重点展开的利弊分析放在后续的承转环节。

一起兼总起:因为……(简要原因分析),标准化太多而个性化太少的情况普遍存在(以事实印证)。

一承:诚然,标准化有其正面价值。

一转:但是,标准化的负面作用不容忽视。

一合兼二起:因此,我们呼唤个性化。

二承:个性化方可实现的正面价值。

二转:当然,个性化的负面作用也存在。

总合:何时何地标准化,何时何地个性化(分类讨论)。

在上述结构中,一合兼二起是通过对"标准化"的负面分析自然推导出对"个性化"的呼唤,既然是呼唤"个性化",那紧接着的二承环节就要分析"个性化"的正面价值。当全文基本完成对"标准化"和"个性化"的价值分析之后,以分类讨论的形式实现对全文的收束。在这个结构中,"诚然""但是""因此""当然"这四个关联词也值得关注,它们不仅勾连起了跌宕起伏、曲折生变的作文骨架,也折射出详略安排。因为这篇文章总体而言是呼唤个性化的,所以对"标准化"的正面价值和"个性化"的负面价值的分析属于略写,对应的是让步类关联词"诚然"和补充类关联词"当然"。

二、双论题起承转合结构的两个关注点

（一）双论题的对接点（一合兼二起）

拥有双论题的作文题往往是由两组对立概念或观点组成，对立的概念与观点间一般具有互补关系。二者各有正负价值，一方的负面价值需要另一方的正面价值作补充，因此两个对立概念或观点的对接点就是：一方在占据优势地位且生发出负面价值的时候，便会呼唤对立方的出现，以对立方的正面价值来弥补前者的不足、危害。所以双论题的对接一般用前一论题的负面分析对接后一论题的正面分析。

（二）双论题的收束点（总合）

双论题的收束出现在文章的结尾，因此双论题的收束点也就是文章的结尾。当两个矛盾、对立的论题各有正负价值时，我们必须进行取舍。取舍的方式不能是"有时候前者""有时候后者"，这样含混的表达无助于读者解决论题的对立，无助于读者进行明确的选择。为了避免选择上的模棱两可，有的作者便采用选边站的方式来表示自己立场坚定而非摇摆的骑墙派。但选边站的方式往往难以使人信服，因为两个对立的概念和观点一般不是善恶对立、是非对立、真伪对立，而只是方式、路径的对立。在这种对立中，没有哪种方式或路径是可以全盘否定的。因此，我们需要用到基于分类讨论的收束方式。具体包括以下这些。

（1）以基于定义的分类讨论收束全文。如：面对无关全局、无关事业成败的细节，或可淡然处之；面对事关全局性事业成败的细节，必须谨慎待之。

（2）以基于现实的分类讨论收束全文。如：若问我在"张"与"弛"之间如何选择，那我认为，在全民"内卷"、学生忙于学业假期没空探望祖辈、年轻夫妇陷入"非升即走"的漩涡而不敢生儿育女的时代，我们旗帜鲜明地主张让更多的"弛"进入我们的生活。

（3）在分类讨论的基础上，以展望理想或展现"灾难"的方式收束全

文。即在对两难选择开展分类讨论后,展现作出分类讨论式选择后会呈现的美好状态,或不能作出这种选择的恶果。如:唯有对无关全局成败的外在细节淡然处之,对事关大局的细节谨慎待之,我们才能既保事业之成,又得生活之适。相反,对所有细节一概忽视者必定寸步难行,对所有细节全都重视者,难免背负太重。

三、双论题起承转合结构运用实例

作文题(一)

生活中,大家往往努力做自认为重要的事情,但世界上似乎还有更重要的事情。这种现象普遍存在,人们对此的思考也不尽相同。

在这道作文题中,有"做自认为重要的事"和"做更重要的事"两个论题。对于"做自认为重要的事"这个论题,可以进行合理性与危害性两面分析,这里需要一套起承转合。对"做更重要的事"这个论题,可以进行价值高贵性分析和现实困难性分析,也需要一套起承转合。两套起承转合的对接点和收束点是将两个论题有机融合在一起的关键。其提纲如下。

一起兼总起:人们确实忙于重要的事而忽视了更重要的事(以事实印证)。

一承:之所以如此,是忙于自认为重要的事有其无奈的理由,有其良善的动机(陈述具体的理由与动机);也会带来一些好处(具体陈述好处,与前文形成递进关系)。

一转:但也会带来一些负面影响,甚至会带来灾难(递进关系)。

一合兼二起:因此,我们还要关注更重要的事。

二承:这样才能获得什么好处(具体列出),才能避免什么灾难(具体列出)。

二转:当然(或不过,此处不用但是),关注更重要的事也要注意避免什么(列出负面影响)。

二合兼总合:幸运的是,重要的事和更重要的事并非二选一的单选题,处理好真正重要的事,摒弃自认为重要实则不重要的事,腾出精力从事更重要的事,方可达到某种理想的状态(列出理想状态)。

作文题(二)

梁漱溟先生常用"人格上不轻易怀疑别人,见识上不过于相信自己"自勉而勉人。请写一篇文章,谈谈你对这句话的认识和思考。

这道作文题蕴含两个论题:在人格上轻易怀疑别人是不对的,见识上过于相信自己是不对的。由于这两个论题是由观点组成的,而观点常常是可以否定、补充、修正的,在对这两个观点进行修正、补充之后,可以得出两对观点。

论题一:轻易怀疑别人	① 人格上轻易怀疑别人是不对的
	② 人格上轻易怀疑别人是可以理解的
论题二:过于相信自己	① 见识上过于相信自己是不对的
	② 见识上过于相信自己是可以理解的

两个论题下的两对论点都形成了对立关系,因此适用双论题起承转合结构,其提纲如下。

一起:有人老是怀疑别人的人格(列出印证事例,定义"人格",指出怀疑别人人格的实质含义)。

一承(弱、略写):这种行为有其可以谅解的动机,有其难以避免的诱因。

一转(强、详写):但不可否认,这种行为本可避免(如果认同人有"四心")。

且这种行为必招祸害(优越感、偏见,对环境塑造作用的忽视)。

究其本质,这种行为是源于自我服务偏差。

一合兼二起：这种自我服务偏差的另一个表现就是见识上过于相信自己。

二承（强、详写）：这会招致更进一步的恶果（如达克效应、自傲与傲人等）。

二转（弱、略写）：除非它是一种弱者的心理救赎。

二合兼总合：可见，轻易怀疑别人的人格和过于相信自己是一根毒藤上结出的两朵颜色迥异的恶之花。这两朵花盛开之时，正是个体精神失态之日。

在这个提纲中，我们可以发现怀疑别人和相信自己这两个行为有着共同的根源，是"二中有一"的辩证思维的贴切样例，所以我们可以在结尾处以发现"联系"的方式收束全文。

第三节　主客问答式作文结构

在古代赋体散文中有一种主客问答体,如苏轼的《赤壁赋》、欧阳修的《秋声赋》,这种散文有很强的议论性特征。议论难免辩驳,辩驳就会有论辩双方。在"主客问答"模式中,常先展示"客"(可以是虚拟的)对某事物所持有的某一观点,这种观点有合理性,然后"主"对"客"的观点进行分析、反驳,并顺势提出自己的观点。最后"客"被说服,或者"客"保持沉默。这就是"抑客伸主"——贬抑"客"的观点,伸张"主"的观点。现以《赤壁赋》和《秋声赋》为例分析主客问答体的结构。

序	结构框架	《赤壁赋》	《秋声赋》
1	展示论争的源起	游赤壁、览古迹	听到风声
2	"客"表达观点	客(吹洞箫者)因生命短暂而悲伤	客(童子)对声音无感
3	"主"辩驳客的观点,并提出自己的观点	主(作者)劝诫不要悲伤,不要奢望不该得的,享受能得的	主(作者)认为风声意蕴丰富,并发表看法
4	"客"表示赞同、被说服、附和或者沉默	客(吹洞箫者)表示认同(客喜而笑)	客(童子)沉默无感(垂头而睡)

这种结构本身是起承转合结构的变体。主客双方是起承转合结构中的观点对立方,虽然"客"是被贬抑的,但"客"的观点也有了表达的机会。这就完全不同于只表达自己观点的"偏见式"文章,自然就有了思辨色彩。

"客"可以是真实的,也可以是虚拟的,这就实际上运用了"引入虚拟论敌"的方法。将虚拟"论敌"的观点尽数展现,再一一辩驳,这有利于提升写作的思维层次和深度。

由于"主客问答体"有"抑客伸主"的特点，这里的"抑"可以是补充、修正，可以是反驳，也可以是批判。当客自以为有理，实则大错时，可以用批判的态度对待"客"，这有助于为文章注入较强的情感力量。

在《赤壁赋》和《秋声赋》中，主客之间只呈现了一轮辩答，即只有"客"提出一个观点，"主"进行一次辩答。实际上也可根据需要实现主客之间的多轮交锋。即在"主"完成对"客"的一轮辩答后，还可以让"客"继续提出质疑，由主进行第二轮辩答。这样双方能进行层次更为丰富的交流，对议题作深度探讨。

在主客问答的结尾，"客"的最后态度可以是赞同、附和"主"，也可以是对"主"保持沉默。这种沉默又包括不能理解的沉默和不能赞同但保留意见的沉默。这几种结尾方式各有趣味。"客"赞同"主"的趣味在于问题得到了解决，"客"附和"主"的趣味在于进一步展示持有"主"的观点可带来的效益。"客"保持沉默（不能理解的沉默）的趣味在于呈现"主"的思想、情怀孤独感，即作者持有某种"俗世"所不能认同的思想或情怀，从而陷入悲情之中。而"客"以保留意见的方式保持沉默，则给"主"的观点留下进一步探讨的空间，显示出议题的深邃，使文章有一种意蕴开放的样态，也显示出作者虚怀若谷、继续探讨的姿态。

作文题（一）

生活中，大家往往努力做自认为重要的事情，但世界上似乎还有更重要的事情。这种现象普遍存在，人们对此的思考也不尽相同。

这道作文题已经在"双论题起承转合"中呈现过，在这里再次使用，是为了表明主客问答体与起承转合体有内在逻辑上的一致性，另一方面也是为了呈现主客问答体可以安排主与客的多轮交锋。

展示论争的源起（一起）：人们往往努力做自己认为重要的事情，可忧可叹。

"客"表达观点(一承)：忙于自认为重要的事，自有其理由，也会带来一些好处。

"主"驳论(一转)：难道看不出这会带来一些负面影响，甚至会带来灾难？

"主"提议(一合)：因此，我们还要关注更重要的事。

"主"论辩(二承)：关注更重要的事才能获得某种价值，才能避免上述灾难。

"客"疑问(二转)：关注更重要的事不也会发生偏差吗？

"主"补充(二合)：当然，关注更重要的事也要注意避免什么。

"客"附和(总合)：如此这般，可臻完善。

作文题(二)

我们总是执着于求之不得的东西，而真正影响一个人的，或许是那些已经到手的东西？

这道作文题有两个论题：评析"执着于求之不得的东西"这一思想行为，评析"关注已经到手的东西"。按照常识，这里的评析主要是对"执着于求之不得的东西"作负面分析，对"关注已经到手的东西"作正面分析。但是"虚拟论敌"可能认为，对"执着于求之不得的东西"和"关注已经到手的东西"都可以作正面分析。这样就可以让"虚拟论敌"以"客"的身份出现。

源起：我们总是执着于求之不得的东西，而未关注已经到手的东西(呈现事实)。我问执着者："你怎么看？"

执着者：执着于求之不得的东西很正常，也很有价值。

我：你所说的正面影响只限定在一定范围内。实际情况是，在更多场景下，求之不得的东西更会有负面影响，且这些场景是主流场景。

我：因此，要关注已经到手的。这样更现实，更有利。

执着者：可是，关注已经到手的东西也会走向偏差、产生遗憾啊。

我：善哉。这正是我想说的，我们要把它限定在某个范围内，这样才不会陷入求之不得的困境，才能走出已经到手的逸境。

在这个实例中，将"主"以"我"的形式呈现，将"客"以"执着于求之不得者"的形式呈现。

作文题(三)

将方正与圆融的性格集于一身是否会使人形成两面性？

这个作文题以选择疑问句的形式呈现。从表面上看，"将方正与圆融的性格集于一身"会给人一种"两面性"的观感，但实质上，方正与圆融是对待不同人和事的不同处理方式，二者是可以融合在一个人身上的，这样的性格不能被称为两面性人格，毕竟"两面性"指的是表里不一、内心不纯。我们可以用父子对话的方式经营全文。

方正圆融两面说

子虚少年放学归，怅怅然若有惑于心，低头默坐书房，其母以珍馐满桌召之而不食。

家人忧而问之，则曰："同学有欲抄我作业者，吾拒之、斥之，以方正待之，何如？"

其父曰："可。"

又曰："同学有智浅而自卑者，吾以善意之谎、圆融之语励之，何如？"

其父曰："善哉！"

"然则二者皆为同学，一以方正待之，一以圆融处之，吾岂为两面性之人乎？"其父释然笑，举手招之曰："吾儿，前来，此事易知也。"

"吾儿可知何谓两面性？两面者，形也。延陵季子挂剑徐君墓，方正之至也；司马子长忍辱偷苟活，圆融之极也。或以方正之行循己显懿德，或以圆融之术存身传大道,季札史迁,其形异而质同。吾子于恶端则行方正,于非恶则行圆融,其所求者在于存道,在于求善,则两面性之讥于子何有哉?"

子虚少年若有所悟,举头又问曰:"然则世上本无两面之人乎?"

其父曰:"唯唯,否否,不然。夫贪墨之徒人前以清廉、克己等方正之豪言自售,人后以谄媚、机巧等圆融之术欺人;人有求于彼,则示之以铁面无私之方正,彼有求于人,则求宽贷宥恕之圆融,此皆两面性之徒也。然迹绪其由,彼其人乃真方正真圆融耶? 非也! 奸诈者行方正,欲以方正桎梏人,其方正者,形也,伪也;谄佞行圆融,欲以圆融惑人,其圆融者,形也,诈也。"

"要之,以道为归,唯善是求,则方正圆融,形虽两面而其质一也;以利为旨,唯利是图,则方正圆融,善恶表里,世人所共弃也。吾子但求无亏于道,无愧于心,则方正圆融,随心而为,从心所欲而合乎道,何有两面性之虞哉?"

子虚少年恍然悟,喜执箸而啖,顷刻盘碟见底,满意而乐。

第四节　劝说类说理作文结构

我们所写的文章,有的是写给自己的私语性日记、随感,有的是声张权益、痛斥仇敌的战斗类杂文,有的是给人提供信息的参考资料,有的是欲改变别人观点甚至改变他人行为的劝说性文章。

劝说性表达在生活中很常见:班主任找学生谈话、各级公司发布广告、相关机构发表倡议书、商场导购推销产品……这些都是劝说——让"读者(听众)"接受观点并改变行为。

劝说性的作文也很常见,比如要诚信,要坚持,要懂得取舍,要谦虚,要宽容,要学会尊重;要抓住心灵的微光,要坚硬也要柔软,要理性评价他人的生活,要谨慎看待"被需要"……所有给予读者以行为指导性的主题,都可以定位为劝说类文章。

这类作文的说理逻辑和结构大体是这样的。

一、明确读者

读者因主题而定。我们不妨假设自己是心理医生、调解员,当我们试图去说服别人的时候,我们要重点考虑所劝说的对象持有什么观点,存在什么问题。比如以"要成功,应先沉潜蓄势、积累力量"为主题写作文,此时的劝说针对的是那些急于成功不愿坐冷板凳、拔苗助长的人,面对失败心灰意冷、自暴自弃的人,以及渴望成功而又不愿做出牺牲的人。也就是说,劝说体作文的劝说对象(读者)应该是在思想行为上与劝导主旨背离的人。主旨是鼓励宽容,读者就可定位为"睚眦必报"者;主旨是倡导尊重,读者就可定位为"自以为是"者。

二、指出"症状"

确定读者以后,接下来考虑如何去说服这类人。江湖上有些算命先生和游医总能让一些人心服口服,心甘情愿花钱消灾。其行为动机虽不值一哂,但他们的言语符合人们的接受心理,这一点是毋庸置疑的。算命者一般会先匪夷所思地说出一些关于你的细节,让你信以为神,接下来说你将有什么灾祸,让你恐惧万分,最后提出解决办法,让你任其摆布。江湖游医则一般借助把脉或其他方法,便能说出患者的症状,让患者心服口服,接下来分析为什么会有这些症状,让你知其所以然,最后给你开出药方,提出治疗方法。不管算命者如何蛊惑人心,黠游医如何传奇,他们都有一个共同点:以指出对方存在的问题作为对话的开始。

行文之初便说出读者的症状和隐痛,最能吸引读者的兴趣,也能初步取得读者的信服。一篇以"不要因感情的亲疏而影响对事物的认识"为主题的劝说类作文,是这样展开"症状"描述段落的。

有人因喜爱北国的皑皑白雪而对南国的椰树海风不屑一顾,有人因沉迷于江南的小桥流水、青瓦白墙而否定西北"大漠孤烟直,长河落日圆"的美,有人会介意林黛玉"使性子"而不看经典名著《红楼梦》,有人会钟情流行风而厌烦"沉闷乏味"的古典音乐……面对大千世界,感情上的亲疏远近、喜好憎恶往往会影响到个人对人、对事的看法。

这种对症状的列举,也能使读者有初步的羞愧感,为最后的说服奠定基础。

三、列出危害

准确地列出症状,一方面能吸引"读者"继续倾听的兴趣,另一方面能让"读者"信服——"说得挺准,看来有水平"。此时读者的心理一般是——"你说得很对,我是有这方面的问题,那怎么办呢?"作为劝说者,不必急于推销自己的解决办法。为了使自己的话更有说服力，还得"卖个关子"，趁热打铁，列出上述症状进一步发展会造成的危害，以期加剧"读者"的危机感和解决问题的紧迫感。鲁迅在《拿来主义》一文中，就描述了"送去主义"的危害。

尼采就自诩过他是太阳，光热无穷，只是给与，不想取得。然而尼采究竟不是太阳，他发了疯。中国也不是，虽然有人说，掘起地下的煤来，就足够全世界几百年之用，但是，几百年之后呢？几百年之后，我们当然是化为魂灵，或上天堂，或落了地狱，但我们的子孙是在的，所以还应该给他们留下一点礼品。要不然，则当佳节大典之际，他们拿不出东西来，只好磕头贺喜，讨一点残羹冷炙做奖赏。

尤其是"他们拿不出东西来，只好磕头贺喜，讨一点残羹冷炙做奖赏"一句，切中"送去主义"者的痛处，发人深思。又比如在《谏太宗十思疏》里，魏征论及"纵情傲物"的危害："虽董之以严刑，震之以威怒，终苟免而不怀仁，貌恭而不心服。怨不在大，可畏惟人；载舟覆舟，所宜深慎。"也可以说是振聋发聩，很有说服力。鲁迅写"送去主义"的危害，为下文提"拿来主义"的方法蓄势；魏征说"纵情傲物"的危害，为下文提出"十思十戒"的办法张本。

四、分析原因

罗伯特·B·西奥迪尼在《影响力》一书中提到，当我们请别人帮忙时，如果能够讲出一个理由，那我们得到别人帮助的可能性就更大。原因很简单，人们就是喜欢为自己所做的事找一个理由。同样的一个关于插队的请求，因为加了"我有急事"这个原因，请求被支持的几率就增加了34％。因此，要想劝说别人，肯定要说出原因，否则让人莫名其妙。

虽说给人指出某种行为的危害，已经算是指出了停止某种行为的原因，但仅仅这样还不够。因为行为和危害之间可能只是时间的先后关系，或者某种危害只是某种行为的偶发性结果，我们必须向读者指明行为和危害之间的必然性因果关系，才能使人信服。如果你劝人说"不要饮用家庭自酿葡萄酒"，听者必定不以为然，再加上一条危害"我的一个朋友喝了自制葡萄酒第二天就住院了"，听者势必将信将疑。如果再加上原因分析："葡萄在发酵过程中，既会产生乙醇也会产生甲醇，家庭酿制不可能有工业化生产的甲醇去除工艺，因此有甲醇中毒的风险。"此时的听者接受劝说的可能性就大大增加了。

《红楼梦》里也有这样的例子。

这里宝玉又说："不必温暖了，我只爱吃冷的。"薛姨妈忙道："这可使不得，吃了冷酒，写字手打飐儿。"宝钗笑道："宝兄弟，亏你每日家杂学旁收的，难道就不知道酒性最热，若热吃下去，发散的就快；若冷吃下去，便凝结在内，以五脏去暖他，岂不受害？从此还不快不要吃那冷的了。"宝玉听这话有情理，便放下冷酒，命人暖来方饮。

在以上的《红楼梦》选段中，大家劝贾宝玉不要喝冷酒。薛姨妈说的是危害——写字手打飐儿，薛宝钗进而分析了原因，增强了说服力。贾宝玉觉得"有情理"，就听从了。

当然这里的分析原因，不只是分析产生危害的原因，还可以分析不当行为产生的前提和动机性原因。比如：你别去吃饭了，你吃饭不就是为了饱肚子吗？我这里有方便面，不但管饱，而且美味，还不用跑食堂。

抓准了前提和动机，能更好地说服人。在上例中，如果对方去食堂吃饭的动机性原因不是"饱肚子"，而是趁机在食堂见一个人。显然，"吃方便面"的建议是不能被接受的。

五、提出办法

通常情况下，中学生作文不以提出解决办法为主要内容，"怎么办"部分不占主要篇幅。其实大部分时候，劝说的主题本身就是一条解决的办法。因为劝说就是劝人做什么事,或者劝人不做什么事,去做或者不去做,本身就是解决办法。

当然,只说做与不做,还比较抽象。如果能将其细化为一两条具体的操作性建议,会使文章内容更丰富。比如鲁迅在主张"拿来"之余,还提及取精华弃糟粕的建议,或者是将建议的启动条件明确化。比如"有时候要注重细节,有时候要忽视细节"这样的建议就可以明确为"当细节是事件链条中的一环时,要特别注重细节;当某一细节与从事的事业没有直接相关时,可以忽视它"。

六、展望效果

趋利避害是人的本性,是人类得以进化延续的基础。不管是劝人做某事还是不做某事,目的都是躲避祸害与追求利益。仅仅以危害来警示人还不够让人意志坚定,只是提出解决办法也不能让人切实去执行,如果在此基础上再告诉读者,这样做或者不这样做的好处,更能使读者的心理天平进一步向作者倾斜。

效果以列举的方式展现。如《谏太宗十思疏》的结尾就列举了一幅"垂拱而治"的画面。

> 总此十思,弘兹九德,简能而任之,择善而从之,则智者尽其谋,勇者竭其力,仁者播其惠,信者效其忠。文武争驰,在君无事,可以尽豫游之乐,可以养松、乔之寿,鸣琴垂拱,不言而化。何必劳神苦思,代下司职,役聪明之耳目,亏无为之大道哉!

魏征的意思很清楚:按照"我"的建议去做,可以使各种人才发挥他们的价值,而帝王自己可以垂衣拱手,安逸养神。这样的效果展现,确实有吸引力。

除了用预期效果来激发对方的信心外,肯定对方的能力,弱化改变的难度,也可以给被劝者以改变的信心。"你是我们班最厉害的同学,你都做不到还有谁能做到呢?"这是肯定对方能力。"其实也就那么回事,没有想象中那么难",这是弱化改变的难度。如此种种,都是我们常用的或者常听到的劝说方法。

七、打消顾虑

被劝说者迄今没有采取相关行动,还可能是因为道理虽懂,但仍有顾虑和误解。这种顾虑可能是担心某种危害发生、担心自己不能做到,等等。在这种情况下,劝说者或者告诉对方,按照劝说意见行事不会发生所担心的危害;或者承认如此行事确有副作用,但比现有的危害要小很多,两害相权可取其轻;或者明确表示,作者所给予的建议并不是读者所理解的负面建议。如李密《陈情表》所述:"且臣少仕伪朝,历职郎署,本图宦达,不矜名节。今臣亡国贱俘,至微至陋,过蒙拔擢,宠命优渥,岂敢盘桓,有所希冀。"李密直陈自己并非不懂自己亡国之臣的身份,并非没有感受到官府催促的急切,也不是想沽名钓誉以矜名节,以此来打消晋武帝的顾虑,听取他暂不任官的建议。

以上关于劝说类作文的七步策略中,第一步是构思策略,不必写进作文,后续六步——指出症状、列出危害、分析原因、提出办法、展望效果、打消顾虑——也不必面面俱到,择其五六个环节即可。以此构建的劝说体作文,必将结构清晰,思路严谨,言之有物,掷地有声。

理密·情真·文畅

第九章

从议题到提纲

第一节　审题六思

前面八章的论述为写作的审题构思奠定了方法论的基础。面对一道作文题,我们可以依次经过六个步骤展开思考,最终下笔行文形成结构框架。

一、提取论题

提取论题和平常采用的先读题再圈画关键词的方法不同。读题后立即圈画关键词会让人将注意力聚焦于关键词而忽略议题中的其他信息,这有极大的偏离题意的风险。关键词是以动词、形容词、名词、副词等构成的,而我们强调的论题则是以句子形式呈现的。常见的论题有:对行为现象作出评析,对性质判断、因果判断、假言判断等作出阐释、证明或证伪。

二、对论题作出反驳否定、修正补充

这对注重思辨的作文题来说尤其重要。反驳、否定、修正、补充的内容包括:事实的存现与否、事实存现的范围、性质判断的对错、因果判断的必然性与偶然性、假言判断的合理性、推理的合逻辑性等。需要注意的是,原论题和反驳否定后得到的新论题都是行文中要论及的,而补充、修正则重在论述修补后的新论题。

三、确定论题的类型与论证方法

在这一步,需要将原论题和因反驳否定而形成的新论题摆放在一起,将不必修正的原论题和修正补充后的新论题摆放在一起,然后确定每一个论题的类型及其论证方法。如前所述,主要论题类型有事实评判、因果判断、性质判断、假言判断等,而主要论证方法有 MACE 分析法、因果链构建法、定义释证法、推理验证法等。

四、辩证检验

辩证不是作文后部的独立一段,不是贴敷在作文上的万能狗皮药膏,而是与思维融合在一起,体现在作文字里行间的内容。其实上面三个环节就已经体现了辩证思维的内容,并融合了辩证思考方法的运用。这里的辩证检验是指找出在上述环节之外,还有没有应当用到而未用到的辩证思维方法。辩证检验的主要内容有:有没有发现单一的概念有多重特征、含义,有没有发现对立概念间的共同性、联系点、转化点,有没有找到矛盾争议处的分类点。

五、发现论题的现实指向

我们所说的现实指向不是庸俗的、套路化的所谓"联系现实"。联系现实固然是不错的,只是那种套路化的作文结尾联系现实往往是生硬的、重复的或者脱节的。当我们的作文分析的是现实问题,运用的是现实实例,那处处皆是联系现实,而不是结尾补丁式联系现实。论题的现实指向在命题者、说话人提供的论题背后,有没有隐藏着说话人的忧虑、担心、欣喜等情感,在看似客观陈述事实的背后,说话人是否存在偏见、偏差,在命题者、说话人理性发表观点的背后,有没有可能暗地里指向某个社会现实(尤其是时弊)。这些发现将为后续的行文结构和行文情感服务。

六、厘清观点间的关系,确定结构,形成提纲

经过上述五个环节,我们已经就一道作文题形成了许多观点,现在需要将这些零碎的观点有序排列,从而形成一个顺畅、完整的说理链条。这个说理链条是由每段话的核心段意构成的"短作文",通过这个"短作文",基本上可以完整地展示我们的主要观点和整体情感。文章的结构随理随情而定,没有固定的模式,可参考第九章列举的几种基于说理逻辑的结构形式。

第二节　审题构思整体演练

作文题一

有人说:"每个人都是一粒尘埃";有人说:"每个人都是一个宇宙"。

(一) 提取论题

① 每个人都是一粒尘埃。

② 每个人都是一个宇宙。

(二) 对论题作出反驳否定、修正补充

① 并非每个人从每个角度看都是尘埃。

② 并非每个人从每个角度看都必然是宇宙。

(三) 确定论题的类型与论证方法

论题类型:性质判断。

论证方法:定义释证法。

关键词定义如下。

(1) 尘埃。"尘埃"一词从外延上看可分为单粒的尘埃和群聚的尘埃。以下着重指向单粒的尘埃的内涵特征。

① 渺小的(力量小,影响小),被左右、被决定,对他人和世界的影响

极小。

② 价值微小不足道,即使有用也不被重视,常被淹没、被忽视。

③ 轻微的甚至卑微的,脆弱的,被践踏、踩躏。

单一性、个体性(一粒)。

群聚性(有大影响,不能刻意把尘埃分割成个体微粒)。

(2) 宇宙。宇宙的内涵性特征可以包括以下这些。

① 有完整性:一个完整的各要素有机结合的整体。

② 有无限性:丰盈的动力,无限的可能······

③ 有对内部要素的容纳特征。

④ 有丰富性:无尽的谜团。

⑤ 有变化性(考虑到这个特征与"尘埃"的对立性不强,可含去)。

(3) 每个人。从外延上看,每个人可有多种分类。男人、女人,圣人、庸人,斜杠青年、三和大神等。

(四) 辩证检验

(1) 一分为二的辩证:上述定义已指出关键概念的多重含义。

(2) 二中见一的辩证:尘埃和宇宙是一组对立的词汇,其共同性、联系性、转化性可能有以下这些。

① 同:尘埃即宇宙,即单一尘埃虽然细微,但有其内部结构的完整性和内部构成要素的丰富性。

② 联:尘埃组成宇宙,即宇宙是由尘埃组成的。

③ 转:尘埃变宇宙,宇宙变尘埃。渺小的事物或人可能变成无限、丰富的事物或人,反之亦然。

(五) 发现论题的现实指向

这两句话可能指向如下心态。

① 对个人的蔑视。

② 对个人的悲观。

③ 消弭人与人之间差异的相对主义。

④ 认为人必然有宇宙性特征,把人人可为宇宙的可能性当作人人已为宇宙的现实。

(六)确定结构,形成提纲

结构:主客问答体

短作文示例如下。

"对酒当歌,人生几何,譬如朝露,去日苦多。""寄蜉蝣于天地,渺沧海之一粟。"某生读罢诗句,潸然泪下,何为其然也?

某生曰:每个人都是渺小的(力量小,影响小)→被左右,被决定,无法改变他人、世界;每个人都是微不足道的(有用也不被重视)→被淹没、被忽视,每个人都是轻微的(卑微甚至被践踏)→脆弱、被踩蹦……每个人都是一粒尘埃而已。那我这样晨兴夜寐、焚膏继晷地积极奋斗有什么意义呢?

我放下水杯,拉他坐下,说:

"人如尘埃,固然没错,但那是在指明生命的脆弱时,那是在相较于更大的参照对象时,那是在个体自视为尘埃,没有喷薄澎湃的对外力量之时。

我们不能因此陷入人人皆为尘埃的人生虚无主义、悲观主义和人人皆为尘埃的消弭差异的相对主义啊。

要知道,即使尘埃也有群聚性(有大影响)(人并不是以个体隔绝的方式孤立存在的),退一步说,即使人如孤立隔绝的尘埃,我们也可以在这些方面之外,再看到人(尘埃)也有完整性、无限性,有丰盈的动力、无限的可能,有对内部要素的强大容纳和支持力啊。"

某生释然笑曰:"既然人天然具有宇宙特性,那我也不必晨兴夜寐、焚膏继晷地奋斗了。"

我正色道:"人人皆为宇宙,是一种可能性,要想成为现实,还需我们营构啊,唯有张扬自己的力量,才可由尘埃变成宇宙啊。"

让我们再次聆听孟子的教诲:我善养吾浩然之气……其为气也,至大至刚,……塞于天地之间。其为气也……是集义所生者,非义袭而取之也。……

为了整合前面得出的所有观点,这篇短作文稍长些,正常情况下,有其三分之一的篇幅即可。

作文题二

人们常说眼见为实,但也有人说,我们看到的往往只是一个视角而不是事实。对此,你怎么看?

(一)提取论题

① 眼见为实。

② 我们看到的往往只是一个视角。

③ 视角所见不是事实。

(二)对论题作出反驳否定、修正补充

① 眼见为实(作文题对"眼见为实"已作出反驳,因此不必额外反驳)。

② 我们看到的往往只是一个视角(较难反驳,则不必刻意反驳)。

③ 视角所见不是事实。可以如此反驳:视角所见亦是事实。

(三)确定论题的类型与论证方法

论题类型:三个论题都是性质判断。

论证方法:定义释证法。

关键词定义如下。

（1）眼见:可包括耳听等,是指信息进入人的感觉器官,人对信息予以注意(选择),使相关信息进入大脑。

（2）视角:视角是接纳信息的角度,也就是信息进入感觉器官和经由"注意"而进入大脑的限制条件。

其中信息进入感觉器官的条件如下。

① 人和信息在同一时空呈现。

② 感官具有相应的物理、化学、生物感知能力。

人对信息予以注意的特征是:人会因兴趣、信息解释能力、情感立场等而决定是否予以注意,或者调整注意的强度和持久度。

（3）事实

① 未经扭曲加工的、自在的客观存在物。

② 有普遍代表性的客观存在物。

这里的"实"有两重含义:①真实存在;②某个事物存在的比例、频率符合常态。也就是说,真实的条件有二:信息未经刻意改装,未因有意投放、有意隐藏而呈现出非真实频率(过高或过低)。

（四）辩证检验

（1）一分为二的辩证:上述定义已指出关键概念的多重含义。

（2）二中见一的辩证:论题中没有对立概念。

（3）矛盾与争议的分类讨论。

"视角所见不是事实"与"视角所见亦是事实"形成矛盾争议。其分歧在于"事实"的多重含义。如果所见的经过筛选的信息已经不能真实反映事物存在的真实比例和真实频率,或者不是世界的整体状态,那视角所见就不是事实。如果所见的经过筛选的信息尚能真实反映事物存在的真实比例和真实频率,那视角所见也可以是事实。

(五) 发现论题的现实指向

这里的"现实指向"是指持有相关观点的人可能存在的价值观问题。

① 充分相信自己眼睛所见就是全部真实的人。他对人的眼睛仍有所信赖,这值得鼓励,但可能盲目相信眼睛,这需要点醒。

② 一个不再相信眼睛的人。他有怀疑精神,值得肯定,但易陷入虚无主义,要劝诫。

(六) 确定结构,形成提纲

睁开眼吧,小心看吧,谨慎判啊!

眼见为实的事例,无处不在。(排比举例)

因为在感官能感、信息在前、注意力能知时,眼见的是客观世界的一部分,这一部分恰好又能代表世界的整体状态,那研究就有可能是真实的。(定义分析)

我们也着实享受着眼见之实的红利,以眼见之实构建了认知大厦。你相信眼见为实,必然会睁大眼睛,"贪婪"搜索,这会见多识广,更有判别力。(一笔带过)

但要小心,眼见不一定为实的情况照样无处不在。(排比举例)

信息会因刻意改装的样貌,因有意投放或掩藏而呈现出非真实频率(过高或过低),使得人对所见的客观性、普遍性作出错误的判断。

更难察觉的是,主体会因兴趣、信息解释能力、情感立场等决定而不予注意、刻意注意而以非实为实,以实为非实。

当然,这绝非让你陷入怀疑主义、虚无主义的泥潭。

而是提醒我们不以眼见为唯一标准,审视眼见背后的信息源,审视眼见深处的大脑处理机制,努力做到睁开眼、小心看、谨慎判。

作文题三

小时候人们喜欢发问,长大后往往看重结论。对此,有人感到担忧,有人觉得正常,你有怎样的思考?

(一)提取论题

① 小时候人们喜欢发问。
② 长大后往往看重结论。

(二)对论题作出反驳否定、修正补充。

这两个论题是在陈述事实,对待事实陈述类论题,我们首先要思考的是这种现象是否存在,是否全然如此,存不存在反例。如果有人问我"你为什么专挑肥肉吃",我会说"只有吃红烧肉时,我才专挑肥肉",以此对他的陈述作出修正。

面对这两个论题,我们可以质问:小时候就不看重结论吗? 长大后就不喜欢发问吗? 然后配以"例外"的事例来支持自己的质问:小时候贪玩的孩子不太会发出"我为什么这么贪玩"的疑问,小时候喜欢吃薯片的孩子也不会问"妈妈为什么又买薯片了",只会开心地吃起来。同时,那么多作为大人的科学家不也在追问世界何以如此吗? 那么多盯着上证指数的老人们不也会追问今日为何涨跌吗? 可见,虽然从大体上讲,"喜欢发问"与"看重结论"的差异与年龄相关,但也不排除"小时候也有不喜欢发问的时候""长大后也有不只看结论"的现象。或者说,小时候也有看重结论的时候,长大后也有喜欢发问的时候。如此就有了两组矛盾的情形。

① 小时候喜欢发问 VS 小时候也不发问。
② 长大后看重结论 VS 长大后坚持发问。

注意,由于作文题的引导语是"对此,有人感到担忧,有人觉得正常,你有怎样的思考?"这说明命题者并不希望我们去辨析这两句话的正误,而是希望我们在假定这就是事实的前提下,去评析这两种行为。因此,我们在行文时,只需要以修正补充而不是反驳的心态待之。

上述补充修正,使得我们面临一个必须解决的问题,即"小时候喜欢发问"是发出哪种问,"长大后看重结论"在什么情形下最为普遍。解决争议的办法是分类讨论,我们可以把"辩证检验"环节提前。

（三）辩证检验

"小时候喜欢发问"和"小时候不发问"的矛盾可能是由事情本身的不同性质决定的。对于与知识相关的问题,小时候喜欢发问;对于与得失相关的问题,小时候更多会对不能得到、即将失去的进行发问,不太会对已经得到的进行发问。

同样,长大后看重结论的事情可能是急于决策、分工有序的事情,或者是结论利己、合己的事情;大人坚持发问的事情包括但不限于结论违背自己利益和判断的事情,或者是可以从发问中发现新知识、新利益的事情。

当然,也可以从"发问"和"得出结论"二者本身的多重含义来思考。

① 小时候喜欢发出疑问,长大后喜欢发出质问。
② 小时候看重利己的结论,长大后看重不可违的结论。

另外,发问可以是发声而问,也可以是默默自问。小时候喜欢发问且表现为发声而问,长大后即使发问,也是默默自问,因而给人一种不喜欢发问的假象。

（四）确定论题的类型与论证方法

经过上述辨析环节,我们的论题就更清晰而精确了。"小时候喜欢发问,长大后看重结论"的实质如下。

① 对于求知类问题及利益受损、判断受挫的事情,小时候乐于发声而问、向人追问,长大后则倾向于默默自问、闷声腹问。

② 对于问而无果的事情,小时候会坚持发问,长大后则默默承受,对结论认命。

③ 对于急于决策、分工有序的事情,或者结论利己、合己的事情,长大后会看重结论而不发问,小时候则较少有这方面的考量。

接下来确定上述论题的类型:行为现象类论题。

论证方法:MACE分析法

（1）小时候喜欢发问的 MACE 分析

① 动机:消除认知失调感,填补认知空白。

② 前提:环境的鼓励和宽容,未完成社会化塑造。

③ 效果:获得饱富童心的诗意,延续绵绵不绝的求知欲,保持倔强抗争之姿。

④ 后果:难免招来痛击。

（2）长大后看重结论的 MACE 分析

① 动机:高自尊者的自我维护,低力量者的自我保护,维护现有结论所带来的既得利益。

② 前提:精神和物质上有待于人,脆弱的自持能力,压迫性的社会环境,社会分工精细化,信息过载,有结论才能启动新的行程,而大人必须前行。

③ 效果:以专业的分工赢得更大效益(发问的事情交给发问的部

门），以鸵鸟心态求得片刻安宁。

④ 后果：默问终至于不问，有负于终身学习的使命；葬送本就不常有的逆天改命之契机；成为多吃多占的愧怍者；成为一专一能的片面人；陷入失去自主性的危机；错失追问过程的美与丰富性；不检验过程致使结论过了保质期而不知。

（五）发现论题的现实指向

在这则作文题中，第一个现实指向是事实陈述中所折射的童心硬化、人的俗化问题。我们可以用同情与鞭策的心态来评判这种现象。通过分析动机和前提可以发现，长大后之所以少了追问而看重结论，在前提上多数时候是因为社会环境传导来的压力过大，而自持力量太小；在动机上是为了艰难地维持自我；在结果上，总体而言是得不偿失，这仿佛就是古人谋生的艰难状态——竭尽全力而食不果腹。这样的生存状态，不值得悲悯吗？不过，在哀人不幸的同时，也应记住"人应有所争"的使命。有疑就得问，有惑必有解，哪能为保颜面而失真理？当问则必问，不平就应鸣，岂可役心而昧正道？

这则作文题的第二个现实指向是从"有的人感到担忧""有的人觉得正常"而来的。

就"感到担忧的人"而言，从正面看，是他发现了上述事实中的问题，这种担忧是可贵的。从反面来讲，是他对问题看得不够全面，把问题想得极端化了，毕竟小时候也不是在所有场合都喜欢发问，长大后也不是任何场合都看重结论，且看重结论也并非全然一无是处。

就"觉得正常的人"而言，要看他所说的"正常"是什么。在日常生活中，"正常"包括"常见""合乎常态""合乎因果律""合情""合乎道德法律"等。说"夏天高温很正常"，是指夏天高温很常见，合乎日照时长等因果律。说"中学生谈恋爱很正常"是指谈恋爱合乎学生生理发育与情感发展的自然规律，而不是说它合乎中学生行为守则。说"我在主干道上正常行驶"是指合乎法律规范。说"损人利己不是正常行为"是指不合乎道德法律。具体到该作文的论题,说这种现象很正常可以是指这些现象很常见,也合乎人们趋利避害的常情,也可以说该行为是社会化情境下的自然选择。我们可以赞同他的感觉。如果他是把"不符合人类共同体的理想境界,不符合道德理性与科学理性"的事情经常发生当作"正常",那这种观点就应该批判了。对此,我们甚至可以这样评价:因为正常,所以值得担忧。因为这种利弊互现甚至弊大于利的事情颇为常见,并且大家都习以为常,大家都把这种现象的普遍性当作合理性,所以更值得担忧。

第三节　在提纲中显出意脉流动

古人称写文章为"缀文"，"缀"是"纟"旁，原意为缝补、缝合，引申义联结等，缀文就是将文字、语句联结起来形成文章。也就是说，文章不过是字词句的联结体。每个人写文章所使用的字词大体相同，但文章的质量却良莠不一，那是因为字词的联结方式高下有别。可以说，正是有意味的联结方式使得零散的字词、零散的事件和罗列的观点获得了灵动的生命。我们所说的意脉，就是指依照事理逻辑或情感逻辑将各个观点进行有序排列，避免将各个观点简单罗列甚至散乱摆放的情况。

比如将"清明节下雨""路上有人赶路""赶路人问路""有牧童指路"这四个情节放在一起，可谓稀松平常。而如果以情感为线索联结这些情节，可以这样写。

纷纷绵绵的雨在清明时节下个不停，冒雨前行的赶路人心情低落，他问路边放牛的孩子哪里可以喝一壶热酒，驱散这恼人的阴冷和令人瘫软的疲惫。牧童指着远处一大片一大片明艳的杏花开放的地方说：那里是杏花村，有温好的美酒等着你呢。

这样的改动，添加了情感从低落到温暖的变化线索，使寻常情境获得了动人的生命力。这就是杜牧诗"清明时节雨纷纷，路上行人欲断魂。借问酒家何处有？牧童遥指杏花村"的意脉。可见，意脉获得的方式之一是根据情感的流动、变化来组织材料。此外，意脉还可以在主旨、写作目的、谈论对象等方面因素的主导下，使得观点、材料得到有序推进。

我们主张作文中要有意脉流动，是想扭转常见的观点简单罗列、随意堆砌的状态。其主要方法有这些。

一、虚拟批判对象

以下面的作文题为例。

当今时代，我们总是鼓励年轻人要追求卓越，而有人却说"我的孩子，我只要他健康快乐就好"。

（一）观点罗列式作文提纲

有人主张人生要追求卓越，有人主张人生健康快乐最重要。

追求卓越的有其良好的动机，有很多不言而喻的好处。

当然追求卓越也有许多负面影响。

同样，主张健康快乐有很多好处。

但是主张健康快乐的人生可能也会遇到很多问题。

可见，追求卓越和追求健康快乐不能偏废。

（二）意脉贯穿式作文提纲

人之幼，便奋斗，现代内卷的人生大抵是从追求卓越开始的。

毕竟谁能抵挡追求卓越的推动力？谁不想获得卓越之后不言而喻的好处呢？

但从推动力中可见其被动性，从贪念好处中又表现出不以自己能力为考量基点的盲目性。

于是自然而然生发出盲目追求卓越的负面影响。

等到这些负面影响真正发生时，他开始后悔，开始回头追求健康快乐。

他固然会在这种浪子回头式的健康快乐追求中获得一些好处。

但也同时在健康快乐的追求中全然忘记卓越，走向滑坡。

人生就在这样两个极端之间横跳的过程中懊恼度过。

只恨未早点知道卓越和健康快乐的真谛啊。其实卓越不是攀比优势，是对自己的超越；健康不只是肉体没有疾病，更是内心的充盈、自信。

懂得这些，或许能达成既卓越又健康快乐的人生。

上述两个提纲都对"追求卓越"和"追求健康快乐"作了利弊分析，但第一个提纲是对利弊进行简单罗列，而第二个提纲则是虚拟了一个对象，"他"先是追求卓越，在碰壁后掉头追求健康快乐，进而以"他"的"遭遇"将"追求卓越"与"追求健康快乐"的利弊分析贯穿其中，最后在对"他"的人生的总结和反思中完成分类讨论。这就是以虚拟的写作对象为线索使文章形成意脉。

二、虚拟劝说对象

以下面的作文题为例。

日本作家芥川龙之介曾说过这样一段话："为使人生幸福，热爱琐事之人又必须为琐事所苦……为了微妙地享受，我们又必须微妙地受苦。"谈谈你对此的看法。

（一）观点罗列式作文提纲

热爱琐事会给人带来种种享受。

热爱琐事又会给人带来种种苦楚。

这就是生活的真相：为了微妙地享受，我们又必须微妙地受苦。

（二）意脉贯穿式作文提纲

你是否整日如怨妇般抱怨生活琐事痛苦无聊，而沉醉于没有琐事的白日梦中？

如此这般，你的生活难保质量，鲜有快乐阳光，甚至生命中充斥着折磨。

究其原因，是不懂得琐事之苦是生命的必然。

是没有发现琐事背后的快乐。

何不转变视角，在苦楚的琐事中寻乐，化苦为乐呢？

上述第二个提纲虚拟了一个"为琐事所苦并不甘于琐事的人"，以与其对话的方式，先是指出其症状，并列出这种现状继续下去的危害，以引起对方的重视。进而分析原因，替其理清问题的本质，最后顺理成章地提出办法，并给对方以希望。这就是以虚拟的劝说对象为线索使文章形成意脉。

又如作文题：爱上一首诗，也许无助于改变世界，但却可能因此而改变人们对世界的理解。

这个作文题有两个论题。

① 爱诗无助于改变世界。
② 爱诗能改变人们对世界的理解。

在对①进行反驳和补充后，可以形成三个论题。

① 爱诗无助于改变世界。
② 个人爱诗有助于改变个体世界，人们爱诗有助于改变整个世界。
③ 爱诗能改变人们对世界的理解。

对这些论题稍作阐释可以得到以下观点。

① 爱诗不能改变世界。因为诗是情感性的表达,而改变世界的行动需要知识、技巧、方法,再加上情感态度的感性力量才能达成。所以仅靠爱诗所含的情感力量不能改变世界。

② 个人爱诗有助于改变个体世界。诗有真善美兼具的特征,饱含着对高尚情操、人格的礼赞,爱诗并熏陶于此,就会让人向善向美。

③ 人们爱诗有助于改变整个世界。诗句可以提供一个共情的窗口,人人爱诗可以打通个体之间的认知差异,形成人类冷暖共情体,世界必将变得更加和谐。

④ 爱诗可以改变人们对世界的理解。诗有非功利、非实用特征,爱诗可以改变人们以贪婪索取的姿态看待世界的习惯,改变人们以自私利己的眼光解读世界的习惯。

看得出来,以上观点是零散罗列的,如果我们以"持有'爱诗不能改变世界'这一观点"的人为虚拟的劝说对象,就可以这样组织上述观点。

① 你说爱诗不能改变世界,理由是诗是情感性的表达,而改变世界的行动需要知识、技巧、方法,再加上情感态度的感性力量才能达成。

② 你的观点值得商榷,首先你不能否认,爱诗可以改变人们对世界的理解。毕竟诗有非功利、非实用特征,爱诗可以改变人们以贪婪索取的姿态看待世界的习惯,改变人们以自私利己的眼光解读世界的习惯。

③ 有了对世界的理解的转变,改变世界就会应运而生。如果是个人爱诗,就有助于改变个体世界。因为诗有真善美兼具的特征,饱含着对高尚情操、人格的礼赞,爱诗并熏陶于此,就会让人向善向美。这难道不是个体世界的改变吗?

④ 如果人们都爱诗的话,那整个世界的改变也会应运而生。比如诗句作为情感的载体,可以提供一个共情的窗口,人人爱诗可以打通个体之间的认知差异,形成人类冷暖共情体,世界必将变得更加和谐。这又何尝不是改变世界呢?

⑤孔子说诗可以兴观群怨，汉朝设乐府以采诗观民风，历朝有兴诗教以化俗，以诗济世的事也真切地发生过，怎能说爱诗不能改变世界呢？在明白"世界"除自然世界、物质世界外，还包括精神世界、文化世界之后，还是麻利地收起你那狭隘的"人文无用论"吧。

理密・情真・文畅

第十章

段落展开的逻辑性

　　在审题立意直至提纲编写完成之后，写作正式进入下笔阶段。从上一章的分析中可以看到，我们建议的提纲形式是由纯观点组成的，提纲已经呈现出各个观点间的逻辑关系（亦即文章结构）和文章的整体意脉。也就是说，上述提纲包含了三个要素：各个段落的核心论点、文章结构、文章意脉。准备至此，我们的写作还有三项任务：将核心论点展开成段落，在文字表达中呈现出形象化的文学性特征，在文字中灌注饱满的情感。

　　本章重点阐述段落展开的方法。段落的展开，就是将提纲中拟定的各个论点当作该段的核心论点，并在一个单一的段落中对该论点进行必要的阐释、论证。

第一节 段落写作常见病

　　许多写作者(含成年作者)写不好一个表意清晰的完整段落,致使文章思路不畅、表意不明、不知所云。优秀的作者把每一段都当作展示自己的舞台,用心雕琢;敷衍的作者把段落当作汉字的"填埋场",塞满了事。写作中,段落层面的常见问题如下。

一、一个故事一大段,三个故事一文章

　　这样的情形在议论文初学者中最为普遍,特别是刚经历过几年记叙文写作训练的人很难一下子摆脱"以事代议"的思维习惯。或许还可能受到一些常见文摘类杂志的影响,他们的选文也常常是"以事代议",以不寻常的故事吸引人,再以出人意料的方式抽象、提炼"升华"出一个"令人回味"的主旨。不过这些文章中的"事"要么本身就有新意、有可读性,要么作者会把故事讲得很生动,要么这些"事"可以不限主题自由解读。而在考场作文中,我们既没有新鲜独到的事例,又还要按照命题的要求去讲故事,因而"一个故事一大段,三个故事一篇文"的写作方式,通常都沦为平均线以下的作文。

　　这是因为,单一的事例很难展现逻辑的必然性,单纯的事例无法呈现观点的丰富性,尤其不能展示现实世界的复杂性。事例通常只具有阐释观点的功能,而没有推导观点的功能,也就是说,单一的事例很难论证某一观点的合理性。即使是用到以事例来阐释的段落,也要改变一事一段的方式。毕竟孤例难证,而丰富的事例虽然还是不能论证观点的必然性,但可以更好地展现观点存在的依据。如果能尽量组织多个事例形成铺叙、排比等结构,倒或许能达到旁征博引、气势丰沛的效果。一篇优秀的

文章通常是思考全面的文章,全面的思考必然会唤醒多个可印证观点的事实。当我们掌握多种事实后,便可以用简洁的语言删去不必要的细节,以换取更丰富的信息量。下面这一段在阐释"复制者获利丰厚懒于创新"时,用到了5个事例。

段落核心论点:复制者获利丰厚懒于创新。

段落展开如下。

某自媒体复制转发"爆款"文章,轻松获得10万⁺的点击量,大享粉丝经济的成果;"苦吟"作家深夜撰文,只得小众文艺青年喝彩,稿费还抵不过电费。某宝兴起,立即有人复制个某购;摩拜单车红遍神州,复制品"某某单车"遍地开花。复制的力量永远那么蓬勃,一夜之间,福布斯财富榜上就多了几个陌生的名字,你都弄不清这是福布斯财富榜还是福布斯复制英雄榜。长此以往,那些大力投入研发经费的创新企业该眼红了吧,那些深夜静坐的作家们该停笔了吧,创新哪有复制来钱快呢?

上面的段落之所以可以用事例列举法展开,是因为该段的核心论点"复制者获利丰厚懒于创新"是一个事实判断,故而可以用事实印证。

二、段内只有事例而不明示段落论点,或用事例直接论证文章的总论点

议论文写作中的举例与常见的讲故事的差异不在于叙述的长短,而在于目的的不同。常见的议论文段中的举例是为阐释该段的观点服务的,因此每个段落都应该有核心论点。有作者或许认为:即使不说出观点,读者应该能通过我说的事例明白我在说什么。事实并没有这样乐观,一个事例可以有不同的解读,觉得自己的观点不言自明的想法是站不住脚的,读者与作者在理解上截然不同的情况非常常见,有事例无观点要么会让人觉得不知所云,要么会被人判定为偏离题意。

也有作者觉得,观点还能是什么,不就是命题者让我写的论点吗?这

种想法也堪忧。命题者所给的论点可以反驳，即使是论证命题所给观点，也需要对该观点进行拆分，分配到各个段落中的观点已不再是命题所给的大观点。因此，在段内一定要有呈现自己观点的句子，位置可以是段首或段尾，哪怕是段中亦可。

　　还有的文章在段落中虽然有论点，或者读者可以很明显地从中推断出作者的观点，但是这个观点却是文章的核心论点。这种在段落中直接阐述中心论点的写作方法很普遍，它的"进阶版"就是所谓的"从古今中外不同角度"来论述中心论点。这种写法不知是忽视了"从不同角度"这几个字，还是误认为"古今中外"就属于四个不同的角度。在具体写作时，他们常常只是举不同时代不同国家的例子来证明同一个中心论点，即不同段落都在阐释同一个论点，于是就呈现出"堆砌事例"的特征。要知道，时代和地域的不同并不代表论证角度的不同，论证角度的不同是指不同原因、不同目的、不同结果，等等。因此，在举例段落中，不要用事例直接证明中心论点，而是应该用事例去证明各段的分论点，再让各段的分论点来支撑整个文章的中心论点。

三、段落核心观点不明显或者不唯一

　　当段内同时存在几个表因果、递进等关系的论点句时，这些论点杂处，非常不利于读者找到核心论点。请看以下段落。

　　细节决定成败。钟表维修工凝神屏气、全神贯注，不疏忽任何一颗微小至极的零件；航天工程师不厌其烦，反复排查一个个难以察觉的安全隐患。不同行业的人都特别注重细节。

　　粗读此句，读者倾向于认为段首的"细节决定成败"就是本段的核心论点。实际上这个段落包括两个论点：其一是首句"细节决定成败"，其二是第二句未明确写出的"不同行业的人都特别注重细节"，这两个观点呈因果关系。在因果关系的段落中，如果段落的主要内容是追溯原因，那么因果关系中的"因"是重点；如果段落的主要内容是推导结果，那么因果关系中的"果"是重点。在这个段落里，"细节决定成败"独句作首句，很容易被读者误认为是核心观点。如果把第一句改成"基于对'细节决定成败'这一观点的高度认同，很多行业的人特别注重细节"，这样该段的核心观点就没有疑义了。

考场作文大多是全篇架构未拟定时就仓促动笔的，作者心所想处便是笔所行处，这样做的最大风险就是文章结构无序和段落表意混乱。试看以下段落。

可以看到，人在贫困的环境中学会了隐忍和坚持，这样的环境也让人们发掘出自身更多的优良品质，创造出更多的财富和价值。那些富贵的家族常常培养出贪图享乐、人格不健全的孩子。大喊"我爸是李刚"的官二代，贪乐近佞终致灭国的刘禅，他们出身富贵却堕落至此，又何来财富？

这段文字本想表达的观点是"贫困是财富"，但实际上作者在段落中表达了好几个观点。

① 贫困让人学会隐忍和坚持。
② 贫困能彰显一些人的优良品质。
③ 贫困者创造出更多的财富和价值。
④ 富贵孩子常贪图享乐。
⑤ 富贵孩子多人格不全。
⑥ 富贵者常仗势欺人。

姑且不说作者对富贵者的偏见，单说在一段中呈现这么多杂乱的观点，怎能不让读者如坠云雾呢？从这一段中，确实很难概括出贫困到底是一笔什么财富。因此，写作时要确保一个段落中核心观点的唯一性。

我们常常在一篇 800 字左右的作文中看到一个段落 300 字，全文仅有三四段的情况。这往往就是段落核心观点不唯一导致的，这种情形应尽量避免。

总结来说，我们可以坚持这样的做法：一个观点只在一个段落中表达，一个段落只表达一个观点（能支持文章中心的观点）。

四、所举实例与核心观点不匹配

观点通常以句子的形式表达，句子内部包含着各个要素，且各要素间存在着某些微妙的关系。在以举例的方式印证观点，或者以举例的方式下定义时，都要注意事例是否与各要素一一匹配，且事例中各要素的关系也应与观点中各要素间的关系保持一致。

如：请定义什么是"揠苗助长"。

我们先看"揠苗助长"的故事。

宋人有闵其苗之不长而揠之者，芒芒然归，谓其人曰："今日病矣，予助苗长矣。"其子趋而往视之，苗则槁矣。

在这则故事中，"揠苗助长"的关键情节是：人闵其苗之不长而揠之，苗枯槁。宋人行动的前提是"苗不长"；动机是"助苗长"，是良善的；行为表现是"揠之"；结果是"苗枯槁"。各要素关系是：结果与动机背道而驰，行为与结果有因果关系。基于此，我们暂且把"揠苗助长"定义为：出于帮助人、事、物发展的目的，以并非事物自身发展的方式使得事物有表面上的发展，而实际却招致与动机相反的结果。

明确这些之后，我们来判断以下事例是否符合对"揠苗助长"的定义。

①《种树郭橐驼传》中他植者"爪其肤以验其生枯"。

分析："验其生枯"与"助其发展"的动机不完全匹配。

② 工程队急于完成任务草草了结工程,成了豆腐渣工程。

分析:工程是不能自身发展的,不匹配。

③ 用细网捕到更多的鱼,增加了当年的产鱼量,却未留下鱼苗,造成次年的歉收。

分析:细网捕鱼的动机不是促进鱼的生长,而是产量的增长。产量不能自身发展。

类似的例子还有很多,读者可以自行分析以下事例是否匹配"揠苗助长"的定义,以此训练自己的分析能力。

④ 老师在考前一天给学生就默写内容划重点。

⑤ 授人以鱼而不授人以渔。

⑥ 现代教育体系通过提前教学增进儿童的知识。

⑦ 通过夭梅病梅的方式增加梅的美态,最终导致梅自然美的丧失。

第二节　举例说理的适用范围和写法

　　虽然很多时候"举例论证"并非论证而只是阐释,且举例论证常常会存在非必然性、非偶然性问题,但考虑到这是人们日常交流最优先采用的说理方法,也是高中生最习惯于使用的说理方法,因此我们专门设置一个小节来讨论"举例"。举例的适用范围和写作要点如下。

一、以举例为审题立意的思维起点

　　审题立意包括弄清楚观点所讨论的具体外延,区分同一个观点表述下所蕴含的事实的差异,归纳关键词下定义等思维过程。对中学生而言,人文领域的学理积累不多,采用演绎推理进行论证阐释的难度较大,采用归纳推理的可行性更高,而归纳推理的起点便是举例。这在行为现象评析类作文中最为明显(详见第三章),其他类型的论题也需要用到举例。

　　比如作文题:爱上一首诗,也许无助于改变世界,但却可能因此而改变人们对世界的理解。

　　"爱上一首诗,也许无助于改变世界"是一个抽象的观点,其所指为何?"诗"是什么?"改变世界"是什么意思?要回答上述问题,可能都需要用到举例。我们将这句话具化为一个个实例。

　　① 爱上贺知章的《咏柳》,无助于让你的园林更美丽。
　　② 爱上苏轼的《赤壁赋》,无助于让你增加生命长度(《赤壁赋》虽非诗体,却富诗性)。

　　当我们想到①的时候,似乎立即就可以想到:爱上贺知章的《咏柳》,

或许可以间接促使人们美化园林，比如可以启发人们如何修剪柳树。于是，就有了对"爱上一首诗，也许无助于改变世界"这句话的补充——即使不能直接改变世界，也可能有助于间接改变世界。或者，即使不能改变物质世界（外部世界），但有助于改变精神世界（让人的审美能力更高）。

当我们想到②的时候，便可以寻找《咏柳》与《赤壁赋》的共性，以获得"诗"的定义，且不把"诗"的定义局限于"固定的字数、句数、押韵"等表面特征，而是去思考其"富有情感""优美"等本质特征。

有人认为，理性的写作不需要举例，这实在是一个误解。即使行文过程中不举例，思维过程中还是需要充分的事例的，这是全面深入地思考的基础。

二、用举例印证事实的存在或阐释观点

当作文所给论题是一个事实判断时，可用举例来印证这个判断有事实根据。当一个观点过于抽象不便理解时，可用举例解释这个观点。不过在写作时要注意以下几点。

（一）以举例印证或阐释论点时，不能遗漏论点中的关键信息

在生活、阅读、写作中，人们会因为兴奋点和理解力等原因，只截取一句话的一部分。比如听到"向前看才懂生活"，有人就立即想到"要向前看"，而忽略从"懂生活"的角度说"向前看"。在举例印证、阐释论点时，也会出现遗漏关键词的现象，造成论点和事例不一致。

比如这一段话：有志者事竟成。范仲淹家境贫穷，读书时，他经常在冬天煮一盆粥待其结冻后，切成两半分两餐吃，最后读书有成，成为北宋名臣，还写下令后人传诵的《岳阳楼记》。

在这段话中，"有志者事竟成"是作者想要印证、阐释的论点，而作者以范仲淹为例阐释时，只关照了"有志—吃苦—成功"这一逻辑链中的"吃苦"和"成功"，遗漏了"有志"，使得论点没有得到充分印证。如改成"范仲淹家境贫苦却不坠青云之志，这样的志向使他能不畏艰辛、不畏吃苦，即

使在寒冬腊月，即使是就着咸菜食冻粥，也要全心勤学，为自己开辟一条通向名臣的成才之路"，这样分论点中"有志"和"成功"这两个关键词也都得到照应。

（二）以举例印证或阐释论点时，不能添加与论点无关的冗余信息

事例是以某种"完整"的形式存储于人的大脑中的，当我们为了印证某个观点而调取这个事例时，通常会习惯性地调取其全部，而不是挑选与观点匹配的要素进行有选择性的表述，这就会造成信息冗余。比如以下文字围绕"顺境出人才"这一论点展开，但有不少冗余信息。

顺境出人才，这一点可以从比尔·盖茨身上得到很好的证明。他的父亲是西雅图的律师，母亲则是学校教师、华盛顿大学的董事以及国际联合劝募协会的主席。比尔·盖茨曾就读于西雅图的湖滨中学，在那里他发现了他在软件方面的兴趣，并且在 13 岁时开始了计算机编程。在大学三年级的时候，他离开了哈佛大学，并把全部精力投入自己在 1975 年创办的微软公司。随着"视窗"操作系统的大获成功，比尔·盖茨在 1995 年到 2007 年的《福布斯》全球亿万富翁排行榜中，连续 13 年蝉联世界首富。2008 年，比尔·盖茨正式退出微软公司，并把 580 亿美元个人财产捐到比尔和梅琳达·盖茨基金会。

这一段文字的重点应是围绕"顺境"和"人才"展开，却在段末这样的重要位置增添了比尔·盖茨退出微软捐献财产的无关内容，影响主旨表达。另一方面，这段文字的其他语言也有不简练的地方。如"母亲则是学校教师、华盛顿大学的董事以及国际联合劝募协会的主席"一句，只需挑出一个能证明其家境优越的职务即可，不必一一列举。又如"比尔·盖茨在 1995 年到 2007 年的《福布斯》全球亿万富翁排行榜中，连续 13 年蝉联世界首富"一句，只需"比尔·盖茨连续 13 年蝉联世界首富"即可表明他取得的成绩，多余的文字往往会淹没有效的信息。试图依靠多余的信息来凑字数的做法，最终会使段落表意欠明晰，不利于干净整洁逻辑链的

打造。

（三）以举例印证或阐释论点时，有必要对事例作出分析，以体现其与论点的联系

一个事例能否印证论点，常取决于人们对这个事例的解读角度和解读深度，而世人对同一事例的解读角度和深度并不相同，如缺少相应的分析解读，则不能达成阐释或印证论点的目的。

如：贫困也是一种财富。居里夫人年少时期必须去做家教维持生计，最后发现了新元素，获得了诺贝尔奖。欧阳修幼年丧父，生活清苦，最后成了一位大文豪。

这一小段文字试图以居里夫人和欧阳修虽有贫困经历但终有巨大成就为例，证明贫困是一种财富。但是缺乏贫困与成就之间有必然联系的分析，很容易被"如果他们家境好说不定成就更大呢"这样的话语反驳。在这段文字中，只展现了贫困和成功之间的先后关系，没有分析贫困和成功之间的因果关系。如果改成"欧阳修幼年丧父，生活清苦。贫困的现状让他知道只有靠自己的努力才能改变命运，在修身学道上，片刻不敢懈怠，这样的信念和坚持最后造就了一位大文豪"，此时得出"贫困也是一种财富"的论点，就顺理成章了。对事例的分析就是对事例进行解读，以便更好地解释、印证论点。

（四）以举例阐释印证观点时，可有意经营文学性表达

议论文是一种富观点文体，议论文写作水平的高下很大程度上取决于观点的丰富程度与正确程度。当我们以举例的方式填充段落时，难免会稀释该段的观点含量，但我们可以用文学性（含情感性）的表达来弥补观点被稀释的不足。具体做法如下。

（1）以事例的丰富性，彰显事实的普遍性。

这实际上是在举例阐释因无法穷举而导致归纳不完全时增加样本数量，从统计学角度显示观点的合理性。当事例由一个变成多个，而段落长度被限定时，这一方面会促使作者简洁举例、简短行文，避免上文提到的信息冗余，另一方面会催生排比的句式，增强文章的气势。这方面的杰出代表是《过秦论》和《阿房宫赋》，它们在阐述秦王的功绩或阿房宫的奢华时，就用了铺陈其事的写法，其中就含有事例的铺排。

① 以彩釉丰富瓷器的外表，以白漆遮盖墙面上的污点，以正义的名头掩饰嫉妒的内心，以善意的出发点躲避造成恶果后的惩罚。"涂层现象"是指在事物的表面另刷油彩以遮蔽本质或缺陷来达到保护美化或绝缘效果的现象。

分析：三个事例形成排比，表明"使用'涂层'"的普遍性。

② 当枪炮齐鸣轰开晚清的大门，遗老遗少们只当是大号炮仗；当蒸汽机车疾驰在铁道上，清朝官员只当是另一种马车；当盘尼西林医治众多呻吟的伤员，愚民们只当是新式毒药。旧知附会新知，虽有其适用价值，但其中的危害也不可小觑。

分析：以三个事例形成排比，表明"旧知附会新知"的普遍性。
（2）叙述中带描写，增强画面感；描写中带褒贬，增强感染力（详见第十一章第一节）。
（3）各种修辞手法的加持和音韵的考量，使行文更流畅，更有艺术性。
这里的修辞手法包括反问、排比、比喻等，而音韵的考量是通过整句、长短结合的语句或者构建押韵的句式。

① 非自愿且心有阻拒的行为方式难以决定你成为什么样的人。当牛顿在母亲的强烈要求下，被迫继承庄园，但心中仍有所抗拒时，他真的能够成为管理庄园的杰出人才吗？当清末统治者心中仍不愿改变封建政治，但迫于社会舆论与列强威胁，而颁布新政举措时，他真的能够成为挽

救民族存亡的明君吗？当充满玩心的孩子,不愿沉下心学习,而在父母的要求下投入学业,他真的能成为班中的佼佼者吗？

分析:首先呈现观点,用三个事例印证观点,以反问句的形式增强语势。

② 蔡京粉饰太平让宋徽宗罹受靖康奇耻,万劫不复;元嘉之治的光环使宋文帝最终赢得仓皇北顾;被笙歌燕舞迷惑的玛丽皇后踏上了断头台不归路。他们的生活被涂层包围着,失去了原本的辨别能力,落得后人唏嘘。

分析:以三个事例形成排比,并且句末的"复""顾""路""嘘"押韵,段前有举例,段末有分析。

③ 涂层有了科技的加持,人类也不能与之分驰,包装提高了货物价值,化妆增加了外表颜值,美化保证了良好品质。人们早就达成共识,涂层已成潮流标志,但与此同时,涂层也同样遮蔽了事实,损害了理智。

分析:整段押韵,先例后评。

④ 葛朗台敏锐把握当下商机而非妄想生活丰盈终成富豪,米格伦毅然选择现世绘画而非辗转回望建筑未来终为名老,苏轼畅然游览眼下黄州而非惆怅沉吟贬谪痛苦终就佳作。有人因此嘲笑,执着于缺失妄想未来实在太年少,着眼已有才是最好,其声也高,其理也在道,但是否存在认知死角？

分析:整段押韵。先例后问,引出下文。

⑤ 建立在对自我和时代的错误评估基础上的"做自己"是危险的。痴心于屠龙术训练的少年学成后找不到可屠之龙，只能"挑灯看剑"、永夜长叹。明明不是那块料，却头扎红绸、背刺"奋斗"，非要说"有志者，事竟成"，最后却成为鹤发童生。虽说"猛志固常在"，也不过是精卫空填海。前者错误评估了社会需要，后者错误评估了己之所长。

分析：这段文字综合了以上的多种手法。首句提出本段的核心观点，后续用事例印证观点。"'挑灯看剑'、永夜长叹"属于引用化用、描写，"头扎红绸、背刺'奋斗'"是带有贬义的讽刺性描写，段末对所举事例作定性分析，以阐明事例与本段核心观点的关系。

⑥ 对待未成年人的态度代表着一个时代的文明程度。在改朝换代战争频仍的动荡年代，劈骨为柴，易子相食，那是人性的泯灭；在忙碌奔波于温饱线的年代，自顾不暇，孩子放养，三毛流浪，那是不堪回首；现如今，孩子一颦一笑深系父母关爱之心，少年成长进步全在政府规划之列，这才配得上文明二字。

分析：这段文字在排比、对比的同时，还体现了长短结合的句式特征。

⑦ 几只南归的天鹅被农舍中精美的饲料、柔软的干草窝、甜美的山泉水吸引，这里再无荒野中艰难的觅食，也不需担心风雨交加的荒野露宿。天鹅们想，享受一段再离开吧……农舍中天鹅的身材愈发肥壮饱满，步履日渐蹒跚，眼看着伙伴们一只只倒在农夫屠宰的血泊中，天鹅们再怎么奋力，那荒废且日渐短小的翅膀，早已不能带着肥壮的身子飞向自由……

分析：这是比喻性的事例，用以印证"贪图享乐就会失去自由"这一观点。

需要指出的是，在使用各种写作技巧举例阐释或印证观点时，应以事例的丰富性、多样性提高事理的普遍性和必然性，避免绝对化；应注意事例的代表性，以更好地体现事理的本质；应提高事例的新颖度，一方面更容易折射新世界的新问题，另一方面可以防止读者产生麻木感甚至反感，以保证传播的效果。当然还要注意事例与劝说对象的贴合度，毕竟"近例易证"。

第三节　不同论题的段落展开方法

本书第二章提到需将作文题目所设的议题转化为论题，以便展开论述。论题主要包括事实判断、因果判断、性质判断等类型，这三类论题的论证方法主要有 MACE 分析法、因果链添加法、定义分析法等。这样的方法同样适用于段落展开。所不同的是，由作文题所生发出来的论题是文章的核心论题，为了论证这些论题，还需要分列出不同的观点，这些观点对上而言是作文主论题下的分支，对下而言是段落的核心论点。换句话说，段落的核心论点是对整篇作文主论题的展开，而段落是对段落核心论点的展开。

作文题：爱上一首诗，也许无助于改变世界，但却可能因此而改变人们对世界的理解。

分支论题（段落核心论点）的展开方法。

作文核心论题	作文分支论题（段落核心论点）	段落展开方法
爱诗无助于改变世界	诗是情感性的表达	定义分析法
	改变世界需要知识、技巧、方法、情感	定义分析法
爱诗能改变人们对于世界的理解	诗有非功利、非实用特征	定义分析法
	爱诗可以改变人们以贪婪索取的姿态看待世界的习惯	因果链构建
	爱诗改变人们以自私利己的眼光解读世界的习惯	因果链构建
个人爱诗有助于改变个体世界	因为诗有真善美兼具的特征	事例印证法
	爱诗并熏陶于此，就会让人向善向美	事实评析法
人们爱诗有助于改变整个世界	人们爱诗可以让世界变得更和谐	因果链构建

上表呈现的是该作文题的核心论题、分支论题（段落核心观点）与段落展开方法。在这里，中间一列的"作文分支论题（段落核心论）"是作文中每一个段落的统领，其所在的段落都围绕此展开。由于事例印证法已在本章第二节中有讨论，而定义分析法主要是对关键概念的内涵和外延作出说明，并没有特异之处。下文重点阐释事实评析法和因果链构建法在段落展开中的应用。

一、用事实评析法展开段落

当段落核心论点是一个事实评判或建议祈使句时，可运用事实评析法（即 MACE 评析法）来评判事实，说明建议祈使的合理性。当然，在事实评析外，还可以添加其他丰富的表达方式。

（1）

段落核心论点：人不能掩藏自己的错误。

段落的展开：人是自尊的动物，为了自尊，不惜掩饰、隐瞒自己的错误和不足（分析"掩藏错误"的动机）。显然，这种看似维护自己的行为，实际却不能解决问题，甚至会招致灾祸（分析"掩藏错误"的后果）。因此，如果自己的错误并不是无力改变，心中的隐痛并没有刻意回避的必要性，我们不妨把自己当朋友，友情提示自己的缺点（点明本段核心论点）。

当然，在进行段内分析时，又会产生一些支撑核心论点的下位论点，这些下位论点又可以用对应的方法展开，并可以增加各种表现手法以丰富表达方法。举例如下。

"人要脸，树要皮。"人是自尊的动物，为了那碎玉渣子一样扎手的（比喻）自尊，不惜掩饰、隐瞒自己的错误和不足。项羽兵困垓下，仍然倔强地唱着"时不利兮骓不逝"，不愿承认自己用人用兵的过失（事例印证）。显然，这种"自我服务偏差"导致的自我认知偏差，本是维护了自己,实际却不能解决问题,甚至会招致灾祸。正所谓"若甚怜焉,而卒以祸"也(引用化用)。因此,如果自己的错误并非无力改变,心中的隐痛并没有刻意回避的必要性,我们不妨把自己当朋友,友情提示自己的缺点。

(2)

段落核心论点:朋友间应互相信任。

段落的展开:如果你不信任他,你所做的每一件事都要防范一下。话说半句想着被泄密,竹筒倒豆子的倾诉变成了吞吞吐吐的滴漏;本想帮忙却担心好心被辜负,大方伸出的援手又犹犹豫豫地畏缩(后果分析,举例印证,带贬义的描写)。这样的话,做朋友还有什么意思呢?

(3)

段落核心论点:取得朋友的信任很重要。

段落的展开:让朋友信任自己,才会在自己陷入困难时给予帮助(效果分析)。如果没有信任,小到缺少橡皮时无人借用,摇头叹息,大到遭遇困难时茫然四顾,呼救无门。周幽王烽火戏诸侯,得笑于褒姒,失信于诸侯,终至国破家亡。放羊娃三呼狼来了,取乐于无聊内心,失信于亲朋好友,终至身死名毁(反面后果分析,举例印证)。樊於期信任燕太子丹,愿以性命成就荆轲刺秦的大业;萧何信任沛公刘邦,愿将身家绑上汉王斗楚的战车(带褒义的叙述)。失信于友,失去的还有尊严;取信于友,取得的还有如虎添翼的力量(反面后果与正面效果分析)。

(4)

段落核心论点:应让老年人安心。

段落的展开:让年老的人安心,才能使他们免于担惊受怕(效果分析)。随着年龄增长,见过的灾难越来越多,心中的担忧也越来越多。与此同时,随着年龄的增长,人们渐渐明白"人定胜天"不过是少年不识愁滋味的轻狂,"无能为力"反而是人们面对一些困难的常态。因此,一方面发现了灾难之多,一方面领悟到人力之渺小,担惊受怕反而在老年人那里变得稀松平常(前提分析)。此时的年轻人,更应该多向老人传递安心的信息,才能抚慰他们不安的心灵。

（5）

段落核心论点:应关怀年轻子弟。

段落的展开:让年轻子弟得到关怀,才有后代的成长,才能培养出国家的栋梁(效果分析)。没有鹰爸鹰妈的陪伴,雏鹰活不到独自觅食进击长空的那一天。离开母狮的关怀呵护,在看似平静实则凶险的草原上,只会有狮子亡,而看不到狮子王(以类比方式印证观点)。脆弱的人类、年轻子弟更需要关怀,才有可能被培养成为国家的栋梁。

上述五个例子根据论题的需要和作者所掌握材料,在动机、前提、后果、效果等要素中择其一二进行分析,并不要求四要素俱到。

二、用因果链构建法展开段落

如本书第四章所述,因果链的形式有单链多环、单链单环和多链多环等形式,而因果链形成的方法有五 WHY 追问法和首尾定义构建法等,这些方法和形式同样适用于对段落核心观点的分析。在段落展开时,可将追问所得的结果倒序排列,以形成因果链。在追问不能深入或者不必深入的地方,只需用一个事实陈述结束追问,这样就可以搭配举例印证来展开段落。

（6）

段落核心论点:应尽可能让老人安心。

因果链的追问:

① 为什么要让老人安心？

因为老人更需要健康的心理。

② 为什么老人更需要健康的心理？

因为老人身体不好，忧虑更多。

③ 为什么老人身体不好？为什么老人担心很多？（不必再追问，以事实待之，用举例印证法）

以上为思维过程，具体写作时，将上述追问按倒序排列，即可形成段落。

随着身体机能的退化，老年人无不处在疾病的折磨中（追问终点句作因果链起点句）。不是这里痛就是那里痒，不是这个药就是那个丸，药箱代替了化妆箱，带病养老是老年人的常态（举例印证）。与年老病同时存在的，还有老人多虑的心态，自身病痛之忧、儿女健康幸福之忧、孙辈未来前途之忧交织在心（举例印证），此时的他们需要健康的心理（追问的起点作因果链的终点）。如果此时晚辈再让老人心有不安，岂不是给他们的残年风烛吹来一阵寒风（末句糅合了后果分析）？

理密·情真·文畅

第十一章

形象化表达

一篇作文近千字，字字皆是小舞台，处处皆可秀能力。临收卷时仓促写个聊胜于无的标题，在结尾处用口水话凑满字数，这些行为出于无奈，归于可惜。写考场作文时，往往在审题立意、论据搜取环节花费了大量时间，匆匆下笔时，甚至还不知道后半部分会写到什么。此时谈遣词造句、文笔优美的要求，似近奢侈。但也有同学临近高考时，知其思想上短时内不可多得，论据上仓促中无法骤增，于是转而求助于语言的优美，以补思想浅薄、论据贫乏之不足。然而，突击性的语言美化术鲜能华实兼具，多数给人驴粪蛋上撒粉甚至不知所云的观感。以上现象告诉我们：语言的美化类似作文的"外挂"，虽收效可期，但难以短时取得，需有意识地训练。

小学时的作文，常多用成语显文化积淀之丰厚；从初中开始，作文就应该少用成语。为什么呢？成语以其极强的概括性损害细节的丰富性。成语又以较高的熟知度而让读者麻木，不能唤醒读者的兴趣和思考。《小王子》里有一句话："当神秘过于让人震惊，人们往往会唯命是从。"这句话转换到作文语言中依然有效——"当一句话的表达方式特别新颖，听众往往会哑口无言"。因此，抛弃用滥的概括性语言，还原丰富的细节，争取新颖的表达，是语言上"再下一城"的一大法宝。

语言的形象化绝非雕虫小技之"技"，而蕴含着"道"的因素。语言的背后是思维、思想、文化。我们反对那些单纯将"天空"改为"苍穹"，把"起源"写作"滥觞"的"骗分"话术，我们主张的是建立在明晰思维、深化思想、领悟文化基础之上的表达能力的提升。

具体而言，我们可以采用以下语言形象化、生动化的方法。

第一节 以描述性语言助力形象化表达

通常来说,不同的文体所倚重的表达方式各不相同。但"倚重"不是"专用",说明文体可以抒情,记叙文体可以议论,议论文体也可以用描写、记叙、说明、抒情等表达方式。确切地说,将描写、记叙等表达方式运用到议论文的写作中是极有必要的。

现在通行的考场作文是以说服读者为目的的劝说型议论文,即使是具有极强思辨性的作文,其最终目的也是说服读者去做什么或不做什么。因此,作文中总有一部分内容是"给出建议"。因应写作话题的差异,"建议"可分为指令性建议、参考性建议,前者在态度上是斩钉截铁的,不像参考性建议那么温和,是说一不二的,所谓"说服",就是以对方"服"(心服口服)为终极目标。

这样的行文目的,为生动形象的描述性文字提供了充分的舞台。"说服"的途径不只是"以理服人",毕竟人的行为改变动因除认知改变外,还有情感态度的改变。因此"说服"往往离不开"诱导""炫耀""恐吓"和"讽刺"等情感态度因素。"诱导""炫耀"的方法之一是描绘一幅美妙的画面,正如极端分子所许诺的自由,药品推销者所许诺的疗效。"恐吓""讽刺"的方法之一是描绘一幅或悲惨或丑陋的画面,正如劝人莫作恶时描绘的地狱,江湖游医所夸大的病情恶果。这样的画面最富感染力,甚至比说千百条道理还要好。就像跟人讲"要遵守交通规则",讲多少遍都没有用,但只要看一次车祸现场的画面,别人就会记进心里。可见,学会生动形象的描述性语言,对增强议论文的说服力是极有帮助的。

在语言学中,记叙和描写所用到的是报告性语言,即以客观的陈述作为主要形式,这种客观陈述似乎也符合议论文的理性特征。但是,议论文并不是"论文",客观、理性不是议论文的唯一属性,甚至也不是主要属性。对于那种立场鲜明、爱憎突出的议论文,我们完全可以在客观的陈述中贯注情感的因素,并借助形象化的描述调动形象思维的力量,以形象思维辅助理性思维,以情感力量辅助理性力量,最终助力"劝说"目标的达成。

在鲁迅的经典作品《拿来主义》中,就有这样生动形象的描述性语段,非常有感染力。

① 还有几位"大师"们捧着几张古画和新画,在欧洲各国一路的挂过去,叫作"发扬国光"。

② 几百年之后,……我们的子孙是在的,所以还应该给他们留下一点礼品。要不然,则当佳节大典之际,他们拿不出东西来,只好磕头贺喜,讨一点残羹冷炙做奖赏。

在①中,不直言"送去主义者"在心态上是敝帚自珍、自以为是的,也不明说"送去"行为实际上毫无意义,而是用一个动词"捧",和一个短语"一路挂过去",描绘了送去主义者"发扬国光"的画面,生动形象且丑态十足,从而起到批判和劝阻的效果。②则以"磕头贺喜,讨一点残羹冷炙做奖赏"的凄惨画面,点明送去主义的危害。这样的描述性段落,甚至比单纯说理更有说服力。

在议论文中,常见的画面描述段落包括以下几种类型。

一、描绘"后果"画面以示警戒

下面一个段落论述了应试教育的危害,描绘了教师讲题、学生刷题、家长送孩子补课这三幅画面,呈现了应试教育环境下老师眼里只有考点,学生眼里只有分数,家长眼里只有孩子的后果,触人目惊人心。

知识量化成分数,分数等价于阶梯,爬高者成为人中之龙,坠地者沦为砌墙工。于是,应试求分就成了教育的主流。在这样的环境下,老师们

"皓首穷卷"地从名家名作里提炼出一条条套路，唾沫四溅，粉尘飞舞，得意扬扬地喂食给如饥似渴的学生。学生一见到试卷就打鸡血似的兴奋，不爱运动，不知晨昏，熬夜刷刷刷，或许又能多得一分。家长拥坐在补课机构外窄小的儿童座椅上，无聊地等待着补课的孩子，送读陪读，早没了自我。考考考，老师的法宝，分分分，学生的命根。长此以往，恐怕真的会丢命根：教师丢了真知，学生丢了真本领真性情，社会丢了前进的根本。

在劝说类议论文中，劝人不做某事需要很多理由，而展现做这件事的恶果尤其是具体可感的恶果，即使不说理由也具备强大的说服力。而且，这样的段落点缀于理论分析文章中，能为文章增色，增强可读性。

二、描绘"效果"画面以期诱导

当作文涉及呼吁读者做什么的时候，免不了要说出这么做的好处，比如"抓住心灵中的微光"有什么好处？"理性评论他人的生活"有什么好处？纯粹的道理论证自然也能证明这些好处，但增添一些形象性的画面，有助于文章风姿的多样性。比如下面一段描绘"独立者的自由"的画面，让人神往。

独立者的自由不仅仅是没有人约束、管教和监督，更是指目标由自己定，方法由自己选，结果对自己负责。独立之人，你什么都可以想，天马行空，思接千载，没有人呵斥你；你什么都可以不想，沙发斜躺，眼神微闭，没有人打扰你。你可以挑灯夜战，独享满天星辉，也可以拥被高卧，任他日悬三竿。你是自己时间的主宰、思想的主宰、行为的主宰，你是真正自由的。想获得这样的自由吗？努力打造自己独立的能力吧。

先以诱人的画面激发读者追求自由的心，再告之以"打造独立的能力"，可谓循循善"诱"。

三、描绘"丑态"以示讽刺

有的文章是驳论文，要对错误的想法和做法进行批判。如《拿来主义》一文先是批判了"送去主义"。有的文章需要正反对比论证，宣扬正面，批驳反面，比如《训俭示康》里就有对各种生活奢靡者的批判。当写到我们反对的思想和做法时，刻画这些想法和做法所表现出的丑态，是很有讽刺效果的。本文开头所列举的《拿来主义》中的两个语段，就对送去主义者的丑态进行了刻画，起到了很好的讽刺效果。

势利是衣冠白领面对手提油漆桶、蛇皮袋的农民工时，在涂满脂粉的脸上挤皱的眉头；势利是营业员在你终于决定买单的时候刹那间堆出的笑脸。

这个语段以形象的画面，刻画了势利者嫌贫爱富的丑态，起到了很好的讽刺效果。只要有正反对比，有批驳，就可以用到形象的丑态刻画法。人们一旦脱离了正确的价值观，就会表现出贪婪、谄媚、嫉妒、懒惰、傲慢、失态等丑态，对这些丑态的描绘，能起到很好的讽刺效果，大大增强文章的批判力度。当然，如果再运用漫画中的夸张、突出等手法，其艺术效果会更加明显。当然与讽刺相对，在必要的时候也可以描绘美态以示礼赞。

第二节 抽象性语言的具象化

议论文偏重说理,说理难免抽象,因此人们常运用举例、比喻等各种论证方法来让道理显得更加地具体、形象、易懂。

在议论说理的过程中,组成完整的推论的那几句核心话语往往是抽象的概括性语句。比如有篇文章是这样立论的:旅途总是艰难的,因此更加需要我们有发现美的眼睛。在这个立论中,"旅途总是艰难的"就是一句概括性的结论句,是下一个论点"更需要发现美的眼睛"的立论起点。这句话的概括性、抽象性使得它缺乏表现力,如果我们能将"旅途总是艰难的"这一句概括性的结论句还原为它本来的感性画面,文章顿时就会生动起来。

车吼叫着,在坑洼不平的路面上颠簸,把一车人摇得东歪西倒,使人一路受着皮肉之苦。那位男子手托下巴,望着车窗外,他的眼睛里流露出一个将要开始艰难旅程的人所有的惶惑与茫然。……如果我们把这种具象化的旅行,抽象化为人生的旅途,人们不分彼此,都是苦旅者。(节选自曹文轩《前方》)

曹文轩用两个画面表现了旅途的艰难,这就是将概括性的结论、感受还原为画面的方法。这种方法有很广阔的运用空间,因为我们太习惯于把概括性的感受告诉别人,而不是把现场还原给别人。比如"时间过了很久,他还没有来",这里的"时间过了很久"就是概括与抽象的,如果换成"蜗牛从树根爬上了树梢,他还没有来",以还原等待的现场,既体现了时间的推移,又体现了等待者的百无聊赖,让读者感同身受。

我们的作文(尤其是社会生活评论文章)经常需要对社会现象进行概括,比如"异化的微信点赞""中国式辩论""传统生活方式的改变"等,都涉及对社会现象的概括。概括的语言虽然凝练,但失于抽象和枯燥,如果把抽象的概括还原为具体而又简洁的画面,效果就大不一样。比如葛兆光在《唐诗过后是宋词》中这样描述"时代发生了巨大变化"。

腰缠万贯的中产阶级迈着有力的步伐傲然走进没落贵族的客厅,满腿泥巴的农民兄弟带着胜利的笑容滚一滚地主乡绅的牙床,急匆匆的打工步伐代替慢悠悠的田园散步,机器单调乏味的节奏换过鸡鸣桑间狗吠深巷的声响,这是时代的变化,随着时代的变化而来的自然就有口味的变化,就像以前过年吃的鸡腿一下子成了平常饭桌上的家常菜,昔日忆苦思甜才用的窝头眨巴眼成了时髦的健美餐。

"时代发生了巨大变化"是一句抽象的概括,作者把它还原为中产阶级进贵族客厅,农民兄弟滚地主牙床,慢悠悠的散步换成了急匆匆的赶路,机器声取代鸡鸣狗吠声,一幅幅画面清晰可感,极富文学色彩。

具体而言,将抽象性语言进行具象化表达的方法主要有以下这些。

一、把心理感受具化为动作表情

议论文写作也会涉及心理状态的陈述,此时用有关心理的概括词不如展现相关的动作表情。

① 我的"无知"让我感到十分焦虑。(焦虑的心理)

多少次,半夜醒来,我睁着空空的双眼,为自己不了解巴西的政党制度、不了解东欧的私有化模式、不了解新浪潮电影是怎么回事而吓出一身冷汗。黑暗中,我听见群众愤慨地谴责我:还文科博士呢,连这个都不知道!(刘瑜《送你一颗子弹》)

此段用"睁着空空的双眼""吓出一声冷汗"等神情和"听见群众愤慨地谴责我"等幻觉，来表达一个博士生对"无知"的焦虑心理。

② 有的职业看起来很美，深入体会后却让人失望。（失望的心理）

那些职业一个比一个更像大街上那些美女的背影，从后面看那么美，可是一转身……（刘瑜《送你一颗子弹》）

作者说自己"干一行，恨一行"，这些职业看起来很美，实际上很让人失望。作者将此类比成"背影美女"，远看很美妙，回头吓一跳，来表达对这些职业的失望心理。很多心理难以描述，用类比是个不错的选择，关键要新颖。"我爱你就像老鼠爱大米"就是一个类比，这个说法刚刚出现时，是红遍了大江南北的。

以上两个例子是以动作神情、幻觉、类比等方式将人物心理具象化，大大增强了文章的表现力和可读性。

二、把评判性感受或归纳性判断还原为所见所闻

对心理的概括性词语是抽象的，同样抽象的还有我们的观后感和总结归纳性判断。比如"这个笑话很好笑"，不管你向听众转述多少遍"很好笑"这一观后感与判断，听众都无法与你感同身受，只有你把笑话复述出来，听众才有可能和你一起哈哈大笑。可见，将你的感受和判断还原为你的所见所闻，不仅仅能使说理的文章生动起来，还能使你的说理更容易被人理解和接受。

① 我对影视文化很是无知。（抽象判断：无知）

上大学以后，在别人都能够搞清楚刘雪华、林青霞、吕秀菱都演过谁谁谁以及萧峰令狐冲韦小宝都出现在哪部电视剧里时，我对这些几乎一无所知。（刘瑜《送你一颗子弹》）

如果你对朋友说"我对影视文化很是无知",对方八成会回答一句"是吗",潜台词是希望你能说得具体一点。写作文时,没有人提醒你这句话该说具体,那句话需要解释。此时我们需要记牢,除非人所共知的常识,否则一般的判断和个人的感受,都应该具体表述,还原为所见所闻(或所未见所未闻)。

② 我很啰唆/他太啰唆。(抽象感受:啰唆)

像我这个政治辅导员那样,与大家苦口婆心地畅谈人生理想,害得大家头痛欲裂精神恍惚,宁愿老老实实去打扫厨房,也不愿听他的哄嘛密嘛密哄。

觉得大师他太、太、太啰唆了。一句话扯成两句话,两句话扯成四句话,四句话扯成十六句话,卡老师要是去做兰州拉面,肯定是一把好手。(刘瑜《送你一颗子弹》)

在对"很啰唆"的具体化表述中,作者用"哄嘛密嘛密哄"的类比把啰唆的场景描绘了出来,还通过大家"头痛欲裂精神恍惚""宁愿去打扫厨房"的侧面描写展现。不必担心具象化的描述会像记叙文的细节描写一样没个尽头,实际上从上例可见,只需要寥寥几笔就可以刻画出来。

而对"他太啰唆""能扯"的具象化描述,作者则巧妙地运用了比喻,将之比作"兰州拉面",这样写"啰唆",让人难忘,很好地达成了信息传递效果。

③ 他们博闻强识。(抽象判断:博闻强识)

渊博的人是多么神奇啊,他们的大脑像蜘蛛网,黏住了所有知识的小昆虫。(刘瑜《送你一颗子弹》)

"博闻强识"是对学识渊博者种种表现的概括,比如"从细数武侠小说的各个人物形象,到熟知各地美食的各种特点;从对西方经济学各个流派如数家珍,到能为不同的人推荐各种风格的音乐作品"。如果就以这样的事实性信息代替简单的"博闻强识"这一判断,已够形象。但把"博闻强识"的大脑再比作黏住所有知识小昆虫的蜘蛛网,就更加新颖而令人印象深刻了。

三、将抽象的概念和道理用具象的画面体现

议论文大体以描写、记叙、抒情为辅,以议论为主。议论时,往往是抽象的概念和道理满天飞。这种写法一方面缺乏趣味,另一方面甚至会难以卒读,以至于丧失写作的意义。适当地将抽象的概念和道理以具象的形式表达,不但能救议论文于枯燥,还能为文章增色不少。

① 时间过得很快。

时间本是抽象的概念,"过得快"也是一种抽象的主观判断,所以古人就创造了"寒暑易节""沧海桑田""斗转星移"等具体的变化来体现时间过得快,也运用"时光如梭""光阴似箭""白驹过隙""逝者如斯"等比喻性词语来表达时间过得快。如果有心去收集,古人关于时间过得快的表述恐怕能汇集成一本小册子。

② 从古至今……

"古""今"都是抽象的时间名词,我们也可以根据具体语境,把"古"和"今"用具体的物象来代替。比如"从古至今,人们就没有停止过对'大同世界'的追求",可以写成"从刀耕火种的荒莽岁月到天涯成咫尺的信息时代,人们从来没有停止过对'大同世界'的追求。"

③ 地球上每天发生很多事情,我只能看到一点点。

没有什么抽象的概念和道理是不能用比喻的方式阐释的。关键看作者有没有运用比喻的意识,以及"喻体仓库"里存货是不是丰富。就上面这句话,刘瑜在《送你一颗子弹》一书里是这样表述的:

就这么一个小破村,每天发生的事情让人眼花缭乱,小姐我踮起脚尖往前看,也只能看到舞台角落里花旦的那双鞋子。

四、比喻句的句式融合

上文在每一种形象化技巧里都提到了比喻或类比的方法,很多抽象概念的比喻用法都已成为约定俗成的话语。比如秀肌肉、拆台、翘尾巴、浮萍、崩盘、滑坡、跳梁小丑、肥皂泡、鹰派、鸽派、公约数等,以及大量的成语如"刻舟求剑""守株待兔"等都被广泛运用到说理的形象化中。

我们在作文中也可能用到比喻,但通常的做法是让原句和比喻句相继呈现,造成语言不畅和对文稿格子的浪费。因此,我们有必要学习运用句式融合的方法呈现比喻句。

① 直接以修饰喻体的定语修饰本体,喻体不必出现。如"我忍无可忍发了一次 5.5 级的脾气"。"5.5 级"是用来修饰地震的,这里直接修饰脾气,很明显是把发脾气比作地震,非常简洁。

② 把"像……一样"(喻词＋喻体)作为状语插入原句,而不是把比喻句单列。

对理性的信念,说得严重一点,是【像文字、音乐、辣酱那样】支撑我活下去的理由。

对待工作要【像夏天一样】火热。

我遇见了一个【风一样】的女子。

③ 挑取原句里的一些词语插入比喻句中,或将比喻句插入原句。

比如:政治家得仔细衡量自己每一句话的语意轻重程度,就像商人那样,拿一个精确的小秤,仔细称量每一件商品的重量。把"政治家得仔细衡量自己每一句话的语意轻重程度"这个原句里的"政治家"和"每一句话"挑取出来,插入后面的比喻句中,融合成为"政治家得拿一个精确的小秤,仔细称量自己每一句话的重量"。

又如《环球时报》有一篇文章这样写道:平壤不顾一切对核导技术作紧急完善,来应对不断增加的军事打击风险,誓将鱼死网破的极端赌博进行到底。这句话就是将"鱼死网破的极端赌博"这个比喻句插入原句。再如：美国应与中俄互相提要求，彼此妥协，寻求最大公约数。这里是将"寻求最大公约数"这一比喻句插入原句。

以上讲述比喻句和原句融合的方式，目的是求语言凝练。但是，对于那些由作者原创，读者不一定理解的比喻，则不宜省简文字，而应清楚地解释本体和喻体的共同点。比如"梦想不是猎人给麻雀设的圈套里的那点米粒"一句，很是新颖有趣，但如不解释，怕是会使读者如坠云雾。实际上它指的是"别因那不合适的梦想而误了卿卿性命"。比喻本身并不能证明道理的正确性，只为明白晓畅地说理服务，如果让人费解，岂不是事与愿违？

从技巧上看，以上表达方式的难度并不大，但它们在作文中出现的频率不高，主要是因为缺少相关意识和训练。我们可运用上述方法，做一些有意识的、经常性的训练，遇到诸如此类的句子，就可以进行形象化改造，如：①我去过很多地方；②严重内耗损害社会稳定；③每个人都有梦想。

第三节　段落展开与形象说理的实例分析

在第九章中我们提出了"一篇文章是由几句话组成的"这一观点。换言之,我们写作文的大体思路就是:在构思时,以几句话(分支论题)阐述一个中心论题;在行文时,以几个段落展开这几个分支论题(段落核心论点)。在此基础上,我们分析了不同段落的展开方法和形象化表达方法,再以两篇作文为例对文章段落展开的方法进行综合分析。

（1）

斯蒂芬·霍金在他的著作《果壳中的宇宙》里,曾引用过莎士比亚的悲剧《哈姆雷特》中的一句名言:"即使我被关在果壳之中,仍然自以为是无限空间之王。"这个被禁锢在轮椅上的科学奇才,对这句话的理解是:哈姆雷特也许是想说,虽然我们人类的肉体受到许多限制,但是我们的精神却能自由地探索整个宇宙。

面对这则材料,我们可以这样立意:很多人都渴望自由而抱怨肉体受时空等限制,然而肉体限制并不能限制人的精神自由。我们要做的就是抛弃抱怨,以丰厚的知识素养和丰富的想象力来滋养自己的精神自由,而不是自怨自艾地毫无作为。

那么,如何以这几句话为核心段意,来展开段落扩充成文呢? 我们来看如下范文。

自由在这里,你在哪里?

如果可以穿越,回到唐朝,一睹那大唐盛世的风采,我一定成为唐朝史研究的专家;如果可以飞翔,飞到火星,我一定穷极宇宙奥秘,成为引领全球的外层空间领域科学家，让 NASA 那班人羞愧去吧……可是没有如果，我仍然只是个"宅男"，泡着酸爽方便面、穿着褶皱睡衣做着不切实际的白日梦，抱怨造物主没给我天才般的灵魂配备飞翔的翅膀。

（段落核心论点："很多人都渴望自由而抱怨肉体受时空等限制。"段落展开法：①举例印证——以穿越时空愿望为例阐明人渴望自由；②形象描述——描述"宅男"丑态画面，体现"抱怨"。）

但，肉体的限制真是精神闭锁、天赋压抑的全部理由吗？那身单影薄的文弱书生围于一室时，不照样"思接千载，视通万里"吗？"前事不忘，后事之师"不正是只活于一时的史学家对千古过往的自由探索后给人的忠告吗？正如那"废人"般的霍金所说：虽然我们人类的肉体受到许多限制，但是我们的精神却能自由地探索整个宇宙。

（段落核心论点："肉体限制并不能限制人的精神自由。"段落展开法：举例法——书生和史学家以自由的想象与精神探索突破时空限制。）

所以，不要再抱怨你不是超人，也不要抱怨你在某些方面先天不足了，精神的自由精灵随时准备光顾你的"寒室"，只是你没有做好迎接她的准备。

自由精灵向来"嫌贫爱富"，你先得储备丰富的知识食粮，这样才能养活她。使你能探索宇宙的自由精灵不是无花之果、无本之木，她需要你的知识储备喂养。任何新知的探索都是建立在旧知之上，任何理论的革新都是在谙熟旧理论的前提之下，没有电子技术基础的冯·诺依曼是不能发明信息技术的电脑的，没有牛顿经典力学知识的爱因斯坦是不能探索出相对论的。要想获得自由探索的能力，就得老老实实地为她准备丰富的知识食粮。

（段落核心论点："应以丰厚的知识素养滋养自己的自由精神。"段落展开法：前因分析法——拥有旧知是探索新知的前提条件。并用冯·诺依曼和爱因斯坦的例子代替深入追问。）

仅此还不够，自由精灵是娇贵的，丰富的知识食粮仅够她不被饿死，要想让她活跃起来为你跳支舞，那还要你用丰富的想象力为她补充微量元素。宇宙黑洞的理论从没有在古人的书籍里出现，是想象之肥浇灌出的花朵；麦克斯韦关于电磁场的理论不是实验的结果，而是想象之力推演出的"模型"。缺少联想与想象力，你只拥有知识堆砌的杂物间，还不能腾出让自由精灵飞舞的舞蹈房。

（段落核心论点："丰富的想象力来滋养自己的精神自由。"段落展开法：①实例印证——黑洞理论和电磁场理论的产生源自想象力。②比喻例印证——"杂物间"和"舞蹈房"。）

除此之外，你还要用信心鼓励她，用梦想打扮她……她才会像小彩旗一样，优美地舞蹈，根本停不下来。

不管你是谁，探索自由的精灵都一直在这里，此时你在哪里呢？ 在不切实际、充满奢望的浮云里？ 还是在妄自菲薄、自暴自弃的泥淖里？

（段落核心论点："渴望精神自由不该空想妄想、自怨自艾、自暴自弃。"段落展开方法——抽象说理形象化，以"浮云""泥淖"为喻。）

以上例文侧重于以举例和描述的方式展开段落，下文则用更多的篇幅以原因分析的方式展开段落——从不同原因的角度举例，对现象进行前因分析和后果分析。

（2）

我们为什么拒绝全面客观的真相

① 在种族歧视的问题上，林肯和当时其他白人并没有什么两样，他

宣扬,由于生理上的缺陷,黑人永远不能与白人一起平等地共同生活。他解放黑奴,只是想废除南方奴隶主的特权。如果不是BBC纪录片言之凿凿,我绝对不愿相信我心中的圣人林肯几乎是处在罪人的边缘。如果我是林肯的忠实粉丝,我的第一反应应该是激愤于BBC的"惑众妖言"。

② 轻狂的我曾因客观地说出某明星的缺点,而招致其粉丝的仇视与冷眼。有人因为冷静地阐述领袖的缺陷而遭遇灾难。这些对说出部分真相者予以仇视和加害的人,不为利益不为饭碗,为的只是一个美丽的"信仰",因而拒绝全面的客观的真相。

③ 如果你深爱梭罗,你一定不愿相信,他自己失火烧了瓦尔登湖四周的森林却远远地袖手旁观。他与我何缘何故何亲何情?我们不愿相信偶像的缺点,是在维护心中让人温暖的正能量。神庙的坍塌,会使众神流离;偶像的坍塌,会使精神无依。

④ 与此相同,满怀热血的资产阶级民主革命者大多不愿相信封建礼教还有任何可取之处,必欲全盘否决礼教而使革命成,必欲置孔子于死地而使新偶像生。

⑤ 我乐意用十二分的善意来看待每个思维绝对化的人:每个人心中都有一个美丽的天堂,那是支撑他坚定走下去的"诗与远方"。崇拜者需要完美的偶像作为通向伊甸园的路标,仇视者需要彻底地打倒异己来清除进入伊甸园的路障。为了这个正义的目的,我们或极力粉饰,或倾盆泼墨,并怒目横视、厌恶至极地驳斥:在这个问题上,你还搞什么一分为二的辩证法?你这个"理中客"真让人害怕,让人心寒,我宁愿独行,也不再需要你在追梦的路上陪伴!

⑥ 遗憾的是,谎言的密封剂暴露在时间中,总有失效的那一天。你享受着完美偶像给你的安全幸福感,它坍塌时的灾害由谁来承担?你毅然决然地割裂前缘,不愿意相信古老的文化方舟还能驶向信息时代彼岸,难道几十年、几百年、几千年的前尘往事都是白活一场?遇到新问题时,你就这么狠心地抛弃历史可能会给你的灵感?

⑦ 到那时,被你抛弃的我,孤独地看着远方无助的你。

　　我们将这篇文章的段意和段落展开方式分析如下。第①段以举例的方式阐述事实——人们常常拒绝相信好人有缺点或者坏的时代有可取之处。第②—⑤段先分后总，以举例的方式分析原因。事例分为三类，每一类事例指向一种动机性原因：为了维护一个美丽的"信仰"，为了防止偶像坍塌导致的精神无依，为了完成除旧迎新的革命。第⑥段呼吁人们不应该拒绝真相，从后果性原因进行分析：完美偶像坍塌可能带来灾害，拒绝相信传统有可取之处可能会导致人们丧失重要选项。第⑦段描述画面，展现危害——拒绝真相导致彼此隔绝。

　　以上两文，除了展示了段落展开方法外，也比较充分地呈现了抽象说理形象化的语言表达方式。如《自由在这里，你在哪里?》一文以"精灵舞蹈"比喻"精神自由发挥"，以"食粮"比喻"知识"，以"微量元素"比喻"想象力"，增强了说理的形象性。《我们为什么拒绝全面客观的真相》一文，有"偶像""神庙""伊甸园""路标"等比喻，有"我们或极力粉饰，或倾盆泼墨。并怒目横视、厌恶至极地驳斥"等画面描述的丑态刻画法，还有大量对偶排比等修辞手法的运用，乃至押韵的造句方式，比较集中地展现了生动形象的语言特点。当然，就议论文的形象化表达而言，还有一种写法，即通篇使用一个象征意味丰富的喻体涵盖多种观点，在全文中形成象征体系，如龚自珍的《病梅馆记》。

理密・情真・文畅

第十二章

情感性表达

第一节　感性的力量不必忽视

出于对乘客霸道占座的愤怒，"地铁判官""路见不平"一巴掌响亮地摔在老年男子满是皱纹的右脸上。这种情绪控制头脑，理性在大脑中缺席的极端例子告诉我们，纯感性的支配会让人盲目，无怪乎希腊神话里把没有理性支撑的感性称为瞎子。但同时，我们也可以想象一下，当你在斑马线上被一辆疾驰而来突然刹停的卡车吓得腿软魂惊时，你的朋友若无其事地对你说："这辆卡车的负载应该很小，否则它不可能在极快速的运动状态下以这么短的制动距离达到相对静止状态。"这时你是什么感受？当一个人用"有车有房、父母双亡"来要求相亲对象，并对如何实现小夫妻利益最大化进行理性分析时，我们就说"理性得让人害怕"。

除此之外，缺乏感性支撑的理性，还会让人绵软无力。一个人通过理性分析发现：人的一生不过是把钱挣来然后花掉，花完了挣，挣完了花的循环往复；不过是像西西弗斯那样不断地重复着推石头的动作。尤其当追问起人生的意义时，总会陷入虚无，产生坠入无底深渊般的无力感。如此这般，连生活的力量也没有了。所以就有人说，没有感性的理性是瘸子。

科学家自然是有很强的理性思维能力的，但真正支持科学家去行动的，是其对科学的热爱之情。袁隆平在杂交水稻上步步迈进，固然离不开他对遗传学的理性认识，不过他的最大动力来源应该是战胜困难的喜悦、造福人类的成就感和使命感等感性力量。所以，唯有让有力量的感性背着有智慧的理性跑，方可在正确的方向下笃志前行。

虽然说世上不会存在那种只有纯理性而不杂感性的人，但人在一些议题上只被理性充斥大脑而感性缺席的情况并不鲜见。翻看、回想一下，思辨类写作中是不是存在理性有余而感性不足的情况呢？是不是像写实验报告那样,过滤掉因有所发现而产生的快乐和喜悦,只客观地记载发现的过程呢？是不是像心理学家写论文那样,看到邪恶现象的发生,压制心中的愤怒,只是理性地分析个人原因和社会原因呢？是不是像中立国那样,看到了侵略的行径而不发表谴责,看到了被欺凌者受摧残而不表示同情呢？

当然更多的时候,学生在写作文尤其是思辨类的作文时,仿佛是在用 800 字的篇幅回答一道简答题。例如面对"一个人乐意探索陌生世界,仅仅是因为好奇心吗"这一作文题,大部分同学在写:好奇心是人乐意探索的原因之一,但不是唯一原因,人乐意探索陌生世界的原因还包括利益的驱动、责任感的驱使、自我成就感的需要等。不是应该大方地对责任感和成就感的动机表示钦佩和礼赞吗？不是应该对单纯因利益驱动而乐意探索陌生世界的行为表示某种程度的不满意吗？否则的话,是不是有一点理中客的嫌疑呢？

"理中客"一词就其字面含义来说,是理智、中立、客观,这本是褒义词的组合,它之所以被视为贬义词,是指当需要我们以亲近感、同袍心来对待某一类人,来看待某一件事时,却以旁观者的身份,给人以"不关我事"的距离感、"非我族类"的异类感和错位感。

因此从这个角度来说,一篇作文不仅可以显出写作者的阅读广泛程度、思考深入程度、思维素养情况,还可以看出写作者的道德素养高度。给作文评分,其实就是在给写作者这个人评分。表达自己的感情是为自己立像的最佳方式之一,可以说,写作者的感情就是写作者的形象。当大部分同学都在致力于尽可能充分地展示自己的思维品质、文学素养等时,是否可以进一步考虑展现自己的道德、人格品质呢？

情感何以彰显道德、人格？道德中所内隐的是善恶观、是非观,但可以外显为言语和行为。写作文固然不能展现作者是否有善的行为,是否真正去践行良善道德,但写文章本身是一种言语表达,言语中既包含一个人对世界的认知,也包含对人与事的态度。态度就是喜怒哀乐怨等情感。

当作者以喜乐的情感来描述良善的行为，来肯定良善的观点，以愤怒的情感来描述邪恶，来批判邪恶的观点，那么作者的善恶观、是非观就在情感流露中得以呈现，从而让读者感受到作者是从善如流、疾恶如仇的。当作者说"生民百遗一，千里无鸡鸣"时，读者可以推测作者是有心忧苍生的道德的；当作者说"一个人之所以深陷底层无法超拔，十之八九是不思进取、懒于奋斗"时，读者可以推测作者是缺乏恻隐心、是非观的；当作者说"世界以痛吻我，我却报之以歌"时，读者可以推测作者是有极高的自持、自立人格的。

第二节 人们理应具备何种情感

很显然,并不是每一种情感的表达都能展现良善的道德素养与人格品质,对自己应尽的职责表示无奈和哀怨,只会暴露一个人缺乏责任与担当;对自己能够达成而尚未达成的功业表示悲观和绝望,便会显示出一个人没有恒心和毅力;对应予以同情和悲悯的人与事表达出嘲讽和蔑视,只会彰显说话人的冷漠与高傲。

何种情感最能展现人的良善道德与人格素养?或者说每一个人应该具备哪些情感?对此,我们可以从对个体自身、他人、社会三个角度来进行思考。

一、对自身应有的情感

欣赏、热爱自己的身体与灵魂,夸赞自己丰富、敏锐的感官能力,欣赏自己旺盛、健康的生命力,赞美自己的健康、正常的欲望和需要,礼赞自己的本质力量得以显现,宣扬自己的高尚道德,这种情感可以由自己推及人类,即欣赏与赞美人类的生命力、活力、道德与本质力量。

王羲之在《兰亭集序》中说"仰观宇宙之大,俯察品类之盛,所以游目骋怀,足以极视听之娱,信可乐也",不就是表达自己得以满足自己感官、拓展自己的审美空间的喜悦吗?王羲之又说:"向之所欣,俯仰之间,已为陈迹,犹不能不以之兴怀,况修短随化,终期于尽!古人云:'死生亦大矣。'岂不痛哉!"这正是针对人的生命短暂、快乐短暂而发出的哀痛。

在通勤靠机车而非脚步,发力靠机械而非健硕肌肉的时代,在冬暖夏凉的空调地暖的呵护下,人们用各种消毒品替代抵抗力,用药物维持健康,外加长期久坐、用眼过度的学习工作,现代人的原始生命力在萎缩。

主要表现在:健美的肌肉被肥厚的脂肪取代,矫健的身躯变成瘦弱空荡的晾衣架。一方面是过度使用的眼睛和手指,另一方面是不用而退化的大肌肉和多样化技能,甚至为贪婪地满足自己的欲望而残害自己的肉体,致使身体机能不同程度地残疾和畸形化。人们无法从身体本身的健美中获得自信,不得不借助外在的衣装与饰品来欣赏自己。人们抵御自然风寒的能力降低,感受芳草吐绿、聆听林壑松风的自然审美能力萎缩。在人的各种感官中,视觉得到前所未有的强化,以至于视力残疾,而味觉、嗅觉在各种香水和重口味美食的刺激下,已经变得麻木而不能感受到原味之美。生命力的萎缩还包括健康欲望的灭绝,快乐的多巴胺全部来源于糖分的摄入或虚拟游戏带来的虚假成就感。这些如果发生在我们身上,那是应该哀叹的。

而以下是值得向往的:有旺盛的生命力,有驰骋运动场、大汗淋漓的酣畅,有定期而至的饥饿、大快朵颐的胃口,有忙碌后走到楼下给草丛中的野花取个名字的精力,有伏案后抬眼欣赏窗外夜月的激情。旺盛的生命力不是青年的专利,曹操即使老骥伏枥,仍然志在千里,即使身处暮年,照样壮心不已。因为他知道灵魂一旦沉睡,生命就等同于逝去。

如果没有强健美丽的身体,没有敏锐的感官能力,没有旺盛的生命力,没有强大的本质力量,尚未形成高尚的道德,那就应对此表示哀伤,表达渴望,表示自责。如果这种渴望、哀伤、自责或者赞美是大部分人的共同情感,那就更容易获得共鸣。

在古诗十九首的《迢迢牵牛星》一诗中,牛郎织女被浅浅的银河阻隔两地难以长聚,因而发出感叹:"河汉清且浅,相去复几许。盈盈一水间,脉脉不得语。"其打动人心的力量在于,人生中总有一些看起来并不遥远的距离,却是我们永远无法跨越的鸿沟,这是对人的力量终归渺小的哀叹。李太白"黄河之水天上来,奔流到海不复回"是对人力无法左右的自然力量和时间力量的感叹,自然地引发出"高堂明镜悲白发,朝如青丝暮成雪"的哀伤。项羽即使有"力拔山兮气盖世"的气概和力量,但也有摆脱不了"时不利兮骓不逝"的厄运的悲鸣。

尤其是在各种人生受限、失败的背景之下，仍然不屈地追求通向理想的人生境界，就更具有打动人的情感力量。在希腊神话中，诸神为了惩罚西西弗斯，要求他把一块巨石推上山顶，由于那巨石太重了，每每未上山顶就又滚下山去，前功尽弃，于是他就不断重复，永无止境地做这件事。这则故事之所以具有打动人心的力量，是因为西西弗斯实际上就是人类的化身。在某种程度上，人的生命过程确实具备不断重复、永无止境，进而形成轮回的特征。人类不断地辛勤劳作，获取饱腹的食物，但短短几个小时后又陷入饥饿的状态。填饱肚子类似于推石头上山，石头滚落类似于再次饥饿，于是又推石头上山。如此这般，人日复一日、年复一年地重复着劳作，如果从最终状态来看，最后获得的是什么？对大部分人而言，获得的是身体的疾病、生命的衰老。从这个角度看，我们可以从这则神话中看到对人与人类劳而无获的悲悯，对人被"天命"左右的哀伤。

但是，从另一个角度看，面对必将重新陷入饥饿的肠胃，必将衰亡的生命，西西弗斯和人类一样，并没有因为"宿命"而失去活力，并没有因为被"天命"所左右而绝望。纵使不能增加生命的长度，人类始终在通过自己的努力来增加生命的厚度。人总是在千万种被设定、被设计中，努力发挥着自身的本质力量。西西弗斯在推石头上山的过程中，他那汗水晶莹的古铜色皮肤是值得欣赏的，他那凹凸有致、劲健有力的肌肉是值得赞美的，他在把石头推上山顶后所看到的一览众山小、晨雾与晚霞，所看到的日照大地、河流如带，或者澄江似练、星河鹭起的景象，是能够带来极大的审美愉悦的。他的劳作本身，虽然不至于改天换日，不至于摆脱轮回，但他在劳作后获得的对自己力量的认识，是足够让自己欣慰的。所以德国诗人荷尔德林说："人充满劳绩，但还诗意地栖居在大地上。"苦难不值得赞颂和追忆，但人在苦难、有限中创造的辉煌与无限，却是最值得赞颂的人的本质力量。

司马迁在明白人固有一死的宿命后，并未落入及时行乐、放纵感官的沉沦，而是致力于让生命的价值重于泰山。文天祥在元兵的追迫下颠沛、辗转，无时无刻不处在俘虏和死亡的边界线上，但他没有片刻放弃以个人

267

微薄之力死撑南宋王朝之倾颓,他知道自古人生终有死,但尚可追求留取丹心照汗青。

晚年的曹操深知无法超脱年龄衰老的人生规律,但仍发出"老骥伏枥,志在千里。烈士暮年,壮心不已"的志愿;无独有偶,年纪轻轻的王勃也懂得"老当益壮,宁移白首之心,穷且益坚,不坠青云之志"。哲学家尼采说:"每一个不曾起舞的日子,都是对生命的辜负。"谁的日子不是平凡的呢,谁的生活没有鸡毛满地的时候呢,但在每一个平凡的日子里,朝着既定的目标笃定前行,在每一个被限制、被设定的日子里,都能获得自身力量投射在外物上的快乐,都能看到良善的道德在自己身上的体现,不就是值得赞美的吗?

在杭州,有一位生于 1969 年的快递员,他每天给自己安排两个小时的阅读和写作时间,他在送外卖的 5 年间,写了 2000 首诗,诗集在豆瓣上被打出 9.3 分,不少人看得"热泪盈眶"。他在《赶时间的人》一诗中这样写外卖员。

从空气里赶出风/从风里赶出刀子/从骨头里赶出火/从火里赶出水/赶时间的人没有四季/只有一站和下一站/世界是一个地名/王庄村也是/每天我都能遇到/一个个飞奔的外卖员/用双脚锤击大地/在这个人间不断地淬火

这首诗的感人之处在哪? 在于对外卖员辛苦经历的展现,更在于作者发现了外卖员身上的力量——他们奔跑的力量,他们用自己的努力去打造自己的自足自立人格。王计兵还有一首名为《百花园》,实写绿化女工的诗。

张桃花,赵梨花,王桂花/这群头发花白的绿化工/大概都有一个花的名字/清晨,一个站在露水中心的人在点名/每喊一声/一朵花就应声开了/点名人一声一声地喊/一会儿,就把一大片花朵/喊满了秋天在常人看来,绿化女工衣服是浆洗陈旧褪色的,面色是棕黄带皱纹的,身姿不会有青春少女的婀娜,但她们仍然有值得赞颂的美丽之处——渴望美、向往美,这种渴望和向往本身就是美,值得赞美。我们需以饱满的热情去赞美这样的普通人:纵使力量再渺小,也要追求个人潜能之发挥,道德之高尚,本质力量之最大化。纵使身躯再卑微,也要追求不谄不媚、不忧不惧,找到个人的诗意天地。

二、对他人应有的情感

在面对他人时,我们需要一种对生命无条件的尊重与支持之心,对他人有感同身受的关心与理解之心,像理解自己那样理解别人,像赞美自己那样毫不吝啬地赞美别人的优点。杜甫在写给李白的诗中说:凉风起天末,君子意如何。意思就是,每当起风的时候,我就想起了你,我常常在不经意间想得到你过得很好的消息,仿佛像归有光的母亲对孩子"儿寒乎?欲食乎"的挂念。这对于每一个需要关爱的人来说,是足以动心动容的。

无独有偶,杜甫在自己的茅屋被秋风掀去屋顶的时候,并不停留在对个人安居的渴望中,他想到的是"安得广厦千万间,大庇天下寒士俱欢颜"。每当自己身处困境,总能想到很多人也处于困境,每当自己有所需求,总能想着天下人也有相似的需求。这种推己及人的关爱之心,既展示了个人悲哀,也替天下人悲鸣,这种情感不仅仅因为共鸣而强烈,更因为超脱个人私情进入天下共情而高尚。

对普通人而言,赞美自己和批评别人一样容易。比这种狭隘的自我中心的情感更为动人的是:像赞美自己一样毫不吝啬地赞美别人的优点。这首先需要发现。比如广场上跳舞的大妈,虽然由于岁月的消磨她们的脸庞不再是白美净,身材已经有或多或少的变形,舞姿也因为缺少力量而不再有青春时的优美,甚至"动次打次"的声响还有扰民的可能,但我们尊重她们舞动自我的权利,赞赏她们渴望健康、追求美丽的心态。

在面对他人时,人们常有几种出乎自然但并不高尚甚至并不健康的情感。比如吝啬于对他人的赞美,热衷于对他人的嘲笑,而疏忽于对自我的反思和内省。复旦大学陈尚君教授在谈到他的写作经历时说:"我看到唐末小诗人王鲁复自撰墓志铭,记录的内容非常之琐碎,讲述自己从何时起想考进士,四处投奔,在奔忙之中偶尔撰写文章,等等。我最初给这篇文章拟的标题是'猥琐的人生',但文章最后完成时我用了'他的进取与无奈'这个题目。"陈教授取"猥琐"的"卑微、渺小、琐细、繁杂"之意来描述王鲁复的一生,固然是准确的,且"猥琐"所含的贬义情感也能匹配王鲁复在历史中的地位——相对于李白、杜甫这类大诗人来说,王鲁复的一生确实是微不足道的。但是,"猥琐"一词暗含的嘲笑和批评,却不是我们对待王鲁复这种"普通人"的恰当情感。其实相对于真正的普通人而言,他并不普通,他有四首诗被收录进《全唐诗》,已属于载入史册了。他相对于大唐大诗人来说是普通的,但他的普通是他的无奈,而不是他的错。对此,我们需要的是对他的无奈的同情和对他所作出努力的肯定,因此陈尚君教授将标题改为"他的进取和无奈"就兼具了赞赏心和悲悯心,否则就会变得"刻薄"而不近人情。比如著名学者钱锺书在《围城》中有如下比喻。

① 她(唐晓芙)眼睛并不顶大,可是灵活温柔,反衬得许多女人的大眼睛只像政治家讲的大话,大而无当。

② 科学家像酒,越老越可贵。而科学像女人,老了便不值钱。

在①中,作者为了表示对自己喜爱的主人公的赞赏,不惜拿许多普通女人来垫背。许多女人的眼睛纵使"大而无当",却并非她们自己犯错而导致的,实在是一种无能为力无法改变的无奈,何必用"政治家的大话"来作比呢。讽刺他人的无奈只能彰显自己的同情心匮乏和自以为是之心的膨胀。同样,在②中,"女人老了便不值钱"这句话带有明显的偏见,也有物化女性、不尊重生命只尊重"价值"的嫌疑。即使真如世俗判定的那样不"值钱",那也值得同情,而非拿来调侃、揶揄甚至取笑。

这并不是说我们不能对他人进行讽刺、批判,只是要分清对象。面对他人,我们需要具备这样的感情:看到别人难以左右、难以解决的不足和无奈深表同情,看到别人尚可改进的缺点谆谆劝导,看到别人正在进行或必将进行的损人思想言行作无情讽刺、大力批判与断然喝止。

比如鲁迅先生在批评人的"恶"方面就是毫不留情面的。他说:"凡走狗,……它遇见所有的阔人都驯良,遇见所有的穷人都狂吠。……即使无人豢养,饿得精瘦,变成野狗了,但还是遇见所有的阔人都驯良,遇见所有的穷人都狂吠的,不过这时它就愈不明白谁是主子了。"他又说:"我一向不相信昭君出塞会安汉,木兰从军就可以保隋;也不信妲己忘殷、西施沼吴、杨妃乱唐的那些古老话。我以为在男权社会里,女人是绝不会有这种大力量的,兴亡的责任,都应该男的负。但向来的男性的作者,大抵将败亡的大罪,推在女性身上,这真是一钱不值的没有出息的男人。"用"走狗""没有出息"来骂人已经近乎街骂了,但用在这种恶行上并不为过。

对他人的负面言行是予以同情还是予以讽刺和批判,分界点在于这些负面言行是否损人。赵树理在《小二黑结婚》里有这样一段话描写"三仙姑"。

三仙姑却和大家不同,虽然已经四十五岁,却偏爱当个老来俏,小鞋上仍要绣花,裤腿上仍要镶边,顶门上的头发脱光了,用黑手帕盖起来,只可惜官粉涂不平脸上的皱纹,看起来好像驴粪蛋上下上了霜。

在传统封建思想的视野下,三仙姑老来俏的行为是不守妇道、伤风败俗的表现,用这样的讽刺并无不妥。但如果在当下的社会文化心理语境来看,四十多岁的女人爱美、打扮并无过错,脸上长皱纹也是岁月侵蚀的无奈。从这个角度来看,这样的讽刺就难逃男权意识作祟的指责了。如果把三仙姑看成一个受害者,一个在封建男权的安排下,虽然天性活跃无法婚姻自主,容颜俊俏却被许配给"只会在地里死受"的于福,最后心理"变态"成为"装神弄鬼""勾搭后生"的这样一个受害者,那么我们不但不能对其行为进行批评,反而要对其进行悲悯和反思了。悲悯于她"变态"的遭遇,反思是不是我们的社会把她逼上了如此的境地,甚至反思"我"是否加入了这个逼迫的队伍。

也就是说，对他人的苦难遭际，我们不仅要充满悲悯，还可能需要代社会作反思，甚至对自己进行自责自省。在面对他人所遭受的发展机会不平等的困境时，我们需要有"多吃多占"的愧怍；在面对他人所遭受的社会原因形成的苦难时，我们需要有负疚的内省。

假设在某地的县城高中，有一批学生上课无精打采、昏昏欲睡，下课人手一机刷短视频、打游戏，放学抽烟喝酒甚至打架，整个学校本科升学率为零。对他们而言，读高中的意义或许只是将进厂拧螺丝的时间延迟三年。对此，我们固然可以谴责某些学生不思进取、荒废青春，也可以批评学校教学质量不高、管理不到位错失提高教学质量的机会。但是，我们也可以从另一个角度思考：是他们所处地方社会发展相对迟缓而导致教师的教学水平尚未有明显的提升，是他们的家长长期在外务工、隔代领养使得孩子们缺少家校合作的管教，甚至可以归因于经济的相对落后使得教学资源的获取不那么便利。北京市某一年的高考文科第一名获得者熊轩昂说："农村地区的孩子越来越难考上好学校，像我这种，属于中产阶级家庭的（孩子），衣食无忧，家长也都是知识分子，而且还生在北京这种大城市，所以在教育资源上享受到了这种得天独厚的条件，这是很多外地孩子或农村孩子所完全享受不到的。这种东西决定了我在学习的时候，确实是能走很多捷径。"从这个角度反观我们，是不是就不应该有"他们骨子里懒惰"的偏见？是不是就不应该鄙视他们有"穷不思变"的顽劣？是不是更不应该有高高在上的优越感？相反，我们更应有负疚的心态：为自己多吃多占的优越地位负疚，为自己更多地享受时代红利而负疚。

三、对社会应有的情感

在面对社会时，要有人类一切悲喜与我相通的切身感，要有社会一切善恶与我相关的主人感，在构建良善的社会秩序上要有舍我其谁的责任感。

海子写道："从明天起，和每一个亲人通信／告诉他们我的幸福／那幸福的闪电告诉我的/我将告诉每一个人/给每一条河每一座山取一个温暖的名字。"这样的诗句之所以让人感动,是因为作者在诗中表达了渴望与世界建立全面而深情关系的意愿,不做社会的游离者、旁观者。

诗人艾青说:"为什么我的眼里常含泪水?因为我对这土地爱得深沉。"这泪水可以是对这块土地上可喜可贺的成就的激动,也可以是对这块土地上可憎可恨现象的失望。对于这块土地,不管是欢笑还是悲伤,都是源于爱。看到女性被家暴、儿童被拐卖、名额被顶替,一句"这再正常不过了"便消解了一切愤怒;看到童心在硬化,人们价值追求单一化,一句"这又有什么办法呢"就放弃了改变现状的努力。这种对待社会的阴暗面事不关己、见怪不怪的态度,那就是麻木。

我们不但不能有麻木的态度,还需要以舍我其谁的积极心态去为改善这些现象而修身,而鼓呼。我们需要反思,我自身有没有为社会的阴暗面涂抹过灰暗的颜色?我们能不能通过自身的修为,来为填平社会的沟壑覆一筐土?即使身躯卑微,也不能停止呐喊,纵使反抗未见成效,也必须不屈不挠。

虽然我们的社会仍然有阴暗面亟待阳光的进入,我们对阴暗的现象和事物本身是厌弃与怒斥,但对社会整体的态度还是热爱、拥抱,而非逃离。泰戈尔说:"世界以痛吻我,我却报之以歌。"罗曼·罗兰在《名人传》中评论米开朗基罗时说:"世界上只有一种真正的英雄主义,那就是看清生活的真相之后,依然热爱生活。"当我们用肉体的温度,去温暖那看起来冰冷的世界时,是可以保持自身不降温的。

罗素说:"对爱情的渴望,对知识的追求,对人类苦难不可遏制的同情心,这三种纯洁而无比强烈的激情支配着我的一生。这三种激情,就像飓风一样,在深深的苦海上,肆意地把我吹来吹去,吹到濒临绝望的边缘。……爱和知识竭力引导着我超凡入圣,但怜悯又把我拉回了凡尘。声声悲号在我心中回响不绝。饥饿的孩子、惨遭压迫的苦难者、因依附儿子而被视为可憎重负的无助老人以及充满孤独、贫穷和痛苦的世界是对人们理想人生的嘲讽。我渴望减轻罪恶,却又无能为力,我也同样感到痛苦。"痛苦的罗素并没有因为痛苦而后悔,他说:"这就是我的人生。我觉得自己并未虚度此生,若有可能,我将欣然再一次度过如此人生。"

　　饱满充沛的情感,就像七八月间连绵的雨水与大洪水中决堤的江河一样,有着沛然莫之能御的力量。在写作、交流过程中,向受众展示令人害怕的利维坦与令人向往的桃花源,也是传递情感的重要方式。

第三节　发现论题中隐藏的情感倾向

无论是陈述一件事实，还是表达一个观点，说话人都可能暗含着某种情感倾向。我们需"听话听音"，从他人的陈述、表达中读出隐藏的情感倾向。

一、从"类现象"中看到可喜与可忧的细分类

"类现象"是区分于单一行为的现象，是多个行为的综合。在这个综合体中，可细分出或可喜或可忧的不同细致分类。

人们往往为自己的行为找到充足的理由，然而，事情是怎样，它还是怎样，世界自有其原则。

在这则作文题中，命题者所传达出的否定与批判倾向已经在"然而"一词中表达得非常显豁了。另外，如果说"人们为自己的行为找到理由"是一种正负价值都蕴含其中的现象的话，在"理由"前加一个限定词"充足"就带有些揶揄成分了。再加上后续的转折，以及世界"自有"其原则，就明显表示这种"找理由"的做法是与"世界原则"不相容的。

在现实生活中，这些找理由的举动有可能是合理的，也有可能是不合理的，有的有正面意义而有的有负面意义。且不说人们在行动之前必须找到理由，而且越充分越好，否则就是冒险和盲动。单说行动之后，人们为曾经的抉择找理由，也不乏理性之明。因此，"为自己的行为找到充足的理由"这种做法彰显了人理性的一面，这显然是可以报以赞赏之情的。

[例文]

理由——蝉翼叶与遮羞布

自从解放双手直立行走告别禽兽走出丛林，虽然还在被本能支配着，但人类好歹更加趋于理性。无根无据的话不敢乱说，无缘无故的事不愿去做，凡事问个为什么。行事之前所信奉的"理由"让我们相对清醒，更加坚定。行事之后所找到的"理由"让我们强化自我认同，避免"认知失调"的痛苦。不论如何，人人皆需"充足的理由"。

商纣王为拒绝纳谏、从善如登找到了理由——"（天下）皆出己之下"，始皇帝为铁蹄踏六国、流血漂橹矛找到了理由——大一统与永太平。然而，天行有常，不为"纣"存，不为"政"亡，他们的理由并不符合世界自有的原则。如果商纣王和秦始皇能穿越到现代再读他们的历史，一定会目瞪口呆、大喊冤屈：朕之用心何其苦也，世人罪我何其谬也！自己的理由竟可以与世界的原则冲突到如此的地步！可以这么说，上至秦皇汉武，下至贩夫走卒，没有人会认为自己正在做的事情是错误的。然而，事情是怎样，它还是怎样，并不会因为你认为理由充足就改变本来的原则。

为什么我们所深信的理由，有时候却和世界自有的原则不一致？

在"何不食肉糜"的晋惠帝那里，是被谗言的密封剂隔绝了民间的疾苦声；在"肆意极欲"的秦二世那里，是脚步的半径限制了通往外部世界的可能；在自封"天朝上国"的统治者那里，是受限的目光只能看到世界的幻影。视听所限，使得他们的小自我无法沟通大世界。

在信息的汪洋中，我们只取自己关心的一瓢饮；在学海书山里，我们对无感的著作视若无睹；在众声喧哗中，我们只爱听自己想听的。如果世界不加选择地呈现在眼耳边，我们又会"习焉不察"。那些推导出理由的信息，可能是自己无意而又故意加工过的。在认知障碍下得出的理由，只能说服自己，丝毫不接近世界的原则。

至于维护小我、趋利避责而妄找理由的情形就更不值一提了。在自己的行为无可挽回地违背世界原则后，为了维护尊严、维护利益，为了消减痛苦、逃避罪责,人们会迫不及待地找理由:以目的正义为程序失范找理由,以获取效益为践踏公平找理由,以无知无能为犯罪失责找理由……我是正确的,即使"错误"也是情有可原、在所难免、迫不得已的。

托马斯·卡莱尔说:"最严重的错误莫过于不觉得自己有任何错误。"我们说,违背世界原则的理由可能是最糟糕的理由。小的方面,可能让人以己为是,以世为非,沾沾自足,浑噩一生;大的方面,可能误身败家祸害苍生。面子问题,可能随着身与名俱灭,尚且不废江河万古流。家国问题,恐怕"庆父"虽然已死,"鲁难"仍将不已!

呜呼,你所认为充足的理由,或许只是一片蝉翼叶,只能遮蔽自己,又或许只是一块遮羞布,只能遮蔽良心。

二、从单一行为现象中看到不同的是非善恶得失

单一行为现象不像综合类行为现象那样有差异化的外在表现形式。对于这类现象,我们可以通过其多样化、综合性的内在动机、原因、效果、后果等发现其中的是与非、善与恶、得与失,从而形成或赞颂或忧愤的情感力量。

偶像,指人们心中仰慕的对象,我们有时需要崇拜它,有时需要打破它。请写一篇文章,谈谈你的思考。

这个作文题的论题是"我们要崇拜偶像"和"我们要打破偶像",这是两个建议祈使类论题,是行为动作类论题的一个变式。我们可以分解出两个方面:崇拜偶像的是与非、善与恶、得与失,打破偶像的是与非、善与恶、得与失。进而在对"是""善""得"的赞扬、期盼和对"非""恶""失"的批评和厌弃中获得情感的力量。

比如我们对"崇拜偶像以获得情感寄托"表示理解,对"崇拜进而模仿智慧、高尚的偶像以明确人生的方向、构建优秀的品质、获得前进的动力"表示赞赏,对"在崇拜高尚偶像后形成的良善社会风俗"表示渴盼。同时,

对"在崇拜偶像中丧失自我,被偶像所束缚、限制"表示担忧,对"崇拜过时的、负价值的偶像而胶柱鼓瑟、乖时逆世"表达批判。

三、从观点类论题中看到观点的合理性与荒谬性,以及观点持有者的心态

园林是自然山水的浓缩,缩写读物是原著的浓缩,博物馆是历史文化的浓缩……人们倾向于认为"浓缩的就是精华",对这一观点你怎么看?

按照对生活语言的理解,以"就是"连接"浓缩的"和"精华"二词,可能暗含着以下判断:①浓缩后剩下的部分是精华;②浓缩过程中去除的部分不是精华;③没被浓缩过东西的不是精华。

这几个观点都过于绝对了。首先,人为浓缩所得到的,只是当下主体最需要的部分,是一时一地一部分人的精华,难以成为超越时空的精华。博物馆里的精华展览,是基于策展人员的价值观和理解能力做出的,或许堆在仓库里的才是你认为的精华呢。而且,浓缩后剩下的部分可能是糟粕。人的需要分为主观需要、客观需要和科学的需要。人的主观需要不一定是客观需要和科学需要,甚至有时候人的主观需要从客观和科学角度来看是不该需要的。酒是粮食的浓缩,但从饮用的角度来说,无酒不害。

其次,人为浓缩的是精华,并不代表在浓缩中去除的就不是精华,因为人的认知有限,不能保证不买椟还珠。比如鸡汤在长时间的熬制过程中丢失了大量的营养元素。

再次,即使浓缩的是精华,也不代表没被浓缩过的东西不是精华。在生活语言中,人们有把"就是"理解为"才是"的习惯,正如"这才是上海"往往与"这就是上海"混用。"浓缩的就是精华"暗含着"浓缩的才是精华"的判断,即使浓缩的是精华,也不代表我们可以只撷精华,事事浓缩。有一种人为浓缩是迫于条件限制而不得已为之。深处山水之中,何必建造园林? 如果园林的价值只停留在浓缩山水的话,那只能是聊胜于无而已。

况且，仅有精华是满足不了人的丰富需要的。食物的精华是淀粉、脂肪、蛋白质和其他营养物质，难道我们每天食用营养胶囊就够了？园林是自然山水的浓缩，但游览园林不能代替投身山水。毕竟，精华是需要之"最"而非"全"。就学习而言，尤其要警惕只求"干货""精华"而忽略过程。试图用"《红楼梦》知识宝典"代替《红楼梦》的阅读过程，那可谓近乎愚蠢了。

正因为上述观点中蕴含这些错误，那么持此观点行事，必然就会产生引人担忧的后果。比如，在劝酒桌上，"酒是粮食浓缩而成的，浓缩的就是精华，来，喝!"在营销广告中，"二十节课让你掌握写作全部内容，赶快来报名吧"。在闲聊中，"旅游有什么意思，还不如待在家里看世界风光影集"。这些都是值得批驳的，它暗含着隐瞒、欺骗的阴暗面和忽视生活的丰富多彩的隐忧。

当然，虽然"浓缩的就是精华"的论断有失偏颇，但如果修正其表达方式，表述为"浓缩的可能是精华"的话，这个判断还是符合事实的。如人们为了更好地在芜杂的信息中尽可能获得把握世界的角度，而对一些现象进行提炼，得出一条条浓缩的定理、公式，这样的浓缩是人类智慧的结晶，是人们智慧力量的缩影，这是值得礼赞的。

四、从观点中看到可喜与可怕的推论

当我们评析一个观点的时候，可以在分析观点本身正确与错误的基础上，进一步分析观点持有者可能在这一观点的基础上得出什么样的推论，这一推论会有什么可喜、可怕之处。比如一个女儿对妈妈说："男人没有一个好东西。"妈妈听到这句话后，绝对不会止步于与女儿辨析这一观点是否正确，她还会关注女儿坚信这样的观点会不会导致女儿坚持独身主义，从而充满忧虑。又比如，儿子在父亲面前感叹："好人不一定有好报。"父亲即使对这个观点感到难以反驳，他仍然会担心儿子持有这一观点会不会走向去善存恶的人生方向。同时，以上两位父母可能还会想：我的孩子是不是遭受了什么重大的打击与伤害？为此满怀关切。

有人说，所有重要的东西在很早以前就提到过了。你是否认同这一观点。

对这道作文题，我们可以追问：为什么会有人表达"所有重要的东西在很早以前就提到过了"，或者"这个东西在很早以前就提到过了"这些观点？

那可能是因为：虽然已经提到过、论述过，甚至强调过，但是问题仍然存在，还需要不断重复、不断演练，尤其是一些人类文明规则的东西，毕竟文明的达成不是曾经达成就永远达成，每一代人都需经历文明的合格考。

也可能是因为：有些重要的东西虽然很早以前就提到过，但从来没有被彻底解决过，还需要我们不断付出努力，运用很多代人的智慧去解决它。

当然，持这样一种观点的人可能还有一种"先知"般的知识优胜感，他在以此表达对他人无知的嘲笑，甚至暗含着否定他人讨论此问题的意义，此时我们可以辩驳：提到过又怎么样呢，说得清楚吗？详细吗？能涵盖新细节，能解决新问题吗？还需要继续讨论吗？

综合起来，我们可以形成这样一种整体立意：固然有些重要的东西还属于人类认知的空白区域，但至少在如何处世、如何自处的问题上，绝大部分重要的原则都在很早以前就提到过，然而，人类还是在这方面屡屡犯错，纵使人类整体文明已经进化到了21世纪，但仍然有人以丛林时代的法则来为人处世（这是需要大力批判的）。因此，对人类重要的东西，不能止步于提到过，还要落实到已掌握（这是需要急切呼吁的）。

世上许多重要的转折是在意想不到时发生的，这是否意味着人对事物发展进程无能为力？

这道作文题为带有反问口气的选择疑问形式，是带有明显的观点倾向的，即：人对事物发展的进程该有能为力。

再对"人对事物发展进程有能为力"的论点作出阐述与确证,有利于破除人类千百年来的自然、命运、威权屈服感,但在此基础上,人类会不会产生人定胜天的狂妄?会不会形成人类中心主义的错觉?会不会期待一切尽在设计中的"美丽新世界"?这是由此推论所形成的隐忧。

五、从论题中看到时弊

白居易说:"文章合为时而著,歌诗合为事而作。"他确实写下了大量反映社会现实的作品。许多议论文作文题虽然表面上并不是要求对社会时事发表评论,但作文题所提出的观点一定是当下人们需要思考的议题。因此,观点的背后实际上有着时代背景,对这些背景尤其是社会中一些弊端的发掘,可以使文章获得更大的现实意义。

人生应该追求的不是成功,而是价值与意义。

这则作文题呈现的是一个建议,一个观点。建议的背后便是问题,毕竟人们总是在别人存在困惑、问题时才会提建议。"人生应该追求的不是成功,而是价值与意义"这个建议的背后,就是有些人只追求成功,而不追求价值和意义。具体可能包括:为追逐成功,践踏公德、公利;为追求成功,伤害自己;仅以行为的结果、成败论英雄,不问行为的价值和意义。

针对上述背景(时弊)分析,我们这样构建文章主体。

"天下熙熙,皆为利来,天下攘攘,皆为利往"本是司马迁对世俗的哀叹,却成为一些人行事的座右铭。他们或者以目标达成与否论行动,经不起挫折失败,陷入浮躁的焦虑中。或者过分地追求名利的成功,以致于伤害自然本性;甚至演变为扭曲地追名逐利,伤害社会公序良俗。盗跖部卒上万,寿终正寝,他"成功"了,却是社会的大害。秦桧位极人臣,谥号忠献,他成功了,却是朝廷的祸根。那些操纵股市身价上亿的人也成功了,却是收割散户的大蛀虫。

相反，如果以追求价值和意义为目标，则人生可展现出另外一番样态。毕竟价值论有无，不论大小，价值人人皆可达成，成功并不一定属于多数人。追求价值和意义，常人的人生便有了意义。而且，追求价值和意义，才更能在所谓的失败中继续坚守，才能沉潜，给自己充分调动潜力的机会，甚而给自己展现人格高度的机会。

当我们发现论题背后的情感倾向后，便可明确写作的倾听对象，带着哀其不幸、怒其不争的同理心对待世人的问题，带着哀叹的理解、温柔的反问、殷切的期盼对待普通人的遭际，带着无情的鞭挞对待无可推卸的过错和无可原谅的罪恶。必要的时候，将分析性写作转到劝说性写作和批判性写作。

六、防止悲观人性论的"理性"分析所带来的道德风险

虽然我们呼唤理性、颂扬理性，但人是情理兼具的动物，单纯的理性并不能解释全部世界，以单纯理性的方式行事会招致不近人情的批评，甚至会陷入道德风险之中。比如信仰很难用理性去分析，许多无伤大雅的感性喜好也不能用理性去评判。又如关于善恶问题，人们都说"善有善报恶有恶报"，如果从统计学角度去理性分析善恶得报的概率，可能会得出令人悲观的结论。当我们用理性的方式去分析"人生的意义是什么"这一问题，也似乎很难得到令人信服的答案，我们甚至会因为这样的分析而引发哀叹。在写作中，纯理性的分析一方面可能会与形象思维形成矛盾，而对人性悲观的理性分析更可能会陷入道德风险与悲观主义。

一个人乐意行善，仅仅是因为善良吗？

对这个作文题的粗浅回答或者"理性分析"可能会陷入悲观人性论，比如我们可以轻易就得出结论：一个人乐意行善可能是出于博得美名、谋求回报的动机，其背后是自私的基因。或，一个人乐意行善，可能是因为

想显示自己的优越感。这些对人格动机的怀疑极有可能辜负行善者的善。如果不把这些观点呈现，又会构成对这些观点的有意回避。

对此，我们可以从"善良"的定义入手。通常人们习惯于把"善良"理解为对动机的描述，而较少从结果的角度去考量善良。不以功利目的为出发点，愿意给别人以帮助固然是善良，实际上，能不损一人地给世界带来福利也是善。基于此，我们就可以得出新的思路。

有人可能会说善良不会使人乐意行善，比如为了你好，所以不帮你。

但此时的不帮行为本身就是善的。

也就是说，善良肯定会使人乐意行善。

甚至可以说，乐意行善就是因为善良。

或许你会反驳说，有的人是为了博得美名、谋求回报而乐意行善。有的人是为了显示出优越感而乐意行善。这些行善都不是因为善良。

但是，你或许误解了善良的含义。只要能不损一人地给世界带来福利就是善良。即使他的动机是博得美名、谋求回报、显示优越感，但他的行事方式是给世界带来福利，那就是善良。所以，乐意行善就是因为善良。

第四节　以情感促成一以贯之的文气

　　文章的主线除了物的线索、理的线索之外还有情感线索。语文教材中不乏以情感为线索的经典佳作。苏轼的《赤壁赋》有"乐—悲—乐"的情感线，王羲之的《兰亭集序》有"信可乐也—岂不痛哉—悲夫"的情感线，欧阳修的《伶官传序》有"可谓壮哉—何其衰也"的情感线。在本书第九章第三节中也提到了"意脉"，情感线也属于"意脉"的一种。

　　情感线的获得需要作者改变写作的心态。将冷静分析、不关痛痒的旁观式写作转化为"无数的人们、无尽的远方都与我有关"的"走心"写作，即在明确了议题所指涉的现实问题后，要意识到这些问题关乎人们的悲与喜、幸与不幸，在明确了议题所指涉的人（对象）后，有对当事人的理解与同情、赞美和批判，有对他（对象）的择善而从、不善而改的殷切期盼。甚至，要进入一种自省、自剖、自勉式写作状态，反思议题指涉出的问题是不是我的问题，或者审视我能否为问题的解决贡献力量。

　　例如面对"年轻人挤爆寺庙，求财、求安、求姻缘、求证、求职、求健康"这个现象，同为年轻人的作者，就不宜一味地批评其佛系、迷信、不求诸己反求诸神的荒诞，而应看到走进寺庙有所欲求的年轻人比起那些没有追求、没有活力、没有生命力的人来说是可爱的。应看到他们在巨大的竞争压力下，只是在事情的确定性不能由自己掌控时才去求诸神祇，从达不到社会为自己设定的目标的角度看，他们是值得同情的。同时，应相信他们只是寻求片刻的安慰，他们在走出庙门的那一刻不会忘记命运总是掌握在自己手里的。这就是带着爱的温度分析问题。

作文题(一)

现实生活中,人们因种种限制而苦恼,实际上缺少限制往往会带来更多苦恼。

不做傀儡和断线风筝

力图焚膏继晷夜以继日拼搏的人们因为必寝必食的限制而多了一份时间不足的苦恼,安享儿孙绕膝天伦之乐的人们因人生必死的限制而多了一份生离死别的苦恼……

是啊,人们因种种限制而苦恼。限制,无论是人类与生俱来的自然限制,还是为了社会更好运行的法规限制,抑或是社会成员约定俗成、潜默而成的道德限制,都会给人划定一个规定的范围,一个不允许被超过的限度。

这些限制就像一条条冰冷的铁条,将我们的脚步限于一个特定范围,我们可能因此苦恼:限制让我们不能为所欲为,当限制触犯了我们的个人空间,我们会感到强烈的不自由。人生而自由,却无往不在枷锁之中,卢梭的哀叹,不正戳中我们的无奈吗?

人类是充满着欲望张力的动物,当限制和我们心中强烈的欲望冲突时,心中那千万只蚂蚁爬动,躁动难耐,烦躁和怒火想要喷薄而出的感受,又有谁不曾经历呢?

于是我们愤懑,我们挣扎,我们呼喊,我们咆哮。“我命由我不由天”的誓言尚未止息,“人定胜天”的口号已经唱响,打破枷锁、冲破牢笼的抗争此起彼伏,突破限制、开辟新地的科技革命轮番上演。妇女解放、农奴解放,这些突破特权阶层不平等权利的限制是人类政治生态的伟大进步,对抗重力,走入微观和宏观世界,这些突破人类肉体感官能力的限制是人类从匍匐于自然变成直立行走的重要标志。

不再是傀儡,不再是奴隶,不再是臣下,带着突破限制的喜悦,得胜的人群试图继续向前冲撞。此时的我不由担心,难道一切限制都必须冲破吗?难道我们看不到“缺少限制会带来更多苦恼”吗?

你看那良法的限制保障我们公民的利益不被损害,你看那特殊时期的禁令使大部分人的安全得以保证。你再看,由人们心中的共情、慈悲等能力形成的道德约束不是正保障着家庭的幸福吗?

如果缺少个人限制,每个人的行动范围扩大,极可能会与他人的行动范围或利益范围重合而触犯他人,给他人带来苦恼。反过来说,他人缺少限制,也会给我们带来苦恼。人们迫切地争夺主体性,使矛盾加深、社会动荡,那不是会有更多的苦恼吗?如果缺少对一个组织的限制,最终造成了集体的无秩序和混乱,那苦恼不就变成苦痛了吗?

可见,在限制面前,我们不能做被丝线限制的傀儡,也不能成为毫无限制的断线风筝。人类对限制的突破,在力求人本质力量的最大发挥和人的基本平等权力的最大保障时,大可狂飙突进,但在这种突破可能伤害自己的自然健全生命时,可能会侵害他人的正当权利时,就必须戛然而止!

唯其如此,方可让人类命运共同体的大花园里,人人展现自我,随着美丽的自然天性起舞,又鸡犬之声相闻,老死不相干扰……

作文题(二)

当车辆向前飞奔时,坐在车里的人常常觉得是周围的景物在后退,很多时候我们的主观感受往往与客观世界的状况并不一致。请就此谈谈你的思考和认识。

主客相拥,不离不弃

车辆向前,但后视镜里的世界却越行越远;我在转圈,所看到的却是天地在旋转。为什么许多基于主观的感受与客观世界的状况往往不太一致呢?

首先,客观世界就像是一个没有被敲开的核桃,我们触及的仅是坚硬的外表,而我们往往就将它认定为事物的本质,不去敲打、研磨。即使有少数去敲打的,绝大部分或因工具的不足,或因力量的缺失而败下阵来。

如此一来,绝大部分主观感受便停留在了表层。

再者,即使真的敲开了,我们会保留不合我们口味的那部分吗? 并不。在自尊的逼迫下,在自我肯定的动机下,在自适目的的催促中,我们会轻易且理所应当地把不合我们心意的部分当作腐烂的垃圾扔掉,同时也扔掉了我们认识真正的客观世界的可能。

何况,在这个万物互联的时代,高密度的信息交流总是留给我们一些错觉:我能认知一切,在络绎不绝的信息潮流中,我双目澄净。这就导致我们拥有过度膨胀的自信,对自己产生错误主观认知的可能掉以轻心。事实上,在这信息扩散的波纹中,信息早就像那出了安西的白兰瓜一般,似甜但不甜。"网络没有记忆"又注定使石子落下的地点无法被溯源,我们只能如同追逐双曲函数的渐近线,那么近,又那么远。

当然,主客的错位并不全是坏事。你听那"高堂明镜悲白发,朝如青丝暮成雪"的吟诵,时间上的主观加速,凝聚了多少感情中的伤悲;你看那宇宙飞快,苏轼在《赤壁赋》中"自其变与不变而观之",才能在游目骋怀中维持恣意不改,主观感受传递出的情感之强烈,远非客观表达可比。

但是,若转入更加严谨的场合,排除主观因素或许成为必然。清人沉醉于"天朝上国"的迷梦,全然忽视外面的世界早已今非昔比的客观,封锁的国境最终被异国的炮火无情地炸开;若对神的绝对敬畏还在,进化论仍在忍受荒谬的埋汰。在这些感受将被应用的场合,不符合客观情况的主观感受只是在害人害己。此时不将其抛弃,如何迎接更加开阔的世界呢?

不过,无论保有主观也好,坚持客观也好,我们都必须清晰认识到并且接受另一方的存在,这样才能确保我们不走向一种极端,沉醉于主观感受的剧场之中一梦不醒,执迷于客观真相的分析而将主观遗弃,这些无一不是对自己的伤害。

参考文献

1. 刘海龙. 大众传播理论:范式与流派[M]. 北京:中国人民大学出版社,2007.

2. 赵强. 舆论的脾气[M]. 长沙:湖南人民出版社,2018.

3. 刘汉民. 逻辑[M]. 上海:上海交通大学出版社,2015.

4. 潘德勇. 裁判要素的法律生成及相互转化[M]. 北京:中国政法大学出版社,2021.

5. 维之. 因果关系研究[M]. 北京:长征出版社,2002.

6. 周光权. 刑法判例百选[M]. 北京:中国人民大学出版社,2022.

7. 杨贝. 裁判文书说理的规范与方法[M]. 北京:法律出版社,2022.

8. 卢卓元,黄鑫. 结构化写作[M]. 北京:北京理工大学出版社有限责任公司,2021.

9. 袁毓林. 汉语名词物性结构的描写体系和运用案例[J]. 当代语言学,2014,16(01).

10. 周昌忠. 马克思主义辩证逻辑基本原理[M]. 上海:上海社会科学院出版社,1992.

11. 屈光. 中国古典诗歌意脉论[J]. 文学评论,2011,(06):35-40.

12. 欧阳华,王林. 学以成人[M]. 上海:上海远东出版社,2022.

13. 刘瑜. 送你一颗子弹[M]. 上海:上海三联书店,2010.

14. 王计兵. 赶时间的人[M]. 北京：台海出版社，2022.

15. 詹丹. 作文教学的"这一课"与"下一课"——从郑桂华《类比性作文构思》观摩课说开去[J]. 中学语文教学，2009(04)：28-30.

16. 詹丹. 语文高考导向与学生的思维训练——以 2015 年高考语文上海卷为例[J]. 语文学习，2015(09)：4-8.

17. 詹丹. 作文材料的审读与思维品质的提升[J]. 语文学习，2017(03)：63-67.

18. 詹丹. 探究材料的阐释空间——2013 年高考语文上海卷作文题的三重比较[J]. 语文学习，2013(Z1)：42-45.

19. 詹丹. 材料作文"三步"曲——谈 2022 年高考语文上海卷写作题材料[J]. 语文学习，2022(07)：54-58.

20. 郑桂华. 作文教学过程化指导的思考与尝试[J]. 中学语文教学，2012(06)：33-36.

21. 樊新强. 漫谈写作之"对象"与"针对性"[J]. 新世纪智能，2023(91)：19-22.

22. 范飚. 反思论证过程[M]. 上海：上海教育出版社，2020.

22. 冯渊. 高中议论文写作与逻辑思维训练[M]. 南京：江苏凤凰科学技术出版社，2020.

23. 余党绪. 说理与思辨[M]. 上海：上海教育出版社，2017.

后记

　　作文教学是一件重要、有趣而苦恼的事,其重要性自不待言,其有趣在于思维带给人的快乐,其苦恼是因为不知教什么、为何教不会。面对学生习作,满目所见皆是问题,回头细想,没有办法,以为是办法,其实没什么用,这一度是我入职初期的最大困惑。

　　转机出现在工作第五年,那一年所教的学生在写作中固然也有很多问题,但每次作文训练时都会很集中地呈现出某一类问题,比如偏题。这使得我有了就某个切入点思考作文教学的机会。恰好此时我开始经营一个微信公众号,自己所制定的周更甚至日更的压力,迫使我写点东西,或者是写下水作文,或者是写教学感想。这种有切点、有深思的教学研究状态,使得零碎的、感性的思考得到了系统化、结构化、理性化的改造。

　　有一次集体阅卷,邻座的老师对某位考生的离谱错误感到啼笑皆非,并拿来与我分享。我当时想的是,我们的学生怎么会这样?我该怎么办?不知何时起,我在学生面前,总习惯于以医生自许,面对"病人",我能开什么药方?他能不能在我的药房里取到我所开列的药物?带着这样的心态,伴随五年的下水写作和作文教学实践,这本书的雏形具备了。我将这些想法和做法运用到教学实践中,不断进行验证、修正、补充完善,在这个过程中,也收到了一些学生的正面反馈。就这样经过四年,到了今天。

　　所以,这本书能面世,要感谢业界前辈和先进教师的启发、引领,感谢王林老师对我的督促,感谢命题专家提供的众多优质作文题目,感谢历届学生的配合、反馈,感谢家人的支持,感谢上海远东出版社的支持和帮助,感谢上海市闵行区春申教育发展基金会的支持。

　　由于水平有限,这本书里所呈现的很多思考尚不成熟,敬请各位师友批评指正!

欧阳华

2024 年 10 月